2015年度教育部人文社会科学研究青年基金资助项目（15YJC790105）成果

中国海洋大学"985"工程海洋发展人文社会科学研究基地建设经费资助成果

中国海洋大学管理学院"510学术计划支持工程"项目成果

中国青年学者学术出版基金资助项目

中国城市群旅游场能测度与能级提升策略研究

王娟 张广海 著

中国社会科学出版社

图书在版编目(CIP)数据

中国城市群旅游场能测度与能级提升策略研究/王娟，张广海著.—北京：中国社会科学出版社，2015.9
ISBN 978 – 7 – 5161 – 6929 – 2

Ⅰ.①中…　Ⅱ.①王…　②张…　Ⅲ.①城市旅游—旅游业发展—研究—中国　Ⅳ.①F592

中国版本图书馆 CIP 数据核字(2015)第 218616 号

出 版 人	赵剑英
责任编辑	吴丽平
责任校对	石春梅
责任印制	李寡寡

出　　版	中国社会科学出版社
社　　址	北京鼓楼西大街甲 158 号
邮　　编	100720
网　　址	http://www.csspw.cn
发 行 部	010 – 84083685
门 市 部	010 – 84029450
经　　销	新华书店及其他书店

印　　刷	北京君升印刷有限公司
装　　订	廊坊市广阳区广增装订厂
版　　次	2015 年 9 月第 1 版
印　　次	2015 年 9 月第 1 次印刷

开　　本	710×1000　1/16
印　　张	15.5
插　　页	2
字　　数	262 千字
定　　价	58.00 元

目　录

前　　言

在中国旅游业快速发展的 30 多年时间里，旅游业的空间活动轨迹呈现出"空间转向"和"尺度重组"的典型特征，具体表现为：旅游活动的空间组织方式开始从粗放的"点线模式"向集约化的"板块模式"过渡；因面临旅游环境承载力饱和、旅游资源潜力有限、政策和制度红利基本释放完毕等发展"瓶颈"，以单一中心城市为依托的城市旅游模式开始向二、三线城市以及县域、乡镇分流，以形成更具深度和广度的旅游地域系统。

作为城市化进程的高级阶段，多年来中国一直从国家战略层面给予城市群高度支持。特别是自 2013 年以来，伴随"丝绸之路经济带""海上丝绸之路""京津冀一体化""长江经济带"等国家级战略的相继提出以及 2014 年 3 月《国家新型城镇化规划（2014—2020）》的颁布实施，以城市群为主导、以打破区域内部空间壁垒为主旨的"区域一体化与协同发展"将成为"十三五"时期中国区域经济发展的重点，中国的新型城镇化进程将由单个城市的城市化转为"城市群体的城市化"。

作为现代服务业的龙头产业和国民经济的战略性支柱产业，旅游业具有生产性和生活性服务业的双重属性。旅游业对产业要素的空间流动需求和强大的资源整合功能，使之较易成为区域经济协同发展的先行先试领域。借助综合交通运输体系的发展，由依托单一城市的"城市旅游"发展为具有核心—边缘结构的"都市圈旅游"，并通过培育次级旅游中心城市演进为多中心、网络化的"城市群旅游"，已成为我国旅游业可持续发展的必然要求。

本书依据区域经济学、经济地理学、物理学的相关理论，通过类比、借鉴与改造得出旅游场能的概念体系和作用原理，以地理信息系统（GIS）空间分析方法为主结合多种定量分析模型，对中国 13 个城市群的旅游场能格局、扩散模式、分异规律等进行了系统刻画与阐述，并依据测度结果提出城市群旅游场能的能级提升策略，以此作为中国城市群旅游业良性发展的理论支撑和实证研究基础。本书的主要研究内容包括：

（1）城市群旅游资源、产业、市场条件分析。首先，通过城市群地格分析提炼城市群旅游区域发育的无形聚敛因子；运用空间基尼系数和首位度测算方法评价以各城市群中共 6042 个 A 级景区为代表的旅游资源空间集聚程度。其次，运用赫芬达尔指数衡量产业集中度、运用 Peter Taylor 的城市网络联系度模型测算城市群内部城市间的旅游产业联系度。最后，运用锡尔指数法对各城市群的旅游市场占有率、增长率和旅游市场发育水平差异进行测度；运用聚类分析方法对城市群旅游市场发育水平进行类型划分。通过上述指标的测度，完成对城市群这一地域系统的旅游功能、属性和特征的把握，为旅游场能测度和分析提供了研究基础。

（2）旅游结节性、时间可达性测度与评价。本书共选取旅游经济、社会经济、交通设施、科教文化共四大方面 21 项指标，通过对各项指标进行无量纲化处理和主成分分析，构建旅游结节性模型，以此测度城市群旅游内聚力强度和均衡程度。本书采用地理信息系统（GIS）空间分析工具，依托陆路和水路交通网络进行时间可达性测度，以 0.5 小时为单位，划分城市群 6 小时以内的时间可达性圈层结构，并针对城市群交通特点，重点对 1—3 小时的圈层结构特征进行分析，探讨城市群的时空收敛程度。

（3）城市群旅游场能测度与评价。首先，本书运用空间分析中的栅格计算器（Raster Calculator）、掩膜提取（Extract by Mask）、分区统计（Zonal Statistics）等模块，对各城市群旅游能量沿陆路交通网络的时间成本距离递增、梯度耗散程度进行刻画，把各城市群旅游能量扩散模式分为轴带式、单核发散式、串珠组团式、蛛网扩散式等不同类型，对城市群的旅游场能扩散水平进行 I—V 的等级划分。其次，以县（市）区为单位、按照自然断裂点法分类方法，将各城市群内部的旅游场能分为高旅游场能、较高旅游场能、一般旅游场能、较低旅游场能和低旅游场能五大类型，并分析不同地区城市群旅游场能扩散的共性规律和差异化特征。最后，对旅游结节性与时间可达性的耦合协调程度检验，以此判断影响旅游场能高低的主要因素。

（4）城市群旅游场能的提升策略。依据测度结果和城市群旅游发展实际，提出了城市群旅游场能的提升策略：一是发展城际交通促进旅游市场同城化，重点研究城际铁路、市郊铁路、城际公交对城市群旅游场能集聚与扩散的影响；二是培育旅游场能的嵌套式生长体系，以县域旅游、特色旅游城镇、乡村旅游为载体，构建旅游场能深入腹地、网络化渗透的新旅游场能增长点；三是构建横向紧密衔接的旅游场能簇群，以次级旅游中心城市、旅游城镇密集区为培育重点，构建高旅游场能的承接区和簇群化生长区；四是基于产业分工的旅游一体化，从产业分工与协作发展、产业科学规划与管理、旅游品牌联合塑造等诉求出发，提出了交通一体化先行，打破"行政区经济"约束，构建多层次、全方位、紧密型的旅游协作体系等具体策略。

场同城化，重点研究城际铁路、市郊铁路、城际公交对城市群旅游场能集聚与扩散的影响；二是培育旅游场能的嵌套式生长体系，以县域旅游、特色旅游城镇、乡村旅游为载体，构建旅游场能深入腹地、网络化渗透的新旅游场能增长点；三是构建横向紧密衔接的旅游场能簇群，以次级旅游中心城市、旅游城镇密集区为培育重点，构建高旅游场能的承接区和簇群化生长区；四是基于产业分工的旅游一体化，从产业分工与协作发展、产业科学规划与管理、旅游品牌联合塑造等诉求出发，提出了交通一体化先行，打破"行政区经济"约束，构建多层次、全方位、紧密型的旅游协作体系等具体策略。

第一章 引言

第一节 研究背景

一 以城市群为地域单元发展区域经济上升为国家级战略

2013 年以来,伴随"丝绸之路经济带"(2013 年 9 月)、"海上丝绸之路"(2013 年 10 月)、"京津冀一体化"(2014 年 2 月)、"长江经济带"(2014 年 3 月)等国家级战略构想的相继提出,2015 年 4 月 7 日,国务院批准实施《长江中游城市群发展规划(2014—2020)》,以城市群为主导的"区域一体化与协同发展"将成为"十三五"期间中国区域经济发展的重点。城市群是城市发展到成熟阶段的最高空间组织形式,由不同规模、等级、职能的城镇在地域分布中组成的城市群已经成为中国经济发展格局中最具活力和潜力的经济区域,是未来中国参与国内外经济竞争的主体地域单元。[1] 2014 年 3 月我国颁布的《国家新型城镇化规划(2014—2020)》中明确指出,中国新型城镇化应"以大城市为依托,以中小城市为重点,逐步形成辐射作用大的城市群,促进大中小城市和小城镇协调发展",推动城镇化发展由速度扩张向质量提升"转型",特别是要"增强城市群内部中小城市的人口、经济集聚能力,引导人口和产业由特大城市主城区向周边和其他城镇疏散转移","深化城市群内部城市间分工协作与功能互补,加快一体化发展",通过"加强中小城市和小城镇与交通干线、交通枢纽城市的连接",实现综合交通运输体系对新型城镇化的支撑作用。

"十三五"时期,中国区域发展将依托不同等级和规模的城市群,由

---

① 参见王娟、聂云霞、张广海《山东省四大经济区域的旅游空间联系能力研究》,《山东大学学报》(哲学社会科学版)2014 年第 5 期。

东向西，由沿海向内地，沿大江、大河和陆路交通干线展开布局，旨在更好地实现地区间交通贯通、生产要素的流动和互补、产业的转移衔接和优化升级以及市场的整合统一，融通国内、国际两个市场的新型城镇集聚发展态势。

二　旅游空间组织形式从"点线旅游"到"板块旅游"转变

2009年底，国家颁布《国务院关于加快发展旅游业的意见》，明确指出要把旅游业培育成国民经济的战略性支柱产业和人民群众更加满意的现代服务业，标志着中国旅游业正在融入国家战略体系，进入新一轮的快速发展时期。经过30余年的快速发展，我国旅游活动组织形式发生了重要转变，一是旅行社在旅游活动组织中完成从绝对主体到相对主体地位的转变。旅游活动的开展已经从单一依托旅行社开展的团队式"点线旅游"，发展为依托在线旅游服务商、游客自组织等多样化的深度"板块旅游"。二是旅行社推出的团队游产品市场定位的转变。由以入境旅游为主的长线、多点的跨区域观光游产品向国内游市场为主的特定区域内的短程、纵深休闲度假产品转变。本研究通过对入境游客游览一地之后向另一地转移、分流的流向和流量情况进行分析①（图1—1），箭头方向表示流向，数字表示流量占统计数的百分比，其中北京、上海、广州三大口岸城市是入境流量的密集区和中转区，三者之间的游客对流量远高于其他城市，居于绝对的旅游中心地位；对包含两个省份及以上的城市群②入境游客扩散情况初步分析后，得出入境游客流量具有"向中心性"和城市群内部扩散的特征，且不同城市群之间、城市群内部存在显著差异，开展以城市群为单位的"板块旅游"的细致研究非常有必要。

在入境旅游者游览城市数量方面，国家旅游局、国家统计局2012年的调查和统计显示，单次入境旅游板块旅游特征明显，但整体的时间跨度和线路跨度较长，仍旧处于"节点—游线"的扩散模式，区域旅游网络有待进一步构建。在游览天数方面，入境过夜外国游客游览天数1—7天

---

① 参见国家旅游局政策法规司《国内旅游抽样调查资料2012》，中国旅游出版社2013年版。

② 包括京津冀、长三角、哈大长和辽东半岛、长江中游、成渝、酒嘉玉和兰白西共6组城市群；统计数据以省、直辖市为单位，其中上海2011年数据空缺，用2010年数据替代。

的占 76.4%，8—15 天以上的占 23.7%；在游览城市数量方面，游览 1—3 座城市的旅游者比例最高，合计占 89.4%；4—6 座城市的占 8.3%，7 座及以上城市的占 2.3%（图 1—2）。

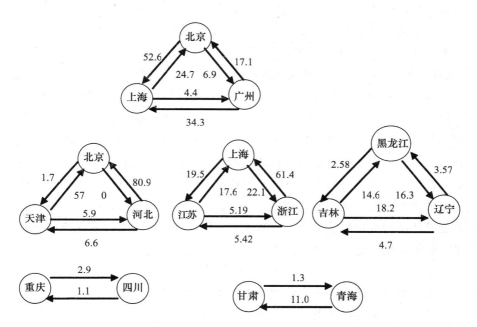

图 1—1　入境游客在含两个及以上省（市）的城市群内部扩散情况

资料来源：《旅游抽样调查资料 2012》。

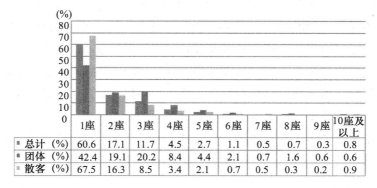

	1座	2座	3座	4座	5座	6座	7座	8座	9座	10座及以上
总计（%）	60.6	17.1	11.7	4.5	2.7	1.1	0.5	0.7	0.3	0.8
团体（%）	42.4	19.1	20.2	8.4	4.4	2.1	0.7	1.6	0.6	0.6
散客（%）	67.5	16.3	8.5	3.4	2.1	0.7	0.5	0.3	0.2	0.9

图 1—2　2011 年入境游客游览城市座数所占比重

资料来源：《旅游抽样调查资料 2012》。

在国内旅游方面，以 2012 年中国旅行社集团十强、5A 级旅行社中的中国旅行社、中国国际旅行社、中国康辉旅行社的"国内参团"旅游产品设计为例，它们首先是将国内旅游区域分为华北、东北、华东、华中、华南、西南、西北七大区域，然后在各个区域中围绕某一个或几个热点、核心旅游城市或景区设计旅游线路（产品）推向市场。例如发展较为成熟的"华东五市五日游"线路，是典型的以"城市群"为载体开展的"板块旅游"类型，已成为我国国内游、入境游的热点旅游线路。

点线旅游和板块旅游在旅游生产力的组织方式、运行方式和运行效益方面[①]存在本质差别，前者以旅游要素分散、跨区域串联的形式完成旅游生产和消费过程，后者则将上述过程集中于特定区域完成。从点线旅游向板块旅游的转变是我国旅游业日趋成熟的标志之一，是我国旅游业发展的必然趋势。板块旅游的开展必须依托特定的区域，以内部分工协作的形式形成独立的旅游经济场域，这对提升场域可达性、优化区内产品布局、提升旅游产品和服务品质提出了更高要求，需要对不同城市群的旅游场能水平、成因、机理进行测度、分析以优化区域旅游业的发展。

三　旅游空间活动场所由"城市"向"城市群"转变

城市具有旅游目的地和客源地的双重属性，是旅游活动开展的主要场所，纽约、巴黎、东京等大都市既是国际政治、经济、文化中心，也是国际旅游活动中心。以北京为例，从 2011 年开始北京市旅游总收入突破3000 亿元人民币，2013 年旅游总收入达到 3693.2 亿元，占当年京津冀城市群旅游总收入的 53%，旅游中心性特征显著。由于中心城市旅游空间、资源和设施的有限性，外来游客的瞬时涌入使得城市基础设施、旅游接待设施、生态环境超负荷运转，引发外来旅游者和本地居民之间矛盾的同时，也降低了游客的旅游体验质量，游客的空间分流是中心城市旅游向周边城市拓展形成城市群旅游的初始动力之一。

旅游业在经历了景点之争、线路之争和城市之争三个阶段后，目前已进入区域性竞争阶段[②]。2006 年，中国《国民经济和社会发展第十一个五

---

①　参见张辉《中国旅游经济现象的深层思考》，《旅游学刊》1995 年第 6 期。
②　参见徐梅《山东：济泰莱区域旅游一体化破冰》，《中国旅游报》2013 年 10 月 30 日第14 版。

年规划纲要》中首次提出将"城市群"作为推进城镇化的主体形态；在2014年出台的国家新型城镇化规划中明确提出要"加强中小城市和小城镇与交通干线、交通枢纽城市的连接"，按照"以大城市为依托，以中小城市为重点，逐步形成辐射作用大的城市群，促进大中小城市和小城镇协调发展"的要求，以大带小、把大中城市和小城镇连接起来共同发展，构建以区域为单位的低冲击开发模式，发展生态城市集群①，实现大城市升级，二、三线城市"城市化"，小城市"城镇化"，其中由高铁、城轨连接的中小城市定位为旅游城市、服务城市或者硅谷式的高新技术基地，这些城市以特色取胜，而不是以规模和基建取胜②。

通过对上述城镇化政策的解读可知，城镇化水平、国民可自由支配收入和城际交通可达性的提高延长了居民出游半径，中心城市与周边城市间的"旅游对流"活动频繁，"城市群"成为旅游业发展新的空间载体。以区域旅游核心城市为增长极，通过扩大辐射能力和牵引空间形成"核心—边缘"结构的都市旅游圈，进而通过培育区域次级旅游城市形成多中心、网络化的旅游城市群，从"集聚式"的城市旅游走向"扩散式"的城市群旅游，实现区域旅游经济发展水平的动态均衡是我国旅游业发展的必然。

四 国内旅游的"本地市场效应"突出

根据国家统计局2014年发布的《2013年国民经济和社会发展统计公报》，2013年中国三大产业比例分别为10∶43.9∶46.1，第三产业（服务业）产值和GDP占比首次超过第二产业，产业结构调整取得历史性突破。旅游业是现代服务业的龙头产业和国民经济的战略性支柱产业，具有生产性和生活性服务业的双重属性。2009年起我国出境旅游人数首次超过入境旅游人数，至2014年上半年，入境旅游外汇收入达230亿美元，出境旅游花费超过700亿美元，贸易逆差470亿美元，中国已成为世界上旅游服务贸易逆差最大的国家。因此，旅游业在改革开放之初定位的出口创汇功能逐渐隐退，旅游、休闲活动已成为居民社会生活的重要组成，旅游业正回归以服务本国游客为主体的国际旅游业常

---

① 参见仇保兴《新型城镇化：从概念到行动》，《行政管理改革》2012年第11期。
② 参见叶檀《城镇化让大城市更大、城市群更突出》，《成都商报》2013年1月10日第29版。

态发展模式。

在国际贸易理论中,本地市场效应(Home Market Effects)指在一个存在报酬递增和贸易成本的世界中,那些拥有相对较大国内市场需求的国家将成为净出口国[①]。该理论应用于旅游业,指一国国内旅游需求的旺盛将导致入境旅游需求的增多,符合国际旅游业的发展规律。2012年我国国内旅游人数和国内旅游收入分别为29.57亿人次和22706亿元,比上年分别增长12.0%和17.6%[②],1991年至2012年间,我国国内旅游收入占旅游总收入比例均达到50%以上,且呈连年递增趋势,至2012年已达到88.35%(图1—3)。

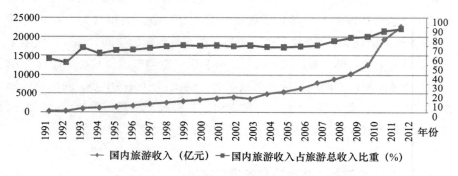

图1—3   1991—2012年国内旅游收入

资料来源:《历年中国旅游统计年鉴》、《中国旅游统计公报》。

2013年2月,国务院办公厅正式发布《国民旅游休闲纲要(2013—2020)》,旨在通过保障国民旅游休闲时间、改善国民旅游休闲环境、推进国民旅游休闲基础设施建设、加强国民旅游休闲产品开发与活动组织、完善国民旅游休闲公共服务、提升国民旅游休闲服务质量六项措施,刺激国内旅游消费、保障国民休闲需求。在此纲要导引下,中小尺度出游半径的邻近省际游、省内游、环城游将成为区域旅游的主体,"就近旅游"时代已经来临。

---

① 参见钱学峰、梁琦《本地市场效应:理论和经验研究的新近进展》,《经济学》(季刊)2007年第6期。

② 参见国家旅游局政策法规司《2012年度中国国内旅游抽样调查报告》,《中国旅游报》2013年3月1日第4版。

以山东省为例，2005—2012 年，山东省国内旅游者中本省客源比例最高，一直保持在 45%—48%①，即"山东人游山东"是山东省国内旅游的主体，受出游距离衰减规律（distance-decay regularity）影响，国内旅游的本地市场效应明显。2007 年 7 月，涵盖济南、青岛、烟台、淄博、威海、潍坊、东营、日照 8 个设区城市的《山东半岛城市群总体规划（2006—2020 年）》正式公布实施；国务院又分别于 2009 年和 2011 年批准了《黄河三角洲高效生态经济区发展规划》和《山东半岛蓝色经济区发展规划》两个国家级战略规划；2013 年 8 月 28 日，山东省政府同时发布了《西部经济隆起带规划》和《省会城市群经济圈发展规划》。依据上述规划，山东省已形成依托上述区域的以"东部率先发展、中部融合对接、西部加快隆起"的"板块式"经济发展格局，这些区域将成为山东省未来旅游业发展的空间载体。

五　旅游交通需求与陆路交通网络的协同发展

1. 旅游交通花费在国内旅游支出中占比最大

2012 年中国城镇居民和农村居民人均每次旅游花费分别为 915 元/人次和 493 元/人次，同比分别增长 4.5% 和 4.1%，其中，旅游交通支出占出行总花费的 1/3 左右，在各项花费中比重最大（图 1—4）。将 2012 年

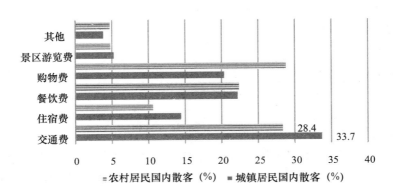

图 1—4　城镇居民和农村居民人均每次出游的花费构成

资料来源：《国内旅游抽样调查资料 2012》。

---

① 参见山东省旅游局《山东省旅游统计便览》（2006—2013 年）。

度国内旅游花费情况分别按照"出游半径"和"外出旅游目的"进行划分,外地游主要花费为交通,占 37.5%;本地游主要花费为餐饮,占 30.5%,交通花费占 25.7%,居第二位(表 1—1);相似的,在以出游目的划分的花费构成中,交通支出在不同类型的出游目的中仍居首位,其中,以"商务出差"为出游目的的交通费用比重为 42%,远高于其他出游目的(表 1—2)。

表 1—1　　　　　　2012 年度按出游半径划分的散客旅游花费构成

项目 出游半径	交通	住宿	餐饮	购物	游览	娱乐
外地游	37.50%	15.90%	20.40%	18.60%	5.20%	2.40%
本地游	25.70%	10.00%	30.50%	23.80%	5.70%	4.40%

资料来源:《2012 年度中国国内旅游抽样调查报告》。

表 1—2　　　　　2012 年度按外出旅游目的划分的散客旅游花费构成

目的 项目	观光游览	度假休闲娱乐	商务出差	探亲访友	健康疗养
交通	33.8%	34.4%	42.0%	38.9%	30.6%
住宿	19.0%	19.2%	24.4%	4.9%	20.8%
餐饮	18.9% 1	9.3%	18.4%	24.0%	20.8%
购物	16.7%	17.4%	11.3%	26.5%	12.0%
游览	10.1%	7.3%	1.9%	2.5%	4.0%
娱乐	1.5%	2.3%	2.0%	3.2%	11.9%

资料来源:《2012 年度中国国内旅游抽样调查报告》。

2. 散客游、自助游比例增加

从 1992 年开始中国旅游客源结构中散客与团队游客首次平分市场份额,至 2012 年全国国内旅游人数为 29.57 亿人次,其中经旅行社组团出游和散客出游比例分别为 3.1% 和 96.7%,散客旅游比例已达到发达国家水平,是当前旅游活动的主体组织形式。随着互联网的普及、在线旅行服务的便利和带薪休假制度的完善,散客的绝对数和比重将逐年增加,旅游业将由团队游、观光游主导发展为散客化、网络化的深度休闲度假游。

3. 私人汽车保有量增加

私人汽车保有量的增加使自驾游逐步从自助游类型中分离而形成独立的旅游类型。1990 年至 2012 年间，中国私人汽车保有量从 81.6 万辆增至 8838.6 万辆（图 1—5），私人汽车比例占民用汽车比例从 14.8% 增至 80.8%，20 来年间实现每千人汽车保有量从 1990 年的 5.42 辆增至 2012 年的 80.7 辆[①]。私人汽车大大拓展了人们的工作、生活、游憩空间范围，已经从奢侈品转变为提高生活品质的生活必需品。

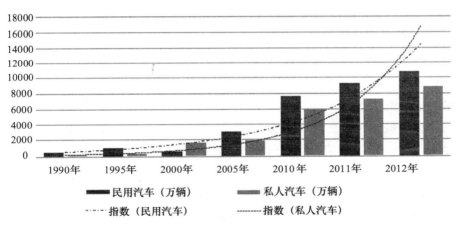

图 1—5　1990 年至 2012 年我国民用汽车、私人汽车数量

资料来源：《中国统计摘要 2013》。

4. 交通系统的快速发展

出行系统与客源市场系统、目的地系统和支持系统共同构成旅游系统（游憩系统）[②]。基础设施网络的发育和完善是实现区域交通可达性优化、空间经济结构重组的关键，也是城市群发展寻求次级突破、区域旅游实现同城化发展的必要支撑。

（1）铁路、公路里程与客运量。铁路营业里程、铁路客运量分别由 1990 年的 5.8 万千米、9.57 亿人次增至 2012 年的 9.8 万千米、18.93

亿人次，增长近 1 倍；公路运输里程、公路客运量分别由 1990 年的 102.8 万千米、64.81 亿人次增至 2012 年的 423.8 万千米、355.7 亿人次，增长 4—5 倍。截至 2012 年底，我国投入运营的高速铁路、高速公路营业里程已分别达到 9400 千米和 9.62 万千米，分别居世界首位和第二位。

　　路网规模、密度、质量和等级是衡量一个国家或地区道路运输网发展水平的重要指标。中国于 2004 年制定的《中长期铁路网规划》（2008 年修改调整）提出建设"四纵四横"高速铁路客运专线和九个城际客运系统[①]，2012 年发布的《"十二五"综合交通运输体系规划》中提出了初步形成以"五纵五横"为主骨架的综合交通运输网络、基本建成国家快速铁路网覆盖人口 50 万以上的城市、基本建成国家高速公路网覆盖人口 20 万以上的城市等发展目标。在新的规划中，除大尺度的贯通南北、连接东西的中远程干线路网外，以中小尺度的区际、区内为目标的城际快速交通网络成为建设重点，即通过以轨道交通和高速公路为骨干，以国、省干线公路、通勤航空为补充，加快推进城市群（圈、带）多层次城际快速交通网络建设，适应城市群一体化和同城化的发展需要。截至 2013 年底，我国开通西宝线（西安至宝鸡）、厦深线（厦门至深圳）、渝利线（重庆至利川）等 7 条高速铁路；截至 2014 年底，我国新开通贵广铁路（贵州至广州）、南广铁路（南宁至广州）和兰新铁路（乌鲁木齐至哈密段）等 12 条高速铁路，我国高速铁路运营里程达 1.6 万千米，占世界的 60%，我国成为世界上高速铁路运营里程最长、在建规模最大的国家。

　　通过将 2012 年底中国 14 个高速公路里程超过 3000 千米的省份[②]与它

---

　　① "四纵四横"客运专线是指连接直辖市、省会城市及大中城市间的四条纵贯南北和四条横贯东西的长途高速铁路，多数线路长度超过 1000 千米；城际客运系统是指建设于各都市圈内部，尤其是人口稠密地区的短途高速铁路，线路长度一般在 500 千米以下。四纵：北京—上海、北京—武汉—广州—深圳（香港）、北京—沈阳—哈尔滨（大连）、上海—杭州—宁波—福州—深圳；四横：青岛—石家庄—太原、徐州—郑州—兰州、上海—南京—武汉—重庆—成都、上海—杭州—南昌—长沙—昆明，其中七条为 1000—2300 千米，京沪、京广、沪昆时速为 350 千米/小时，其余为 200 千米/小时；九个城际客运系统依次为：环渤海、长三角、珠三角、长株潭、成渝、中原、武汉城市群、关中以及海峡西岸。

　　② 依次为河南、广东、河北、山东、江苏、湖北、山西、陕西、黑龙江、江西、浙江、辽宁、安徽、四川。

们当年旅游收入运用 SPSS 19.0 进行相关性分析，得到相关系数为 0.277
（表 1—3），即区域高速公路里程与旅游收入具有显著相关性。

表 1—3　　　　　　　高速公路里程与旅游收入的相关性分析

相关性		高速公路（千米）	旅游收入（亿元）
高速公路（千米）	泊松相关系数	1	.277
	显著性（双侧）		.337
	数量	14	14
旅游收入（亿元）	泊松相关系数	.277	1
	显著性（双侧）	.337	
	数量	14	14

（2）火车提速与时空压缩、陆空运输竞争。从 1997 年至 2007 年，中
国逐步实现了 6 次全国范围内的铁路提速，最高时速由 1993 年的 48.1 千
米提高到 2007 年的 200—250 千米的国际水平，不仅提高了铁路运力，同
时极大地缩短了出行时间。例如，武广高铁作为中国运营里程仅次于京沪
高铁的第二大高铁线路，使广州和武汉之间的旅行时间由原来 10 个小时
缩短到 4 小时，极大提高了武汉对珠三角客源的吸引力，强化了珠三角、
长株潭、武汉都市圈三大城市群的旅游空间联系[1]。青藏铁路开通后，根
据杨传开（2012）测算，拉萨旅游目的地功能强度、旅游接待人次、旅
游收入分别由 2000 年的 0.006、16 万人次、0.65 亿元增至 2010 年的
0.053、413 万人次、42 亿元[2]，拉萨市的旅游中心性得到极大强化。

此外，由于铁路运输的大规模提速，中国的交通运输业呈现高铁与
航空公司竞争的局面，全国多条 1000 千米以下的中短程航空线路降价
甚至取消，即在铁路运行时间短于 4 小时，高铁将占据着大于 50% 的市
场份额[3]，体现出高铁对航空运输的分流作用，以及在中短途旅游客运

---

① 参见汪德根《武广高速铁路对湖北省区域旅游空间格局的影响》，《地理研究》2013 年
第 8 期。

② 参见杨传开、汪宇明、杨牡丹《中国主要城市旅游功能强度的变化》，《地域研究与开
发》2012 年第 2 期。

③ 参见徐长乐、郁亚丽《高铁时代到来的区域影响和意义》，《长江流域资源与环境》
2011 年第 6 期。

方面的市场竞争性和可替代性。但在 1000 千米以上的远途客运中，高铁的时间和价格优势将随着距离的增加而逐渐减弱①。整体来说，铁路提速不仅改善了区际和区内可达性，实现了对区域经济运行空间格局的重组，形成了陆路和航空运输的有效竞争，而且使其沿途提速站点人均 GDP 提高约 7.8 个百分点，对经济增长的促进作用具有叠加效应②。

（3）通行量和拥挤程度。2012 年北京、天津、上海、江苏、浙江、广东和山东 7 省市国道网的日平均交通量均超过 2 万辆，是全国国道网车流量最大的地区；北京、天津、河北、山西、上海、浙江、湖北、广东的国道年平均拥挤度均超过 60，高于全国 40 左右的平均水平③，是交通路网密集和发达地区（图 1—6）。交通通行量和拥挤程度与 2012 年我国旅游收入（前 6 位依次为广东、江苏、浙江、山东、上海、北京）的排名具有较高的一致性，后续研究中将进一步验证区域交通发展状况对旅游业发展水平的影响。

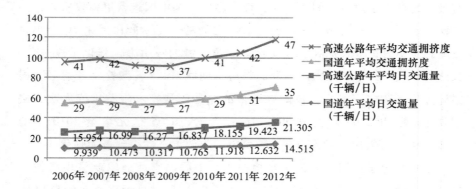

图 1—6 2006—2012 年国道、高速公路交通量和拥挤度

资料来源：《公路水路交通运输行业发展统计公报》（2006—2012 年）。

---

① 参见刘晏滔《浅谈我国民航该如何面对高铁的快速发展》，《中国民用航空》2009 年第 9 期。

② 参见周浩、余金利《铁路提速、可达性与城市经济增长》，《经济评论》2013 年第 1 期。

③ 为便于比较和绘图，拥挤度指标被同比放大 100 倍，不影响比较结果。

第二节 选题依据

一 区域经济结构优化与一体化成为经济发展新常态

2014 年底中央经济工作会议首次对经济 "新常态" 进行系统阐释，即中国经济发展从高速增长转向中高速增长，经济发展方式从规模速度型粗放增长转向质量效率型集约增长，经济结构从以增量扩张为主转向调整存量、做优增量并存的深度调整，经济发展动力从传统增长点转向新的增长点。由此可以看出，内部结构性成长与外部规模性成长，结构调整将成为区域经济发展的重点，从结构失衡到优化再平衡成为常态发展模式：

一是产业结构调整。自 1990 年以来，工业在 GDP 中的比重一直维持在 40% 以上，工业产能严重过剩，而服务业产能却严重不足。至 2013 年，GDP 中的服务业占比首次超过工业，服务业对经济增长的贡献率（48.2%）也超过工业（46.5%）。在产能过剩领域的融资、信贷资源，更多地投向有利于转型升级和服务民生的领域，我国已经开始由工业大国向服务业强国转型。

二是经济增长结构调整。受国际经济形势和金融环境变化影响，中国拉动 GDP 增长的 "三驾马车" 中出口的贡献趋势减缓、投资区域低迷，拉动内需、刺激消费成为我国财政货币政策引导的重点，我国经济已经由投资和出口主导型向消费主导型过渡。事实上，旅游产业不仅有拉动消费的功能，旅游业集生活性服务业和生产性服务业于一体，集消费、投资和出口于一体，不仅可以拉动产业转产、消化工业产品和农业产品存量以提供新的增长空间，并且借助其与新型工业化、信息化、城镇化、农业现代化 "新四化" 融合，通过衍生新业态、创造新产品、发现新商机、增进新体验的形式，实现产业间的交互增长。

三是区域结构调整。东部沿海地区依托区位、政策优势快速崛起，中西部等比较劣势地区则发展滞后，"中等收入陷阱" 和贫困循环累积效应并存；此外，大城市尤其是北（京）上（海）广（州）深（圳）等特大城市的城市病越发严重，而中小城市及小城镇相对薄弱，区域协同与一体化发展成为我国经济发展的必然要求。

二　城市群在区域经济协调发展中的主体地位日益强化

截至 2012 年底，中国城市群总面积占全国的 25%，却集中了全国 62% 的总人口、80% 的经济总量、70% 的固定资产投资、76% 的社会消费品零售总额、85% 的高等学校在校学生和 92% 的移动电话用户、98% 的外资和 48% 的粮食①，城市群各种生产要素流动汇聚与扩散的功能使其成为我国生产力布局的核心支点。长期以来，我国经济运行过程中东部地区"外向型"先导优势和中西部地区"内向型"市场规模劣势的循环累积而导致我国整体经济空间格局呈现"东部隆起、西部塌陷"的割裂状态②。我国于 1995 年制订"九五"计划时提出将"区际协调"作为主要发展目标，并相继提出了实施西部大开发（1999 年）、振兴东北老工业基地（2003 年）、中部崛起（2005 年）、成渝地区获批全国首批城乡统筹综合配套改革试验区（2007 年 6 月）、武汉城市群和长株潭城市群获批全国资源节约型和环境友好型社会建设综合配套改革试验区（2007 年 12 月）等推动中西部地区发展、缩小区际差异的发展战略。

从区域经济发展格局视角，人多地少的基本国情决定了我国依托大型城市群集约组织区域经济发展和城镇化③，应将中国城市体系的发育特别是大城市群的发育同区域战略有机结合，建立以城市为依托的城市经济区域系统，逐步形成以若干大型城市群为"增长点"、以大城市群之间的"综合快速通道"为轴线，来推动国家工业化、城镇化的"多极（大城市群）网络化"空间格局。

从城市群内部结构视角，中心城市的发展对邻近城市同时具有正向和负向作用。一方面，可以通过产业链拓展和产业转移实现经济增长的正向溢出效应，实现关联带动作用；另一方面，中心城市也可凭借市场优势从邻近城市吸引资金、人才、技术等生产要素，使得周边城市处于发展"阴影屏蔽区""空心化"状态，从而抑制邻近城市的经济增长，割裂城市群内部乃至区域之间的经济循环，扩大区域差异。因此，如何强化中心城市的正向引导、扩散

---

① 参见《我国将分三类打造 20 个城市群》，《经济参考报》2015 年 1 月 14 日第 A03 版。
② 参见安虎森、薄文广《区域经济格局和经济运行空间》；陈国富、段文斌《中国经验：内生道路与可持续发展》，经济科学出版社 2009 年 8 月版。
③ 参见苗长虹《城市群作为国家战略：效率与公平的双赢》，《人文地理》2005 年第 5 期。

作用，促进次中心城市、专业化城镇成长，形成多节点、网络化的城市群内部结构是实现我国经济发展区际、区内平衡的关键环节。

三 旅游业的发展有助于消除城市群内部发展差异

由于历史、区位和资源禀赋的差异，旅游经济运行空间格局也存在不同程度的非均衡态势，中国长三角、珠三角、京津冀三大城市群 2012 年入境旅游收入分别为 169.45 亿美元、156.11 亿美元、79.2 亿美元，分别占我国国际旅游总收入的 33.9%、31.2% 和 15.8%，在全国各城市群中处于绝对领先地位。从旅游经济发展和旅游市场关联角度，受距离衰减、签证等出境手续、文化心理和出行便利程度等诸多要素的影响，国内旅游市场间的"东西对流"，区域内部、城市群内部的旅游集聚和扩散效应同步进行，中西部地区凭借优越的旅游资源禀赋受益于国内旅游业的快速发展，西部地区的陕西、四川、云南三省的旅游收入分别为 1713 亿元、3280.3 亿元和 1702.54 亿元，分别占各省份 GDP 的 11.8%、13.75% 和 16.5%，旅游经济发展情况明显高于社会经济发展的整体水平，旅游业已经成为各省份的支柱产业。

从区域经济运行格局角度，旅游业具有产业链条长、关联性强的特点，"入境旅游驱动"模式在东部和中西部地区具有普适性，基于旅游产业而建立的经济关联，在一定程度上削弱了传统工业经济运行过程中出现的中西部产品对东部市场的单向路径依赖、东部对中西部资源和劳动力的"虹吸"问题，是通过第三产业发展促进经济运行空间动态均衡、优化协调的有益尝试。

从城市群内部结构角度，过度集中于旅游中心城市给游客和本地居民旅游体验与日常生活带来负面效应，影响旅游业的可持续发展。基于旅游活动开展的多节点特征，城市群内部城市之间发达的交通体系、互补性的旅游吸引物能够承接中心城市的旅游流转移，有利于改变"一城独大"的旅游业发展局面，通过旅游流的空间扩散和转移实现城市之间、城市群之间旅游业的协同发展。目前，我国已有近 30 个省、自治区、直辖市将旅游业作为经济结构调整中的支柱产业、先导产业和重点产业，依托城市群内部城市的分工协作而形成的"旅游经济增长圈""板块旅游"格局已逐步形成。

四　新型城镇化建设为城市群旅游提供新的发展机会

中国等级化城镇管理制度和城乡二元结构体制已经构成社会经济均衡发展的障碍，将城市群作为我国新型城镇化的主体不仅极大赋予了区域、地方发展活力，而且从城市化模式选择角度，依托城市群的"板块成长"模式相对于以依托中心城市的"节点拉动"模式能够更加兼顾效率和公平。2012年12月召开的中央经济工作会议明确提出要"走集约、智能、绿色、低碳的新型城镇化道路"，其本质特征在于注重城乡统筹、生态文明、以人为本、尊重市场，通过城镇化拉动内需、促进"新四化"的同步发展，实现城市发展方式由"外延式"向"内聚式"的转变[①]和社会、经济的和谐发展。我国新型城镇化是扩大内需的最大潜力所在，注重大中小城市和小城镇、城市群的科学布局，与区域经济发展和产业布局紧密衔接，与资源环境承载能力相适应，实现产业发展与城市建设的一体化发展（"产城一体化"）[②]。新型城镇化由单个城市的城市化转为"城市群体的城市化"，由以工业化为主导的动力机制逐步转为以旅游业为代表的第三产业发展为主要驱动力。

旅游引导的新型城镇化，就是以旅游带动下的泛旅游产业集群为产业基础，由旅游带来的消费集聚直接推动的城镇化过程[③]。旅游业的发展可以促使旅游区农民实现从纯农业从业者向服务业或兼业农户转化，实现农村人口的市民化，逐步改变旧式城镇化的"城乡分治"问题，实现城乡统筹发展；旅游开发和产业集聚过程促使原有城镇居民、农民、产业佣工、外来旅游者、外来休闲度假人口等人口相对集中居住，辅以配套设施完善和社会体系建设，实现农村的就地城镇化，通过新型农村社区建设实现社会观念和生活方式的城镇化；旅游业不仅具有低污染、低能耗特征，而且旅游业发展过程与生态环境保护、文化保护需求相辅相成，旅游开发过程可以改善、美化农村居住条件和生活环境，符合国家对生态文明的要

---

① 参见喻新安《新型城镇化究竟"新"在哪里》，《中国青年报》2013年4月15日第2版。

② 参见林峰、黄坚《新型城镇化规划的技术路径与创新探索》，《中国名城》2013年第5期。

③ 参见北京绿维创景规划设计院课题组《旅游引导的产业集群化与新型城镇化模式（研究报告摘要）》，《中国旅游报》2013年1月7日第3版。

求。此外，中国旅游小城镇的成功开发在旅游引导的新型城镇化建设中具有示范和先导意义，随着我国城市群旅游体系的逐步建设，旅游业推进我国新型城镇化的作用将进一步凸显。

第三节　研究意义

一　理论意义

作为中国经济增长最具活力和潜力的空间地域单元，国内学者对城市群的研究日益深入和广泛，现有研究已涉及城市群的空间结构、经济联系、交通体系、区域合作等多个领域，但也有不足，具体表现在以下两点：一是研究内容较为固定，现有的城市群研究具有典型的地理学母学科依赖特征，主要依据现有研究优势而延伸至旅游问题研究，即将城市群研究模式套用于旅游研究，缺乏对城市群旅游属性的深入分析，城市群作为具有整体特征的旅游区域，在城市群旅游区域的场能研究方面几近空白；二是研究视角创新度不足，对城市群旅游区域的空间结构研究数量较多，注重城市等级体系的划分和城市旅游合作，尚且缺乏从节点功能、交通网络角度开展城市群旅游区域的影响范围研究。

在全球地域化背景下，旅游产业的发展也必将围绕"城市群"这一空间载体而展开生产和消费活动，本研究的理论意义在于将城市群视为旅游空间单元，以空间场能测度为切入点，从节点功能、交通可达性角度分析城市群的空间格局演化、中心城市影响力和旅游时间圈层分异，并根据城市群旅游区域的场能差异提出旅游能级提升策略，以实现城市群内部旅游同城化和区际旅游发展水平的动态均衡。作为新型城镇化的主体，以城市群为单位研究其旅游场能差异，有利于从中宏观层面分析我国区域旅游发展空间格局，为中国旅游产业生产要素的优化布局和区域旅游发展战略制定提供科学依据。

二　应用价值

城市群是具有紧密协作特征的大中小城市复合协作体系，是区域经济发展的先导和示范性区域。2006 年中国"十一五"规划中首次提出将"城市群"作为推进城镇化的主体形态；2007 年党的"十七大"报告中提出"以特大城市为依托，形成辐射作用大的城市群，培育新的经济增长点"来"推动区域协调发展、优化国土开发格局"；2012 年"十八大"中提出大中小城市、小城镇、新型农村社区协调发展、互促共进的"新型城镇化"理念，对城市群在我国经济发展中的主体地位提出了更高要求。我国目前正在形成以长三角、珠三角和京津冀三个国家级城市群为代表的功能和发展水平各有差异的多个城市群，城市群整体发育程度呈现"东部隆起、西部塌陷"状态，区域经济发展的不平衡状态亟须依托政策支撑、资源条件、基础设施和市场整合能力形成新的发轫点。

本书将为中国城市群旅游业发展格局与空间差异分析提供计量途径，并为以城市群为单位的旅游产业布局优化和旅游城镇体系等级结构优化提供参考。本书以 2013 年出台的旨在保障国民休闲权利、刺激国内旅游消费拉动经济增长的《国民旅游休闲纲要（2013—2020）》和 2014 年出台的致力于提高城镇化质量的《国家新型城镇化规划（2014—2020 年）》为主要政策依据开展研究，有利于判定城市群旅游区域的格局和影响范围，选择优化策略，提高旅游产业在新型城镇化中的贡献率。

第四节　研究思路与框架

一　研究对象

1. 基本情况

城市群作为大都市区的联合体，不是机械的城市数量的叠加，城市群不仅关注地理上的邻近性，更重要的是注重功能上的关联性以形成有机联系的整体。从行政区划的视角，我国的城市群可以分为跨省级行政区的城市群和省级行政区内的城市群两大类型，我国于 2015 年起着手编制的《城市群规划》正在进行中，因此目前尚没有关于城市群范围的统一划分标准。

本研究根据住建部《全国城镇体系规划纲要（2005—2020）》、发改委 2009 年提出的 10 大城市群、中国科学院 2010 年《中国城市群发展报告》提出的"15 + 8"共 23 个城市群以及国家发改委 2014 年 3 月《国家新型城镇化规划》中关于城市群的发展设想，考虑数据可获取性、样本代表性和研究适用性，最终选择以长三角城市群、京津冀城市群、珠三角城市群、山东半岛城市群、川渝城市群、辽中南城市群、武汉城市群、长株潭城市群、中原城市群、海峡西岸城市群、关中城市群、环鄱阳湖城市群和江淮城市群共 13 个城市群、126 个城市（含省辖县和示范区）为对象进行大数据、中宏观尺度的场能比较和旅游空间结构优化研究。研究对象的基本情况见表 1—4：

表 1—4　　　　　　　　　　研究对象概况

城市群名称	城市名称与个数	城市群土地面积（平方千米）	城市群常住人口（万人）	地区生产总值（亿元）
京津冀	北京、天津、石家庄、秦皇岛、唐山、保定、张家口、承德、沧州、廊坊共 10 个城市	182661	8683.4	52527.8
长三角	上海、南京、无锡、常州、苏州、南通、扬州、镇江、泰州、杭州、宁波、嘉兴、湖州、绍兴、舟山、台州共 16 个城市①	109883	10919.5	90124.1
珠三角	广州、深圳、珠海、佛山、江门、肇庆、惠州、东莞、中山共 9 个城市	54754	5681.7	47779.5
辽中南	沈阳、大连、鞍山、抚顺、本溪、丹东、营口、辽阳、盘锦、铁岭共 10 个城市	96900	3340.9	24000.8
山东半岛	济南、青岛、淄博、东营、烟台、潍坊、威海、日照共 8 个城市②	73859	4385.2	31647.5
武汉	武汉、黄石、黄冈、鄂州、孝感、咸宁 6 个地级市和仙桃、天门、潜江 3 个省辖县级市	50902	2715.5	12664.2

---

　　① 根据 2014 年 9 月发布的《国务院关于依托黄金水道推动长江经济带发展的指导意见》（国发〔2014〕39 号）和 2015 年 4 月国务院批复的《长江中游城市群发展规划（2014—2020）》，确定长江中游城市群以武汉城市群、长株潭城市群、环鄱阳湖城市群为主体，江淮城市群列入长江三角洲城市群。为保持与历史研究的一致性，以及深入研究区内和区际旅游场能差异的需要，本研究仍将长三角城市群和江淮城市群作为长三角地区的两个独立区域进行单独分析和比较，特此说明。

　　② 本研究选定的山东半岛城市群范围，依据 2005 年发布的《山东半岛城市群总体规划（2006—2020）》中的 8 个城市确定。在 2014 年 10 月发布的《山东省新型城镇化规划（2014—2020）》中，将泰安、莱芜、德州、聊城、滨州 5 市纳入山东半岛城市群范围，数量增至 13 个。

续表

城市群名称	城市名称与个数	城市群土地面积（平方千米）	城市群常住人口（万人）	地区生产总值（亿元）
长株潭	长沙、株洲、湘潭、衡阳、岳阳、常德、益阳、娄底共8个城市	96310	4047	17662.7
环鄱阳湖	南昌、景德镇、九江、新余、鹰潭、吉安、宜春、抚州、上饶共9个城市	123740	3471.5	10705.6
江淮	合肥、芜湖、蚌埠、淮南、马鞍山、铜陵、安庆、滁州、六安、池州、阜阳共11个城市	86261	3593.6	13231.3
川渝	重庆、成都、自贡、泸州、德阳、绵阳、遂宁、内江、乐山、南充、眉山、宜宾、广安、雅安、资阳共15个城市	170059	7944.9	29321.8
中原	郑州、开封、洛阳、平顶山、新乡、焦作、许昌、漯河8个地级市和济源1个省辖县级市	56825	4124.5	16918.2
海峡西岸	福州、厦门、莆田、泉州、漳州、宁德共6个城市	55020	2978	16017.2
关中	西安、铜川、宝鸡、咸阳、渭南5个地级市和1个杨凌农业示范区	55432	2338	8741.2

资料来源：《中国区域经济统计年鉴2013》。

2. 空间范围

由于城市群的空间范围并没有明确的、统一的划分标准，为进一步增强研究对象的空间可视性，为后续的空间分析过程提供基础条件，本研究进一步明确了在国家和地方两个层级的规划中存在出入的城市群的空间范围。其中，本研究中的长株潭城市群是指长株潭"3＋5"城市群的范围，包含《长株潭城市群区域规划（2008—2020）》的规划范围（长沙、株洲、湘潭三市行政辖区）和协调规划范围（岳阳、益阳、娄底、常德、衡阳的大部分地区），与湖南省政府制定的《长株潭城市群区域规划（2003—2020）》范围一致；环鄱阳湖城市群是指广义的环鄱阳湖城市群范围，既包含《环鄱阳湖经济圈规划（2006—2010）》中的景德镇、九江、南昌、鹰潭、上饶这 5 个城市，还包含《鄱阳湖生态经济区规划（2009—2020）》中新增的新余、抚州、宜春、吉安的部分县（市、区）。选择上述广义范围的目的在于满足城市群空间范围不断延展的现实和未来空间储备需要，以进一步探讨中心城市的旅游影响力范围大小，为各城市群旅游业的长远发展提供空间保障。上述城市群的范围选择并不影响城市群内各城市结节性、可达性的测度结果和场能分析。

二　研究方法

随着信息技术的革新和现代旅游者出行方式的转变，多元统计的数理方法和地理信息系统（GIS）的广泛应用，使旅游地理学走向"精确研究"[①]，运用多学科方法解决旅游发展过程中的实际问题并从中提炼出具有旅游研究特色的研究框架和体系，是一种良性的理论折中（healthy theoretical eclecticism）和模仿创新，是加快缩小国内外旅游地理学研究差异的重要手段。

（1）指数分析和聚类分析。采用空间基尼系数、首位度、赫芬达尔指数和锡尔指数等测度方法，对城市群的资源—产业—市场条件进行分析；运用聚类分析方法，对城市群旅游业发展水平进行归类，作为旅游场能测度和分析的基础。

（2）主成分分析与模型构建。运用主成分分析法筛选并构建城市群旅游结节性评价指标体系，并通过模型构建完成城市群内部各城市的旅游能级测度。

（3）空间分析方法。空间分析是基于地理对象的位置和形态特征的空间数据分析技术，是 Arcgis 与其他制图系统最主要的区别。在 Arcgis 10.0 中，一是运用栅格成本距离（Cost Distance）模块，测度各城市的时间成本距离，以 0.5 小时为单位，划分城市群的时间可达性圈层；二是运用空间分析（Spatial Analysis）模块中的栅格计算器（Raster Calculator）、掩膜提取（Extract by Mask）、分区统计（Zonal Statistics）等完成城市群旅游场能扩散模式和分异特征的可视化表征。

---

① 参见保继刚、尹寿兵、梁增贤《中国旅游地理学研究进展与展望》，《地理科学进展》2011 年第 12 期。

三　研究思路

本书在新型城镇化的发展背景下提出，研究对象为城市群旅游区域，首次将场能测度的方法引入城市群旅游研究过程，运用定性理论分析、定量模型构建和 GIS 空间分析和可视化表达功能，在分析城市群旅游区域的旅游资源、产业、市场条件的基础上，测度、分析城市群旅游区域的空间格局、空间结构分异，并把定量和可视化结果作为制定城市群旅游发展模式和优化对策的依据，提高旅游产业对我国新型城镇化发展的贡献。具体研究思路与框架如下（图1—7）：

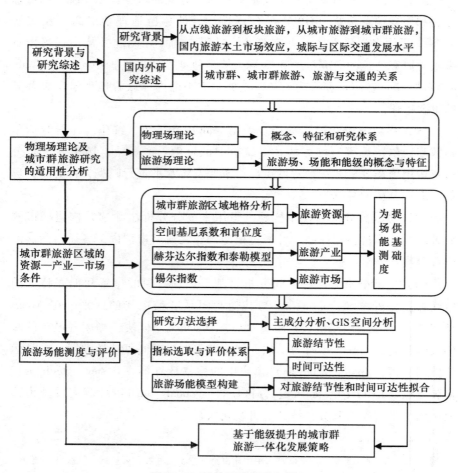

图1—7　具体研究思路与框架

第二章　理论基础与研究进展

第一节　概念辨析

一　城市群

20世纪80年代以来，决策者与区域经济学者们日渐意识到，仅依托中心城市的"极化"发展不能支撑起区域经济的协调、可持续发展，在经济全球化背景下，"区域"将代替"城市"成为世界范围内经济活动的竞争主体，"区域化"是未来城市化发展的必然趋势。中国学者在国外学者的研究基础上，从城市地理学、城市规划学、经济地理学、社会学、城市生态学等多学科视角针对我国的城镇体系和城市化发展实际展开广泛而深入的探讨，较有代表性的表述"城市群"概念的观点有：

宋家泰（1980）最早使用"城市群"这一术语来表述"城市—区域"这一地域结构体系[①]；于洪俊、宁越敏（1983）将法国地理学家戈特曼（Gottman）1957年提出的"Metropolis"概念以"大都市带"的译名引入中国[②]；周一星（1988）在"城市经济统计区"（Urban Economics、Statistical Area，UESA）的基础上提出"都市连绵区"（Metropolitan Inter-locking Region，MIR）[③]的概念、标准和分布格局，用以揭示城镇间的相互作用和一体化发展趋势；肖枫、张俊江（1990）从城市群的经济职能视角，最早提出"城市群体"的概念；齐康、段进（1997）对"城市群体化"进行研究[④]；崔功豪（1992）在对戈特曼"城市带"思想进行详

---

① 参见宋家泰《城市—区域与城市区域调查研究——城市发展的区域经济基础调查研究》，《地理学报》1980年第4期。

② 参见于洪俊、宁越敏《城市地理概论》，安徽科学出版社1983年版。

③ 参见王娟《中国城市群演进研究》，博士学位论文，西南财经大学，2012年。

④ 参见齐康、段进《城市化进程与城市群空间分析》，《城市规划汇刊》1997年第1期。

尽介绍的基础上，提出"城镇群体空间"的表述方式①。其他学者就"大都会区"（许学强、周春山，1994）②、"城镇密集区"（孙一飞，1995；周干峙，1997；吴启焰，1999）③、"大都市密集区"（顾朝林，1999）④、"集中型城市"、"组群型城市"、"城市聚集带"（胡序威，2003）⑤ 等多个相近概念进行思辨，致力于寻求适合中国国情的阐释方式。

　　随着中国城市化和城镇体系研究的深入，"城市群"已经代替都市连绵区、城市密集区而成为最常用的概念，诸多学者在文章、著作中明确提出"城市群"的定义。在这些概念中尽管各有侧重并存在诸多分歧，但普遍对城市群是"人口与经济活动的集聚以及功能的扩散与整合"这一"城市化进程"的结果给予一致认可。姚士谋（1992）、方创琳（2009）提出城市群的概念与本研究的内容架构最为契合：城市群是依托核心城市、次级中心城市和多个中小城市间借助交通、通信等基础设施网络而形成紧密内在联系的城市集合体，同城化和一体化是城市群发展的最终目标和形态。

　　城市群相关概念见表2—1。

表2—1　　　　　　　　　　　城市群相关概念

学者	概念	侧重点
董黎明（1989）	又称城市密集地区，即在社会生产力水平比较高、商品经济比较发达，相应的城镇化水平也高的区域内，形成若干个大中小不同等级、不同类型，各具特点的城镇集聚而成的城镇体系⑥	城市化进程中的城镇体系
崔功豪（1992）	在工业化社会，以城市为核心的区域发展过程中，有着主次序列、相互分工协作的城镇有机系统⑦	城镇群体的分工与合作

---

① 参见崔功豪《中国城镇发展研究》，中国建筑工业出版社1992年版。

② 参见许学强、周春山《论珠江三角洲大都会区的形成》，《城市问题》1994年第4期。

③ 参见孙一飞《城镇密集区的界定——以江苏省为例》，《经济地理》1995年第3期；周干峙《城市及其区域——一个开放的特殊复杂的巨系统》，《城市规划》1997年1月；吴启焰《城市密集区空间结构特征及演变机制——从城市群到大都市带》，《人文地理》1999年第1期。

④ 参见顾朝林《中国城市地理》，商务印书馆1999年版。

⑤ 参见胡序威《对城市化研究中某些城市与区域概念的探讨》，《规划研究》2003年第4期。

⑥ 参见董黎明《中国城市化道路初探》，中国建筑工业出版社1989年版。

⑦ 参见崔功豪《中国城镇发展研究》，中国建筑工业出版社1992年版。

续表

学者	概念	侧重点
姚士谋等（2006）	在特定地域范围内具有相当数量的不同性质、类型和等级规模的城市，依托一定的自然条件，以一个或两个特大城市或大城市作为地区核心，借助于综合运输网的通达性，发生与发展着城市个体间的内在联系，共同构成一个相对完整的城市集合体①	地域结构、等级关系、空间联系和交通网络
邹军等（2002）	一定地域范围内集聚了若干数目的城市，它们之间在人口规模、等级结构、功能特征、空间布局，以及经济社会发展和生态环境保护等方面紧密联系，并按照特定的发展规律集聚在一起的区域城镇综合体②	区域城镇综合体
吴传清等（2003）	在城市化（Urbanization）过程中，在特定地域范围内，若干不同性质、类型和等级规模的城市基于区域经济发展和市场纽带联系而形成的城市网络群体（Urban Network System）③	经济与市场关联
刘静玉等（2004）	在城市化过程中，在一定的地域空间上，以物质性网络（由发达的交通运输、通信、电力等线路组成）和非物质性网络（通过各种市场要素流动而形成的网络组织）组成的区域网络化组织为纽带，在一个或几个核心城市的组织和协调下，由若干个不同等级规模、城市化水平较高、空间上呈密集分布的城镇通过空间相互作用而形成的，包含有成熟的城镇体系和合理的劳动地域分工体系的城镇区域系统④	复合化网络组织
戴宾（2004）	现代意义上的城市群实际上是一个城市经济区，即是以一个或数个不同规模的城市及其周围的乡村地域共同构成的在地理位置上连接的经济区域。城市群是一定区域内空间要素的特定组合形态，由一个或数个中心城市和一定数量的城镇节点、交通道路及网络、经济腹地组成的地域单元⑤	中心城市与腹地的关系
周伟林（2005）	城市化过程中一种特殊的经济与空间的组织形式，是以中心城市为核心的，由不同等级、规模城市所组成的巨大的多中心城市区域。由于经济的高度发展及城市间的相互作用，致使城市间的地域边界相互蔓延，形成联结成片的城市地区⑥	城市的区域化

---

① 参见姚士谋、陈振光、朱英明《中国城市群》，中国科学技术大学出版社 2006 年版。
② 参见邹军、张京祥、胡丽娅《城镇体系规划》，东南大学出版社 2002 年版。
③ 参见吴传清、李浩《关于中国城市群发展问题的探讨》，《经济前沿》2003 年第 21 期。
④ 参见刘静玉、王发曾《城市群形成发展的动力机制研究》，《开发研究》2004 年第 6 期。
⑤ 参见戴宾《城市群及其相关概念辨析》，《财经科学》2004 年第 6 期。
⑥ 参见周伟林《长三角城市群经济与空间的特征及其演化机制》，《世界经济文汇》2005 年第 4 期。

续表

学者	概念	侧重点
苗长虹等 （2006）	在一定规模的地域范围之中，以一定数量的特大城市或超大城市作为核心，以众多的中小城镇作为依托，并以多个都市区为基础，借助城镇之间、城乡之间的紧密联系而形成的具有一定城镇密度的城市功能地域①	城市功能分工
方创琳（2009）	在特定地域范围内，以1个特大城市为核心，由3个以上大中城市为基本构成单元，依托发达的交通通信等基础设施网络，所形成的空间相对紧凑、经济联系紧密、并最终实现同城化和一体化的城市群体②	空间紧凑度和经济联系度
刘勇（2009）	由若干相临地级以上城市组成的、具有密切分工与协作关系（人流、物流、资金流和信息流达到一定水平）的城市集群③	城市间的"流"体系
顾朝林（2011）	指以中心城市为核心向周围辐射构成的多个城市的集合体。城市群在经济上紧密联系，在功能上具有分工合作，在交通上联合一体，并通过城市规划、基础设施和社会设施建设共同构成具有鲜明地域特色的社会生活空间网络④	城市集合体
林森（2010）	一定地域范围内，以单个或多个大城市为核心，借助发达的交通网络与周边的中小城市聚合而成的一个高密度、联系紧密的城市化空间与城市化区域⑤	交通网络与城市化进程

二 城市群旅游区域

1. 旅游区与旅游域

保继刚等（1999）将旅游区（Tourist Area）定义为"含有若干共性特征的景点与旅游接待设施组成的地域综合体"，在自然地理基础和人文基础方面具有相对的一致性和共同联系，并且以某些城市为旅游中心形成相对独立的旅游网络⑥。旅游区的类型与等级，是根据旅游地域分工原则，按照旅游资源地域分异性和区域社会经济条件组合与关联程度进行旅游区划的结果。

---

① 参见苗长虹、王海江《中国城市群发育现状分析》，《地域研究与开发》2006 年第 2 期。

② 参见方创琳《城市群空间范围识别标准的研究进展与基本判断》，《城市规划学刊》2009 年第 4 期。

③ 参见刘勇《我国城市群演进轨迹与前瞻》，《改革》2009 年第 4 期。

④ 参见顾朝林《城市群研究进展与展望》，《地理研究》2011 年第 5 期。

⑤ 参见林森《多层次区域发展视角下城市群一体化的思考》，《财经问题研究》2010 年第 6 期。

⑥ 参见保继刚、楚义芳《旅游地理学》（修订版），高等教育出版社 1999 年版。

根据《旅游规划通则》（GB/T 18971—2003），旅游区"是以旅游及其相关活动为主要功能或主要功能之一的空间或地域"[①]。这一定义较为模糊，未能明确空间和地域的尺度，因而既不能区分景点（区）与旅游地域综合体的差别，也不能在空间上体现旅游经济规律。在此基础上，王铮（2002）根据国外学者提出的城市域（Urban Field）[②] 的概念，将"旅游域"（Tourism Area）界定为"人们以某一个或数个旅游集散地为核心，在一次有效用的出游活动中所愿意到达的最大范围"[③]，并将旅游域与旅游圈的概念进行区分，认为在本质上前者是一种旅游者自身行为决定的"资源需求区"，而后者是有着不同分工的"资源供应域"，且只有当旅游圈与旅游域重合时，规划出的旅游圈才是合理的。

因此，本书认为，旅游区从现有旅游资源本底和设施基础条件出发，强调依托自然和人文基础集中、相似，划定后应与邻区存在显著差异；旅游域则从旅游者效用角度出发，强调旅游活动的空间范畴，并最终可以形成以中心地为依托的时间和空间圈层。

2. 旅游地域系统

"旅游地域综合体"是地域综合体中更为复杂的系统，具有全方位、大跨度、多层次和多学科交叉的特点，是旅游与地理两大学科相通的地方[④]。张亚林（1989）在国外旅游地域系统研究总结的基础上，较早地将旅游地域系统（Tourism & Tourist Territorial System）界定为"人类各种旅游活动与各种旅游资源，通过一定的媒介或方式，在一定地域范围上的有机组合，是一个社会—地理系统"[⑤]。该定义从系统论视角进行论述并将其划分为若干旅游子系统，但研究视角仅以旅游活动发生地为研究对象，对旅游活动区域以外的关联和互动缺乏深入解析。

涂人猛（1994）较为完整地提出"旅游地域系统"的定义。他指出，旅游地域系统作为地理空间上的一个实体单元，是由旅游资源、旅游交通及接待基础设施、旅游服务管理系统等要素共同作用构成的一个地域综合

---

① 参见车震宇《民族文化旅游区的整合规划》，《规划师》2003 年第 8 期。

② 此处王铮等学者将 Urban Field 译为城市域，与本文后续研究中提到的城市场是同一概念。

③ 参见王铮、蒋轶红、王瑛等《旅游模型及其结合 GIS 的应用》，《旅游学刊》2002 年第 2 期。

④ 参见孙文昌《应用旅游地理学在中国的进展》，《地理学报》1991 年第 4 期。

⑤ 参见张亚林《旅游地域系统及其构成初探》，《地理学与国土研究》1989 年第 2 期。

体。在地域结构上由旅游地（Tourist Land）、旅游通道（Tourist Channel）和旅游腹地（Tourist Hinterland）三大要素构成，并指出旅游地域系统的中心旅游地通过自身规模和结构强化对旅游者的吸引，同时又依托旅游通道与邻近旅游地、旅游腹地进行联系和交流，进而产生区域互补增强效应①。

3. 城市群旅游区域

尺度（Scale）是地理学家诠释空间、了解世界的表示法。相比于自然地理学而言，人文和经济地理学中的尺度单元并不固定，且因果性并不一定从最小尺度开始，具有相对性和可替代性，由全球—国家—区域—地方四个不同尺度可形成研究对象间的梯级、包含、嵌套等复杂关系②，大大推动了社会科学研究的"空间转向"（Spatial Turn）。

1947 年，英国首批城市地理学者罗伯特·迪金森（Robert Dicksion）在《城市区域与行政区划》一书中指出，地理学的研究不能仅集中于由自然特性划定的景观镶嵌图或行政区划构成的"形式上的区域"（Formal Regions），而要注意由城市和市镇的辅助区域（Tributary Areas）共同组成的、具有社会组织结构的"功能区"（Functional Regions），并主张应当重构地方政府以适应这种功能组织模式③。这一观点强调应当将社会组织分工职能纳入地理学的研究对象范畴划分的标准体系中。

城市群旅游区域的概念，应当既考虑空间地域单元的社会组织职能和旅游经济属性，又应对研究对象进行尺度考量和系统性特征刻画。根据前述定义，本研究认为，城市群旅游区域以城市群为空间地域单元，依托旅游吸引物、旅游服务设施和综合交通运输体系，在不同等级城市间构建的具有地脉和文脉相对一致性的旅游城镇体系，是以城市群作为单位刻画的、区域尺度层面旅游地域系统。

由上述表述可以看出，旅游地域系统与城市群旅游区域两个概念在空间结构、动力机制方面具有一定的相似性，但也存在一定的差异：一是理论支撑点的差异。前者侧重于系统论视角探讨其结构与功能的协同效应，后者以区域发展理论依托，注重"城市—区域"的地域关系演化。二是

---

① 参见涂人猛《旅游地域系统及发展模式研究》，《开发研究》1994 年第 3 期。

② 参见李小建《经济地理学研究中的尺度问题》，《经济地理》2005 年第 4 期。

③ 参见 ［英］萨拉·L. 霍洛韦、斯蒂芬·P. 赖斯、吉尔·瓦伦丁《当代地理学要义——概念、思维与方法》，商务印书馆 2008 年版。

中心城市的定位差异。前者的提出是基于单中心的旅游核心城市演化过程假设，而城市群旅游区域则不仅仅强调旅游中心城市功能，更多的是注重城市群内部多个旅游城市的功能演化和交互吸引、互补作用而形成的旅游地域网络。

第二节　理论体系

一　物理场与旅游场

1. 社会学中的场域

皮埃尔·布迪厄（Pierre Bourdieu）将场域（Field）定义为"在各种位置之间存在的客观关系的一个网络，或一个构架"。布迪厄认为"场域即空间"，这里的空间指的是异于"地理空间"的"社会空间"，不是由一个个实体而是由一束束关系组成，具有独立性且依据群体生活方式、权力地位而自主分化[①]。场域、惯习、资本和策略是布迪厄社会场域理论的四个关键概念，其中场域是行动者所拥有的惯习和资本施展的领域，是行动者依托资本占有关系的外在反映；资本的分配结构影响场域结构，资本的转化影响行动者的地位和惯习，同时资本的转化重要手段就是策略[②]。

布迪厄的社会场域理论在社会学、人类学研究中得到了广泛而深入的应用，是社会学分析的基本单位。由于研究的侧重有所不同，笔者仅将其作为场论理论流派的一种加以介绍，本研究重点探讨以物理学场论为基础理论的场论及其应用研究。

2. 物理学中的场与场域

（1）概念与特征

英国物理学家法拉第（M. Faraday）最早发现电与磁之间存在密切联系，提出电和磁不是由原子组成的，而是以空间中"场"的形式存在，电力和磁力的作用可以用场中的"力线"表示，"力线"不仅是对力的刻画，也是力的传递路径和载体，"场"被视为对经典牛顿力学"绝对时间和绝对空间"观点的重大突破。对于力和力的作用的解释，法拉第提出

---

① 参见李全生《布迪厄场域理论简析》，《烟台大学学报》（哲学社会科学版）2002 年第 2 期。

② 参见赵巧艳《"农业—旅游"场域转换与少数民族社会性别分工的实践解释》，《妇女研究论丛》2012 年第 6 期。

"力原子"（the Force Atom）的观点，认为力是自然界的唯一实体和存在，物质只是力的"聚敛"；力的作用只能通过"力线"与邻近点发生作用，力的作用形成空间①。

由此，我们可以得出，物理学中的"场"是指空间中存在的一种物理现象或力的作用，即"如果区域 V 中的每个点 a 对应一个作用 F，则在这个区域中存在一个场 F。一般，区域 V 中的不同点 a 对应不同的 F 值，即这个场值是点位的函数。当场值 F（a）描述空间域（或时间域）的一个物理现象时，场 F（a）是一个物理场"②，这被视为关于物理场定义或概念最精辟的论述，并将物理场同它存在或起作用的空间（或时间）定义为"场域"。之后，爱因斯坦进一步提出"场是相互依存的事实的整体"这一广义场的概念，将场视为物质存在的一种形式，并在其相对力学理论中，场被看作"势能场"，能量守恒且可以互相转化。

物理学中的"场"具有以下特征：

第一，场具有叠加效应。场作为物质存在的一种形式，不同的物质运动形态形成不同的场，例如由物质质量在空间的分布形成引力场，电荷在其周围空间形成电场，电流在其周围空间形成磁场。不同的场可以叠加，即每一个点的总场强等于在该点的各个场强的矢量和，这就是场的"叠加原理"（Superposition Principle）。

第二，场与场源相互依赖并共同存在。场源及其引起的场之间的关系是场论的主要研究内容，场或场源不能单独存在，二者缺一不可。当在空间存在一个物体（场源）时，在其周围各个点处就会产生作用（场），并且可以根据对场的方向、强度大小和作用结果，判断场源的存在并推断它的位置、大小及产状等。

第三，场具有相对独立性。在空间一个点处，可以同时存在几种场，即几种不同的力可以同时作用到一个点处，并且互不影响。经由多个场源形成的多种场相互交汇、叠加，就会形成多种类型和形式的场群。

（2）在其他学科的应用

场论在社会科学多个领域得以成功应用，较为有代表性的有心理场、

---

① 参见刘树勇、刘恒亮《法拉第场思想的再认识》，《首都师范大学学报》（自然科学版）1995 年第 3 期。

② 参见曾华霖《"场"的物理学定义的澄清》，《地学前缘》2011 年第 1 期。

经济场、城市场、空间场等多种理论形式。

勒温（K. Lewin）依据物理学中的场的定义提出了心理动力场论，将场论明确地定义为"一种分析因果关系和进行科学建构的方法"，将法拉第的"电致紧张状态"和"磁力线"两个概念发展成为"心理紧张系统"和"生活空间"，并作为心理场理论的两个立论基础，二者相互依存。勒温指出，"只要在一个人的内部存在一种心理的需求，就会存在一种处于紧张状态的系统"①，紧张的释放可为心理活动和行为提供动力与能量，体现了场论的动力性与整合的思想。由于勒温在心理学方法论方面的贡献，勒温的场论被研究者看作"元理论"。

肖国安（1995）指出经济具有物质属性，将经济②划分为实物态经济客体（企业、产品、人、财、物等有形物质）和场态经济客体（城市的辐射作用、名牌产品的影响力等无形物质）两种形式，后者被称为"经济场"的表现形式。他进一步根据物理学的场论观点，通过证明经济场作用力的存在来证明经济场的存在，并以区域经济发展过程中城市对农村的辐射带动作用因距离增大而衰减现象为例，提出经济场与物理场类似，具有辐射性、叠加性、波动性和转换性特征③。关于经济场的辐射线路，可以分为传播线路和运输线路，前者用于无形的形象、知名度的传播，属于信息传播；后者则是用于运输实体的人、财、物的交通线路。在传递过程中失去的是信息传递费用和交通运输费用，得到的是因推广而占有的空间和潜在购买者④。

1947 年，斯迈利（Smailes）在《城市场域分析与刻画》一文中首次使用"城市场"（Urban Field）这一术语，他在研究中指出，英国社区生活的地理空间已呈现"城镇区域"（Town – Region）结构，该区域内的居民以某一特定城镇为服务中心通过居民和商品的通勤、流通而形成城市场。斯迈利还尝试通过零售业配送范围、报纸发行范围以及公共交通网络来界定城市场的边界⑤。1965 年，弗里德曼和米勒（Friedmann 和 Miller）

① 申荷永：《论勒温心理学中的动力》，《心理学报》1991 年第 3 期。
② 笔者认为此处"经济"的表述有待商榷，若表述为商品更为恰当。
③ 参见肖国安《经济场简论》，《经济学动态》1995 年第 2 期。
④ 参见陈勇勤《通过探索经济空间、经济场理论剖析现实经济问题》，《西北师范大学学报》（自然科学版）2002 年第 2 期。
⑤ Smailes A，E.，"The Analysis and Delineation of Urban Fields"，*Geography*，1947（32）：151—161.

在基于美国城市化进程中都市核心区域（Core Region）与都市腹地（Intermetropolitan Peripheries）之间存在发展的不均衡，前者以后者的发展为代价取得经济、文化的快速发展为背景，首次对"城市场"的概念进行界定："城市场是指环绕在大城市周边，明显受城市和乡村社会环境渗透、作用的地区"，他将城市场域视为都市生活空间超越地理边界的范围延伸，是一种功能空间而非地理空间，侧重于通过城市居民的城郊消费、游憩、通勤活动重塑乡村生活方式、重构核心区与腹地区的空间秩序，进而形成志趣相同的一体化社区，在这一概念下，都市区由核心城市及其城市场组成①。城市场作为一个存在于都市边缘区的新型的生态单元，范畴从都市（人口数至少30万以上）核心区通勤时间2小时以内、64—80千米延伸至周末游憩120—140千米，城市场通过人、货币和信息流动而整合为社区共同体，其核心的判定标准是都市核心区与边缘区的"相互依存"而非单一的核心区依赖，代表了都市区与非都市区的融合②。

空间侧重物质存在的广延性，空间场是从空间视角研究经济场的能量叠加、扩散通道选择和区域差异问题。在区域经济研究过程中，经济场与空间场的概念既有联系又相互区别，即经济场研究无形的经济客体在空间上的扩散和辐射效应，空间场注重研究区位、资源禀赋、社会经济基础、交通通道对场源能量大小和空间势能扩散范围（程度）的影响。韩元利等（2007）从数据挖掘视角出发，根据 k 阶 Voronoi 图（泰森多边形）的定义拟合 k 阶数据场，并将之用于模拟空间场，即将场源视为 S 个点状实体的离散点集，在 S 中 K 个点的共同作用下，可共同确定局部空间的数据场③，从理论上对空间数据场进行验证。这实质上是一种考虑发生点经济实力的加权 Voronoi 图方法，通过 Voronoi 凸多边形判定和描述场源的空间影响范围或空间服务范围。

3. 旅游场、旅游场能和旅游能级

根据上述场的概念及其特征，通过对物理场理论进行类比、借鉴与

———————

① Friedmann J., Miller J., "The Urban Field", *Journal of the American Institute of Planners*, 1965 (31): 312—320.

② Friedmann J., "The Urban Field as Human Habitat", //: L. S. Bourne and J. W. Simmons (eds), *Systems of Cities*, Toronto, Oxford, 1973: 42—52.

③ 参见韩元利、胡鹏、黄雪莲等《基于 k 阶 Voronoi 多边形划分的 k 阶数据场拟合》，《武汉大学学报》（信息科学版）2007 年第 4 期。

改造，旅游场、旅游场能和旅游能级可以表述为：第一，旅游场。将城市点视为"场源"，依据旅游资源禀赋、产业基础和市场水平差异形成不同的旅游量级，场源与其有紧密社会经济联系的地区形成不同的旅游场，用于表示旅游经济活动的多种作用形式。第二，旅游场能。将"力线"用于表述城市间旅游能量相互作用程度的大小，其中交通线路的疏密、长短决定力线脉络的清晰度和延展性，旅游量级的高低决定力线脉络的宽窄，即力线是具有能量扩散方向和强度表征意义的矢量值，旅游场能是各城市多条力线相互叠加作用的结果，相互独立又相互依存，并根据城市间旅游集聚和扩散能力差异形成具有不同规模、等级和结构的城市群旅游场域。第三，旅游能级。我国学者孙志刚（1999）较早将物理学中的"能级"概念引入城市功能研究，指出城市能级是一个城市的某种功能或各种功能对该城市以外地区的辐射影响程度①。与之相适应的，旅游能级则是城市旅游功能对其他城市和地区的辐射影响程度。

　　在以往我们评价一个城市的旅游发展能力时，仅从单一场源的视角出发，只考虑本城市的旅游资源禀赋、社会经济水平、环境承载力等因素，而未能考虑其他城市对该城市以及该城市对其他城市的作用，因此评价结果难免有失全面。在本研究中，笔者对物理场、经济场、城市场和空间场的理论进行综合，将各旅游城市节点作为场源，以交通网络作为场的能量扩散通道和方向，通过各个城市旅游场之间的叠加效应、强度大小和产状判断该城市形成的场能的空间范围和级别（即场强或能级大小）。场与场能理论通过多个场源的交互作用形成叠加场能，并借由陆路交通网络的时间距离判断其距离衰减、梯度耗散程度，能较好地解决传统研究存在的问题，这正是本研究以此为理论支撑的最根本原因。

二　区域经济学理论

1. 中心地理论

　　中心地理论（Central Place Theory）由德国地理学家克里斯塔勒（W. Christaller）和廖什（A. Losch）分别于1933年和1940年提出，是关于城市空间分布、城镇等级体系成因及规律的学说。该理论构架建立于理

---

① 　参见孙志刚《城市功能论》，经济管理出版社1998年版。

想地表（匀质平原）和新古典经济学"经济人"的理论假设之上，其核心内容包括：

（1）基本概念

中心地（Central Place）是指可向周围地区提供商品和服务的地方；中心地职能（Central Place Function）是指由中心地生产的商品或提供服务的功能[①]，依据商品或服务的级别而具有等级之分；一个中心地对周围地区的影响程度，或者中心地职能的空间作用的大小被称为"中心性"或"中心度"，中心性可以用高、低、强、弱、一般、特殊等概念来形容和比较；服务范围用以表示中心地的腹地范围，包含门槛距离（threshold distance）与商品（服务）最大可达距离两个方面。

（2）六边形网络和城镇等级体系

一个中心地不可能为所有人提供商品和服务，多个竞争性厂商的加入将使多个中心地的影响区域相互重叠，形成基于中心地与服务区关系的六边形的市场区域和市场等级序列。区域中存在不同层级的中心城市，高层级中心城市依然承担低层级中心城市的所有功能[②]，不同等级的城市影响范围不同且相互嵌套，形成复合化、梯度化的城市空间体系。

廖什的理论体系更加具有微观的经济基础，将空间接近性因素（如接近消费者可以提供更多便利）作为商品的一部分，不同地点的供应商的产品因此而存在一定差别。产品的属性由其可贸易性（运输成本）和规模经济决定，且可以此判定市场区大小和类别。此后，贝里（Berry，1967）进一步指出中心地等级体系的动态机制及其演化结果，即"人口密度越高，地区潜在的消费也就越高，因此，中心地等级体系中的层次的潜在数目也就越多"。便利、快速、低成本的交通将减少低级中心地的重要性，有利于较高级别中心地的发展，而欠发达农业经济体相对于发达的工业经济体，由于消费水平低，中心地等级体系的层级数也较少[③]。

---

① 参见李迈、梁荣《基于中心地理论视角下乡镇合并合理性及趋势分析——以呼和浩特市和林格尔县为例》，《北方经济》2012年第6期。

② 参见邓羽、刘盛和《中国中部地区城市影响范围划分方法的比较》，《地理研究》2013年第7期。

③ 参见梁涵、姜玲、杨开忠《城市等级体系演化理论评述和展望》，《技术经济与管理研究》2012年第10期。

（3）经济距离与商品（服务）范围的关系

经济距离将地理距离以数字换算成运输以及其他具有经济意义的交通利益或负担，由运输、保险、储存等成本、时间长短以及运输过程中的重量或空间损失等因素所决定；就客运而言，则取决于运输成本、时间长短以及舒适程度等因素①。相比于空间距离，经济距离对于中心地系统形成及其关系意义更为重要，是决定商品范围的主因。受聚集在中心地居民人数、外围地区人口密度、收入、社会构成以及距中心地远近等其他要素影响，每种商品都有其特定的范围且依据所在的中心地或时间点不同而有所变化。这一观点是对本研究涉及的经济距离（耗时距离）、特种商品（旅游产品）范围的时空演化（Time - Space Evolution）和时空收敛（Time - Space Convergence）特征的最早表述，具有较高的理论指导价值。此外，中心地理论还对聚落地理学中的经济距离和商品范围影响条件进行了研究。

2. "点—轴系统"理论

1984 年，陆大道以法国经济学家佩罗（F. Perroux）的增长极理论和德国学者松巴特（W. Sombart）生长轴理论为基础，提出"点—轴系统"理论。"点"即中心城镇，是各级区域的集聚点；"轴"是在一定方向上联结不同级别中心城镇而形成的相对密集的线状产业带或人口带（Belt）。在这里，发展轴线由以下三部分组成：以交通干线为主体的线状基础设施束；直接处于线状基础设施束或交叉点上的城市、工矿区、港口、农业区等；发展轴的直接吸引范围②。

"点—轴系统"理论建立在中心地理论基础之上，但又与之具有不同内容的理论体系，即中心地是关于城市规模—等级法则的学说，是城市规划和城市建设的理论模式，"点—轴系统"理论则是关于社会经济空间结构（组织）的理论之一，是生产力布局、国土开发和区域发展的理论模式③。后者认为，生产力地域组织的开发模式是"点—轴渐进式扩散"，指在一定区域范围内，首先选择具有良好发展条件和前景的/以交通干线

_____

① 参见沃尔特·克里斯塔勒《德国南部中心地原理》，常正文、王兴中等译，商务印书馆2010 年版。

② 参见陆大道《区域发展及其空间结构》，科学出版社 1995 年版。

③ 参见陆大道《关于"点—轴"空间结构系统的形成机理分析》，《地理科学》2002 年第1 期。

为主的线状基础设施束作为发展轴线，重点优先开发该轴线或沿线地带内的高等级区位点及周围地区①。随着发展轴线及经济中心实力不断增强，辐射、吸引范围不断扩展，干线逐渐扩展支线，支线形成次级轴线，将上级发展中心与次级优先区位联系起来，促进次级区域发展并最终形成由不同等级的发展轴、发展中心组成的具有一定层次结构的"点—轴"系统，从而带动整个区域发展②。

该理论强调社会经济要素在空间上的组织形态，包括集中与分散程度、合理集聚与最满意或适度规模，遵循由"点"到"点—轴"到"点—轴—集聚区"、"集聚区"又成为规模和对外作用力更大的"点"的空间扩散过程和扩散模式，强调点与点、点与轴之间的关系，尤其是重视主要运输干线——"轴"的作用。即在国家和区域发展过程中，城市（镇）沿交通轴线集中分布是"最有效的经济空间组织形式"。

3. 非均衡增长理论

以佩罗的增长极理论、缪尔达尔的循环累计因果理论、赫希曼的空间计划发展理论和弗里德曼的"核心—外围"理论为基础的区域经济非均衡增长理论认为，经济发展过程在空间上并不是同时产生和均匀扩散的，而是从条件较好的地区优先开始：增长以不同强度首先出现在一些处于支配地位的增长点或增长极，并通过不同渠道扩散至被支配地区，利用吸引和扩散作用机制，推动区域经济发展（佩罗，1955）；市场倾向于增加而非减少区域间的不平衡，增长极与外围地区间呈现"地理二元经济"结构，由此形成的回波效应将导致区域间差距的扩大，而扩散效应则出现于中心城市生产规模不经济的时候，生产要素向落后地区扩散而带动其发展（缪尔达尔，1957）；相对应的，极化效应和涓滴效应适用于表述核心区因获得集聚经济效益而优先发展，并通过扩大消费、投资等方式带动落后地区发展（赫希曼，1958）；弗里德曼运用熊彼特的创新思想创立了空间极化理论，他指出大城市系统的核心区是具有较高创新变革能力的地域社会组织子系统，外围区由核心区决定的地域社会子系统，处于依附地位，二者共同组成完整的空间系统。

---

① 参见武伟、宋迎昌、朴寅星《铁路经济带与点轴开发及其结构系统》，《地域研究与开发》1997 年第 2 期。

② 参见李文陆、张正河、王英辉《交通与区域经济发展关系的理论评述》，《理论与现代化》2007 年第 2 期。

　　旅游经济的发展过程在空间上同样遵循从非均衡到均衡、从趋异到趋同的一体化发展路径。从改革开放后我国旅游经济发展格局看，资源禀赋条件较好的历史文化名城、世界文化遗产地、国家级旅游度假区所在城市成为旅游经济发轫地。由于传统资源导向型旅游区增长潜力的有限性，大城市依托经济、交通、文化优势使得城市空间、大都市郊区成为旅游开发的重点，并借由扩散效应、涓滴效应带动二、三线城市以及温冷资源区的新一轮旅游开发热潮，形成以城市群为地域单元的，基于不同规模、等级和层次的旅游空间协作体系。

三　经济地理学理论

1. 交通地理学

　　交通地理学是经济地理学、人文地理学研究中的分支学科，是研究交通运输在生产力地域组合中的作用、客货流形成和变化的经济地理基础，以及交通网和枢纽的地域结构的学科[①]。交通地理学研究起源于 20 世纪 60 年代的欧洲，最初着重于港口和航空地理研究，城市与市郊交通系统、交通运输和市场区位等"人和商品在时间和空间流动"研究，20 世纪 90 年代逐步从基础的空间互动模型到复杂的空间网络模型的转变以及进入社会行为、国家公共政策领域的研究[②]。

　　交通地理学重视交通网络空间结构的变化及其与其他地理要素的相互作用关系，探求客货流分布及变化规律和影响因素。新中国成立以来，我国的交通地理学研究主要集中于学科理论探索、交通设施规划与布局、交通网络与交通流分析、交通方式评价与规划、交通运输的特殊地理问题等领域，我国交通地理学家总结的运输生成的"四个基本规律"、运输组织的"轴—辐"模式、交通在促进区域经济发展中的"从属功能与引导功能"以及城市交通的"双交通模型"与"交通导向型（TOD）空间开发模式"、区域交通优势度的评价方法、港口空间发展模式等，已经在交通运输地理学研究和相关学科的研究中得到了广泛应用[③]。从空间视角来

---

① 参见翟一《我国交通与经济增长关系研究》，博士学位论文，武汉大学，2013 年。

② 参见蔡之兵、周俭初《交通运输地理学发展历程研究文献综述》，《上海商学院学报》2013 年第 1 期。

③ 参见金凤君、王成金、王姣娥等《新中国交通运输地理学的发展与贡献》，《经济地理》2009 年第 10 期。

看，交通体系由区域交通和城市交通构成，从区域角度分析交通运输问题是经济地理学家的优势研究领域，城市交通地理则主要围绕通达性与机动性（Accessibility and Mobility）、居住与工作方式（Residential and Employment Patterns）、公平性（Equity）等核心概念展开，自20世纪90年代以来，我国在城市交通运输与城市空间演化、城市居民出行及城市货运交通以及城市交通问题及相关政策领域取得重要进展①。

2. 时间地理学

时间地理学是结合地理学与社会学的研究方法，从各种时空制约条件下人的行为研究入手、以全新的视角来解释人地关系的方法。以柴彦威②为代表的学者将20世纪60年代后期瑞典地理学家哈格斯特朗（Herstrand）倡导，并由以他为核心的隆德学派（Lund School）发展起来的时间地理学的研究引入国内并开展了大量的实证研究。时间地理学最初以如何在时空间上公平配置公共设施为视角进行城市规划中的居民日常活动与设施规划的计算机模拟③，时间尺度为1日；随着城市化进程的加快、人们对时间认识的发展和对高质量生活方式的要求，个人和社会在时间利用上变得更为精细，时间地理学已在生活行为、日常活动空间、城市交通规划、社区规划、女性研究等方面的研究中显示出其独特的效果④，并随着GIS技术和通信技术的发展，时间地理学对人的行为研究开始从物理空间行为向虚拟空间行为研究拓展⑤。

时间地理学的核心概念为路径、驻所和时空棱柱。路径为人在时空轴上的一系列活动的轨迹，个人利用不同的交通工具可达范围完全不同，由于时间和空间资源的有限性，如何在不同地点调整时间利用结构就成为时空收支（Time – Space Budget）研究的主要内容；驻所为个人在参与生产、消费和社会活动时需要停留在某些具有永久性的停留点，驻所依托不同空间和时间尺度可进行分解，如果应用到旅游研究中，可理解为一日游或多

---

① 参见曹小曙、薛德升、阎小培《城市交通运输地理发展趋势》，《地理科学》2006年第1期。

② 参见柴彦威、刘志林、李峥嵘等《中国城市的时空间结构》，北京大学出版社2002年版。

③ 参见柴彦威《时间地理学的起源、主要概念及其应用》，《地理科学》1998年第1期。

④ 参见柴彦威、龚华《城市社会的时间地理学研究》，《北京大学学报》（哲学社会科学版）2001年第5期。

⑤ 参见柴彦威、赵莹《时间地理学研究最新进展》，《地理科学》2009年第4期。

日游时间路径；时空棱柱用于表达个人移动的可能的空间范围，棱柱的边界随个人停留的驻所不同而不同①。

第三节　国内外研究进展

一　国外研究现状

1898 年，英国学者霍华德在《明日的田园城市》（*Garden Cities of Tomorrow*）一书中运用城市、城市—乡村、乡村"三磁铁"模式解释人口在城市中心和外围集聚与扩散的原因②，是城市群思想的萌芽；1915 年格迪斯在《演化中的城市》（*Cities in Evolution*）一书中首次提出"集合城市"（conurbation）的概念③，指出城市具有依托交通节点和工业集聚区扩展的特征，被视为现代城市群研究的起点；随着第二次世界大战后城市化进程的加快，西方国家核心城市周边出现沿交通干线布局的、接受核心城市功能辐射的中小城镇，戈特曼（1957）首次将之命名为"Megapolis"，并按照城市数量、核心区与外围区社会经济联系、交通联系、人口规模和国际枢纽地位五个标准进行划分，对世界范围内城市群界定与类型划分产生深远影响，并逐步形成完备的城市群研究体系。

与本研究相关的国外研究成果中，以城市/都市旅游、旅游交通、城市可达性的研究居多，而以城市群旅游为对象的专门化、系统化研究则较少，涉及城市群旅游相关的研究有：Smith（1986）对加州 89 号高速公路沿线小城镇串联为一体化旅游区域的市场组织和管理过程进行分析④；Miller（1987）对以西雅图为中心的都市旅游带内相关节点提出整合式规划与发展的建议⑤；Yuen（1995）对新加坡借由大规模住房政策改革对拓展游憩用地规模、促进城郊一体化的演进和实施过程进行归纳总结⑥；美国五大湖城市

---

①　参见柴彦威、王恩宙《时间地理学的基本概念与表示方法》，《经济地理》1997 年第 3 期。

②　［英］埃比尼泽·霍华德：《明日的田园城市》，商务印书馆 2010 年版。

③　Geddes，P.，*Cities in Evolution*，London：Williams & Norgate，1915：1—409.

④　Smith，V.，Hetherington，A.，Brumbaugh，M.，"California's Highway 89：A Regional Tourism Model"，*Annals of Tourism Research*，1986，13（3）：415—433.

⑤　Miller，M.，"Tourism in Washington's Coastal Zone"，*Annals of Tourism Research*，1987，14（1）：58—70.

⑥　Yuen，B.，"Public Housing – led Recreation Development in Singapore"，*Habitat Intl*，1995，19（3）：239—252.

群的主要经济活动为制造业、旅游业和农业，为强化该城市群的度假与休闲功能，Delgado 及其团队（2006）对该城市群的边界、通勤区、经济脆弱性和用地变化等进行系统分析用以支撑未来该区域的旅游相关开发[①]；Ashworth（2011）在对城市旅游进行述评时提出，应当依托全球化的交通网络重组城市研究尺度，强化大城市对区域、全球的"门户"作用[②]；Liu（2013）运用多准则决策方法测度旅游者对台北市内地铁与机场连接状况、服务效果进行评价，为管理者整合城市公共交通体系服务旅游业发展提供决策依据[③]。除此之外，本研究在这里着重介绍一下国外关于城市场与城市影响范围研究和旅游交通研究，形成本研究的国外理论借鉴。

1. 城市场与城市影响范围研究

划分结节区域、确定城市吸引区的边界，是研究城市间、城市与区域相互作用的重要内容。城市影响范围的研究最早源于 1933 年德国地理学家克里斯塔勒（Christaller）的中心地理论，随后加拿大学者对城市场的实践应用研究进行了较多的探讨。Dahms（1995）对城市场域范围内人口少于 1万人的小城镇的衰退与复兴演化过程进行探讨，发现距都市核心区 45 分钟车程的小镇成功地转型为市内通勤者的郊外住宅区，其他的小镇则依历史和区位差异，分别转型为旅游胜地以及退休者社区。作者重点以安大略省小镇罗克赛特（Wroxeter）为例对其 1881 年与 1992 年人口、就业、用地类型和产业结构进行对比，发现由于其乡村意境、产业转型、历史遗存、优越的区位和与都市区便捷的交通连接等因素共同促使其由没落的乡村社区中心复兴为富有旅游吸引力的城郊度假地[④]。随后 Dahms（1998）又对多伦多城市场域内的城镇桑博里（Thornbury）的居住环境演变进行分析，同样存在由于其区位和设施便利性而吸引旅游者、城市居民集聚的情况[⑤]。维伦

---

① Delgado, E., Epstein, D., Joo, Y., et al., *Methods for Planning the Great Lakes MegaRegion*, University of Michigan, 2006: 1—75.

② Ashworth, G., Page, S., "Urban Tourism Research: Recent Progress and Current Paradoxes", *Tourism Management*, 2011 (32): 1—15.

③ Liu, C., Tzeng, G., Lee M., et al., "Improving Metro-airport Connection Service for Tourism Development: Using hybrid MCDM models", *Tourism Management Perspectives*, 2013 (6): 95—107.

④ Dahms, F., "Dying Villages, Counterurbanization and the Urban Field – a Canadian Perspective", *Journal of Rural Studies*, 1995, 11 (1): 21—33.

⑤ Dahms, F., "Settlement Evolution in the Arena Society in the Urban Field", *Journal of Rural Studies*, 1998, 14 (3): 299—320.

纽夫等学者在后续研究中（Villeneuve, etc, 2008）在法国学者 Scott 概念的基础上，将"城市场"的概念进一步拓展为"都市场"（metropolitan field）：具有一定城市化基础且拥有腹地的地理空间，是对特定群体所共享的日常生活方式的空间表征，用以刻画受都市向心力和极化作用影响的密集组合的社会经济活动轨迹[①]，并在随后以交通系统为依托探讨 20 世纪加拿大魁北克市都市场域的形成过程和可持续发展进行了系统研究。

从城市化进程视角，"城市场"强调的是经由当地居民生活方式和思维的城市化而形成的城市场域，这与当今我国的新型城镇化思路非常接近；从都市区形成和都市空间范围演化视角，"城市场"可以理解为"由完善的社会经济联系网络深化成的有着相对低密度的、广阔的多中心区域结构，是未来大多数居民的生活和工作空间……都市区也因此而成为一个整合的功能性或经济性的空间，囊括了实现城市机能良好运作所不可或缺的种种设施"。[②] 城市场域内居民利用移动性、就业与生活方式选择形成紧密型社区关系，是对"都市边缘区"概念的超越。

2. 城市群交通与旅游经济

不同地域间的空间运输联系可以削弱由空间差异引起的势能差异，实现空间联系均衡。根据国际铁路联盟（UIC）统计，自 1964 年世界上第一条高速铁路（HSR）——日本东海道新干线开通以及 1981 年法国高速列车（TGV）通车，截至 2011 年底，全球范围内高铁营运里程达到17166 千米，预计到 2025 年在 23 个主要国家中将达到 42322 千米[③]。高铁对"可达性"与"流动性"概念产生了革命性影响，它不仅意味着速度的提升和效率提高，更是对城际关系、空间关系和空间组织方式的重塑，对世界各国（地区）的社会经济发展产生重大影响。

高铁开通为区域经济发展、城市系统发展、沿线城市更新提供新的机会。Kobayashi 等（1997）学者通过构建具有人口和资本自由流动特征的

① Villeneuve, P., Lee - Gosselin M., Barbonne R., "The Metropolitan Field : An Emerging Form that May Condition the Sustainability of Transport", //: Perrels A., Himanen V., Lee - Gosselin M., *Building Blocks for Sustainable Transport : Obstacles, Trends, Solutions*, London : Emerald Group Publishing Limited, 2008 : 109—117.

② 参见谢守红、宁越敏《中国大城市发展和都市区的形成》，《城市问题》2005 年第 1 期。

③ UIC (2011), High Speed lines in the world, UIC High Speed Department. < http : // www.uic.org/IMG/pdf/20111101_ a1_ high_ speed_ lines_ in_ the_ world.pdf >.

多区域增长模型以模拟高铁对城市系统经济地理的长期和短期影响，具体对资本与知识集聚、工资水平与土地租金结构、内生型城市规模与城际互动性之间的动态相互依存特征进行描述[1]。在欧洲，各国建立的高铁已初步实现联合形成全欧高铁网络（trans – European transport network，TEN – T），其中 PBKAL 高铁线作为第一条跨国界高铁将巴黎、布鲁塞尔、科隆、阿姆斯特丹和伦敦 5 大中心城市有效连接，另外还包括欧洲西南部地中海高铁线、西班牙伊比利亚高铁线以及将于 2020 年开通的欧洲东部轴线。Garmendia（2012）进一步从三个层次深入探讨欧洲高铁网络对城市的影响，包括高铁与新的城际关系、高铁沿线城市与非沿线城市的关系、车站的节点与场所作用，未来欧洲高铁的发展尚需从地方、区际和国际三种尺度强化高铁线路的一体化；此外，作者还对中国和美国在高铁发展目标、发展环境、实施主体和公众意愿方面存在的差别进行比较[2]。Kim（2000）以往返于首尔和釜山两城市高铁运营对韩国首都地区空间结构重组产生的影响进行检验，显示人口的空间结构具有集聚于首尔及周边地区，而就业呈现大尺度的空间扩散效应[3]。Andersson（2010）运用特征价格法（Hedonic Price Theory）和回归分析研究 2007 年开通的连接起台湾七个城市、从台北到高雄仅需 1.5 小时的台湾高铁的可达性对沿线城市房价的影响，发现由于高票价和根深蒂固的向（都）心居住模式，使得高铁对房价影响非常小[4]。高铁通过连接中心城市和次级城市形成中心辐射型交通网络肌理，Levinson（2012）以美国四个城际高铁客运项目为例，对高铁可达性对城市群经济发展产生的影响进行分析[5]。当然，也有学者对高铁建设持谨慎态度，Campos 和 De Rus（2009）对世界范围内 166 条高铁项目的比较分析后认为，高铁"是一项昂贵且高风险的系统工程，

①　Kobayashi，K.，Okumura M.，"The Growth of City Systems with High – speed Railway Systems"，*The Annals of Regional Science*，1997（31）：39—56.

②　Garmendia，M.，Ribalaygua，C.，Urena，J.，*High Speed Rail：Implication for Cities*，Cities，2012（29）：26—31.

③　Kim K.，"High – speed rail developments and spatial restructuring：A case study of the Capital region in South Korea"，*Cities*，2000，17（4）：251—262.

④　Andersson D.，Shyr O.，Fu J.，"Does high – speed rail accessibility influence residential property prices？Hedonic estimates from southern Taiwan"，*Journal of Transport Geography*，2010（18）：166—174.

⑤　Levinson D.，"Accessibility impacts of high – speed rail"，*Journal of Transport Geography*，2012（22）：288—291.

需要针对个案进行细致的一对一的社会经济评价"方可投入建设①，这一观点是对发展中国家高铁项目盲目建设的有效遏制。

Hensher（1996）较早地对悉尼—堪培拉这一旅游通道发展高速铁路的潜力进行市场可行性研究，在对两地之间居民的问卷调研的基础上，通过构建速度成本模型对现有飞机、汽车、轮船、重轨铁路运输等出行选择进行比较分析，认为随着两地区域人口的自然增长、出行频率的增加，高铁建设将有助于引致旅行以及吸引私人部门投资铁路②。交通是旅游业存在和发展的前提条件之一，Prideaux（1999）以澳大利亚旅游胜地凯恩斯为例，通过构建交通成本模型来判断交通作为旅游目的地发展因子之一的重要性以及对潜在游客出行目的地选择的影响，即可达性成本和交通选择在游客整体旅游成本中的重要性随距离增加而增加③。Dallen（2007）于2005年在度假胜地圣伊夫斯（St Ives）对乘坐火车旅游者的行为、态度的多样性进行问卷调研，对铁路发展政策如何实现英格兰西南部旅游目的地交通可达性的可持续发展进行研究④。不同于以往旅游与交通可达性的关系研究，Toth（2010）对匈牙利"区域旅游收入扩增是来源于本地特色还是受益于与公共道路连接"进行探讨，作者首先将匈牙利1998年建立的九大旅游区域依据与交通设施连接程度不同划分为四类，构建线性回归模型分析各区域的旅游特质与构成，然后运用重力模型对国内多日游"旅游流"的预测价值与实际价值进行对比。研究发现地区旅游收入增长与交通可达性提高没有绝对关联，国际旅游收入对可达性的依赖程度远高于国内旅游收入，四类可达性区域的国内、国际旅游收入中最高的乘数效应价值集中于同一地区⑤。不同于以往研究集中于中心城市的研究视角，Garmendia（2011）对西班牙境内地处偏远、人口稀疏的雷阿尔城省的国

---

① Campos J. , De Rus, G. , "Some stylized facts about high – speed rail: A review of HSR experiences around the world", *Transport Policy*, 2009 (16): 19—28.

② Hensher, D. , "A practical approach to identifying the market potential for high speed rail: A case study in the Sydney – Canberra corridor", *Transportation Research Part A: Policy and Practice*, 1997, 31 (6): 431—446.

③ Prideaux, B. , "The role of the transport system in destination development", *Tourism Management*, 2000 (21): 53—63.

④ Dallen, J. , "The challenges of diverse visitor perceptions: rail policy and sustainable transport at the resort destination", *Journal of Transport Geography*, 2007 (15): 104—115.

⑤ Toth, G. , David, L. , "Tourism and accessibility: An integrated approach", *Applied Geography*, 2010 (30): 666—677.

道和高铁这两条高速交通设施在当地居民长途出游决策中的角色与作用进行比较，通过对交通方式选择、出游频率和旅游目的等流动性特征的调查显示，依据国道和高铁在连接程度、地域特征的差异，通勤与自由流动行为呈现不同程度、不同类型的大都市依赖特征[①]。

　　集聚和扩散这两种相反的作用力是决定经济空间结构的关键，而集聚与扩散与否则由交通成本决定。高铁发展对旅游业发展不仅带来可达性提高和运输成本降低，同时也带来了目的地之间的竞争，Masson 和 Petiot（2009）对法国旅游城市佩皮尼昂和西班牙巴塞罗那之间开通高铁对两地旅游吸引力的变化进行研究，发现两地的空间竞争导致旅游活动主要集聚于巴塞罗那而对佩皮尼昂产生不利影响，旅游产品的差异化定位是后者的有效选择路径之一[②]。在 Monzón（2013）等学者的研究中存在类似结论，即高铁的正向影响存在效率和空间的双重非均衡，因可达性提高而获益的城市主要集中于有火车站的都市区而其他地区则受益有限，并将随着高铁线的拓展而强化极化效应和空间不均衡[③]。

二　国内研究现状

1. 对"城市群"的系统研究

　　笔者以"城市群"为关键词在 CNKI 的期刊数据库和博硕士论文库中进行搜索，从 1980 年至 2013 年 10 月分别有 4733 条和 511 条搜索结果，在读秀图书数据库中书名含"城市群"的书籍、著作达 149 本，表明我国城市群的研究已形成较为深入、相对成熟的研究体系。而以"城市群旅游"为关键词或篇名（题名）进行搜索，则数量非常少，充分表明"城市群旅游"并未作为一个专有的学术术语进入学者的研究视野，相关研究多、专门性研究少，与城市群研究的庞大体量形成鲜明对比（表2—2）。通过对研究内容进行分类梳理，发现国内关于城市群的主流研究主要集中于城市群空间结构与演化、城市群空间联系、城市群协调发展与一

---

①　Garmendia M., Urena J., Coronado J., "Long – distance trips in a sparsely populated region: The impact of high – speed infrastructures", *Journal of Transport Geography*, 2011 (19): 537—551.

②　Masson S., Petiot R., "Can the high speed rail reinforce tourism attractiveness? The case of the high speed rail between Perpignan (France) and Barcelona (Spain)", *Technovation*, 2009 (29) 6: 11—617.

③　Monzon A., Ortega E., Lopez E., "Efficiency and spatial equity impacts of high – speed rail extensions in urban areas", *Cities*, 2013 (30): 18—30.

体化、城市群交通运输四大方面。

表 2—2　　　　　　　　**城市群与城市群旅游的数量**

关键词/篇名（题名）	期刊数据库	博硕士论文库	读秀图书数据库
"城市群"	4733	511	1523
"城市群旅游"	2/84	2/38	0

（1）城市群空间结构与演化

Bourne 于 1982 年提出城市空间结构由城市形态（Urban Form）、城市相互作用（Urban Interaction）和规定前两者之间关系的一系列组织原则三大要素组成[①]。韦亚平等（2006）从空间结构视角对其进行了解读，认为该概念表达了空间结构的三个层次："外在静态现象"、内在的"动态特征"与"组织规律"[②]。在对文献进行梳理过程中发现，现有城市群的空间结构研究也可以从结构形态、空间演化的机制视角进行总结。

第一，城市群空间结构与形态。由不同规模、等级、职能的城镇在地域分布中组成的城镇群，其空间组织结构是地域经济结构、社会结构和自然环境的空间投影[③]，城市群地域结构实际上就是城市群空间结构[④]。

首先，城市群空间形态研究。顾朝林（1999）将中国划分为 11 个城市集聚区，其中 4 个为"块状"集聚区，7 个为"线条状"城镇密集区[⑤]；薛东前等（2003）认为城市群的形态由伸展轴、节点和结节地域、轮廓线三个基本要素组成，其生长形态受交通条件影响可以分为团聚状、带状和星形三种，并根据麦达（Medda，1998）提出的城市几何形态指数的计算方法，将城市群形态进一步拓展为圆形、八边形、正方形、长方形、H 形、0.5H 形、星形、X 形、线形共九种形态[⑥]。

---

① Bourne L, S., "Urban Spatial Structure: An Introductory Essay on Concepts and Criteria", in Bourne L S, (ed.), *Internal Structure of the City*, New York: Oxford University Press, 1982, 28—46.

② 参见韦亚平、赵民《都市区空间结构与绩效——多中心网络结构的解释与应用分析》，《城市规划》2006 年第 4 期。

③ 参见赵晨《城镇空间的分布与扩散——南京地区城镇整体发展研究》，《城市规划汇刊》1996 年第 2 期。

④ 参见朱英明、姚士谋、李玉见《我国城市群地域结构理论研究》，《现代城市研究》2002 年第 6 期。

⑤ 参见顾朝林《中国城市地理》，商务印书馆 1999 年版。

⑥ 参见薛东前、孙建平《城市群体结构及其演进》，《人文地理》2003 年第 4 期。

其次，城市群空间紧凑度研究。城市空间形状的紧凑度是反映空间形态的重要指标，1973 年 Dantzing 和 Satty 首次提出"紧凑城市"（Compact City）的城市规划与发展理念，强调通过土地的混合有效使用、建设用地的密集开发提高用地效率，减少市内交通距离和郊区城市化，遏制大城市的无序扩张，为城市可持续发展预留空间①。在我国，"紧凑性"的测度具有多尺度性，既有从街区、住宅区等小尺度度量城市单元紧凑形式，又有针对城市、都市区及城市群等中大尺度的量化指标研究②。一是在城市尺度层面，城市建设用地控制对城市形状影响起主导作用。通过运用 Boyce – Clark 形状指数方法对我国 31 个大城市的形状演化特征进行分析发现，1934 —1990 年的 56 年间城市形状由紧凑趋于分散，而 1990—2000 年 10 年间城市形状则趋于紧凑③；整体上城市分形维数、形状指数呈现减少趋势，空间紧凑性增强④，城市建设用地的紧凑度和多样性已成为我国城市可持续发展的核心理念⑤。二是在城市群层面，方创琳等（2008）从产业紧凑度、空间紧凑度和交通紧凑度三个视角对城市群紧凑度进行分类研究，并首次对我国 23 个城市群的紧凑度进行测度，认为中国城市群紧凑度总体不高，呈现出由东向西、由南向北逐渐降低的分异态势⑥。随后，孔祥斋（2011）按照此分类方法对长株潭城市群 1998 年至 2009 年的紧凑度的动态演化进行测度和分析⑦。可以说，城市群空间紧凑度研究为实现城市（群）"精明增长、紧凑发展"，建设资源节约、环境友好的"两型"社会提供理论支撑。

最后，城市群空间结构与绩效关系研究。面对城市群空间结构从

---

① Dantzing G.，Satty T.，*Compact City*：*Plan for a Liveable Urban Environment*，San Francisco，Freeman & Co.；1973.

② 参见燕月、陈爽、李广宇等《城市紧凑性测度指标研究及典型城市分析——以南京、苏州建设用地紧凑度为例》，《地理科学进展》2013 年第 5 期。

③ 参见王新生、刘纪远、庄大方等《中国特大城市空间形态变化的时空特征》，《地理学报》2005 年第 3 期。

④ 参见王新生、刘纪远、庄大方等《中国城市形状的时空变化》，《资源科学》2005 年第 3 期。

⑤ 参见仇保兴《紧凑度和多样性——我国城市可持续发展的核心理念》，《城市规划》2006 年第 11 期。

⑥ 参见方创琳、祁巍锋、宋吉涛《中国城市群紧凑度的综合测度分析》，《地理学报》2008 年第 10 期。

⑦ 参见孔祥斋《长株潭城市群紧凑度动态变化及其影响因素研究》，硕士学位论文，湖南师范大学，2011 年。

单中心演化为多中心的趋势，韦亚平（2006）提出应将绩效密度、绩效舒展度、绩效人口梯度和绩效 O—D 比作为空间结构绩效测度的指标。张浩然等（2012）运用全要素生产率（TFP）模型、位序规模法则对 2000—2009 年我国十大城市群空间结构特征与经济绩效之间的关系进行研究发现，单中心结构对全要素生产率具有显著的正向影响[1]。刘耀彬等（2012）采用 DEA 方法的 BBC 模型和 Malmquist 指数模型对环鄱阳湖城市群空间结构的绩效进行测度与分析，发现该城市群的效率分布差异依旧呈现核心—边缘结构[2]。类似的，长三角、珠三角、京津冀三大城市群空间结构集合能效与整个区域的中心性效应关联密切[3]。

第二，城市群空间演化的动力机制。

首先，形成与演化的动力。经济活动的空间集聚和扩散是推动城市群空间扩展的决定因素，而产业聚集和产业结构演变是城市群空间扩展的直接动力[4]，城市群向大都市带转化以交通走廊的形成为前提[5]，未来城市群的演化将进一步以中心城市为依托，沿交通线路形成发展轴线和内部联系网络[6]。除此之外，经济总量和城市化水平[7]、区域网络化组织与企业区位选择[8]、人地矛盾与政府竞争[9]也被学者们认为是城市群演化的重要动力机制。综上，城市群形成与演化机制可以概括为内生

---

① 参见张浩然、衣保中《城市群空间结构特征与经济绩效——来自中国的经验证据》，《经济评论》2012 年第 1 期。

② 参见刘耀彬、杨文文《基于 DEA 模型的环鄱阳湖区城市群空间网络结构绩效分析》，《长江流域资源与环境》2012 年第 9 期。

③ 参见王伟、吴志强《中国三大城市群空间结构集合能效测度与比较》，《城市发展研究》2013 年第 7 期。

④ 参见薛东前、王传胜《城市群演化的空间过程及土地利用优化配置》，《地理科学进展》2002 年第 2 期。

⑤ 参见吴启焰《城市密集区空间结构特征及演变机制——从城市群到大都市带》，《人文地理》1999 年第 1 期。

⑥ 参见薛东前、姚士谋、张红《城市群形成演化的背景条件分析——以关中城市群为例》，《地域研究与开发》2000 年第 4 期。

⑦ 参见代合治《中国城市规模分布类型及其形成机制研究》，《人文地理》2001 年第 5 期。

⑧ 参见刘静玉、王发曾《城市群形成发展的动力机制研究》，《开发研究》2004 年第 6 期。

⑨ 参见周伟林《长三角城市群经济与空间的特征及其演化机制》，《世界经济文汇》2005 年第 4 期。

机制和外生机制两大类，内生机制包括工业化、市场机制、投资机制和聚集、扩散、协调机制两种；外生机制包括全球化和公司作用机制、体制和政策机制、历史区位和地理环境机制三种①。

其次，演化过程刻画。城市群空间演化过程具有空间差和时间差，存在中小城市距离核心城市越近发展越慢的"屏蔽效应"、缺乏与核心城市的发展"共振"等问题②。例如，中原城市群城市人口与第二产业均呈收敛—加速极化—加速收敛—加速极化的空间演变特征，大城市的极化优势与弱牵引能力并存③；长三角城市群 2000—2009 年 10 年间，经济密度保持升高态势的同时，群内经济密度以及南北经济空间分割水平具有较大差异，密度（Density）、距离（Distance）和分割（Division）三个要素成为刻画不同尺度经济空间结构的重要衡量指标④，而城市群的成熟应以建立产业分工合理、空间竞争有序、市场运行高效的结构体系为标志⑤。

（2）城市群空间联系

城镇体系的空间联系研究是地理学的传统优势研究领域，主要包括以下研究内容：

第一，区域空间联系等级与层次研究。区域经济联系反映经济实体区域间的相互作用和关系，城市群内部城市间的联系强度主要受城市经济活动影响能力的制约⑥，可分为"网络联系"和"地区联系"两个层次⑦。联系强度的测度，已经从早期的引力模型、威尔逊模型发展成为依托 GIS 中的空间关联分析、Matlab 的神经网络等更为复杂和科学的测度方法，除了判断空间联系能力并以此划分城市群内部的等级结构、职

---

①　参见赵勇、白永秀《城市群国内研究文献综述》，《城市问题》2007 年第 7 期。

②　参见齐康、段进《城市化进程与城市群空间分析》，《城市规划汇刊》1997 年第 1 期。

③　参见史雅娟、朱永彬、王发曾《基于 ROXY 模型的中原城市群空间发展态势研究》，《地域研究与开发》2013 年第 4 期。

④　参见李燕、贺灿飞《基于"3D"框架的长江三角洲城市群经济空间演化分析》，《经济地理》2013 年第 5 期。

⑤　参见方创琳、宋吉涛、张蔷等《中国城市群结构体系的组成与空间分异格局》，《地理学报》2005 年第 5 期。

⑥　参见姚士谋《中国大都市的空间扩展》，中国科学技术大学出版社 1998 年版，第135—145、210—215 页。

⑦　参见顾朝林、庞海峰《基于重力模型的中国城市体系空间联系与层域划分》，《地理研究》2008 年第 27 期。

能结构①外，还能够实现对城市群经济规模与交通网络的关系、城市间空间联系和空间结构秩序②、城市间交通通达性和融合水平等特征的辨识③，我国大部分城市群普遍存在一级中心城市规模小、辐射力不强、二、三级中心城市实力弱、可达性差、城市群内部节点城市少等关键性问题④。

第二，城市群经济联系研究。社会网络分析（Social Network Analysis，SNA）由于其倡导个体间"关系论"的思维方式、"交互"作用视角，不仅能反映网络结构特征，也能反映出个体在网络中的位置，因而特别适用于多节点的城市群经济联系研究。从单一运用 SNA 方法到逐步转为 SNA 与其他测度方法的综合应用，体现出城市群经济联系研究的跨学科、方法复合化特征，其中刘耀彬等（2013）将 SNA 与引力模型结合，对环鄱阳湖城市群区域整体和分区的经济联系进行测度⑤；王圣云等（2013）运用 SNA 和运输成本法，对长江中游城市群的空间网络和经济联系特征进行测度，得出该城市群的交通物流成本具有沿中心城市分布的层级特征、武汉城市群与长株潭城市群之间的经济联系较与环鄱阳湖城市群的联系更密切⑥。

第三，"城市流"与城市群联系。国内学者统一将资金、信息、技术、人流和物流在城市与城市之间、城市与区域之间的流动称为"城市流"，城市流强度常被用于测度某城市外向功能（集聚与辐射）所产生的影响量，以此作为衡量城市间联系的指标之一。近年来，以不同城市群为对象展开基于城市流强度的城市群空间联系、经济联系研究的成果非常多（李光勤等，2006；陶修华等，2007；姜博等，2008；朱顺娟等，2009；

---

① 参见薛东前、姚士谋、张红《关中城市群的功能联系与结构优化》，《经济地理》2000 年第 6 期。

② 参见王芳、夏丽华、张太煜《基于 GIS 的珠江三角洲城市群结构与空间关联》，《广州大学学报》（自然科学版）2010 年第 1 期。

③ 参见刘立平、穆桂松《中原城市群空间结构与空间关联研究》，《地域研究与开发》2011 年第 6 期。

④ 参见贾卓、陈兴鹏、袁媛《中国西部城市群城市间联系测度与功能升级研究——以兰白西城市群为例》，《城市发展研究》2013 年第 4 期。

⑤ 参见刘耀彬、戴璐《基于 SNA 的环鄱阳湖城市群网络结构的经济联系分析》，《长江流域资源与环境》2013 年第 3 期。

⑥ 参见王圣云、秦尊文、戴璐《长江中游城市集群空间经济联系与网络结构——基于运输成本和网络分析方法》，《经济地理》2013 年第 4 期。

李俊峰，2010；陈群元等，2011；高超等，2011；李娜，2011；刘建朝等，2013；蔡坚，2013；徐慧超等，2013）①，反映出城市群作为空间地域单元其经济要素的空间流动性、网络化特征不断受到重视。

综上，在研究内容方面，现有的城市群联系研究主要集中于城市群联系与城市群的空间结构、交通网络结构之间的关系，城市群"流"空间与地域演变，产业集聚与空间关联等方面；在研究区域上，呈现日益广泛的拓展趋势，不仅包括长三角、珠三角、京津冀、山东半岛等多个发展相对成熟的城市群，而且包括长株潭、川渝、中原、天山北坡等多个中西部城市群，从一个侧面反映出城市群联系度研究已接近饱和的态势；在方法上，除传统的引力模型、城市流强度模型外，还包括图论原理的 Rd 链分析、Peter Taylor 连锁网络模型、基于 UCINET 的城市社会网络联系度分析、基于互联网骨干网络的城市网络分析、基于 ESDA 方法的城市空间自相关分析、神经网络分析、复杂网络分析等，呈现多样化、学科交叉研究的特征。

（3）城市群协调发展与一体化

城市群的崛起表现为超越行政区的城市空间交叉叠加，具有明显的越界化空间接续倾向②，由此必然要求消除由"行政区经济"带来的行政管理碎片化、市场条块分割、生产资料等经济要素行政垄断和环境治理负外部性等不协调现象，城市群协调发展已成为区域协调发展的重要组成。覃成林等（2010）提出，城市群协调发展是在内生与外生动力双重作用下系统秩序逐渐形成、整体发展能力不断增强的演进过程，并对现有城市群

①　参见李光勤、张明举、刘衍桥《基于城市流视角的成渝经济区城市群空间联系》，《重庆工商大学学报》（西部论坛）2006 年第 4 期；陶修华、曹荣林、刘兆德《基于城市流分析的城市联系强度探讨——以山东半岛城市群为例》，《河南科学》2007 年第 1 期；姜博、修春亮、陈才《辽中南城市群城市流分析与模型阐释》，《经济地理》2008 年第 5 期；朱顺娟、郑伯红《基于城市流的长株潭城市群城市联系》2009 年第 6 期；李俊峰，2010；陈群元、宋玉祥《基于城市流视角的环长株潭城市群空间联系分析》，《经济地理》2011 年第 11 期；高超、雷军《新疆天山北坡城市群经济联系分析》，《干旱区资源与环境》2011 年第 6 期；李娜《长三角城市群空间联系与整合》，《地域研究与开发》2011 年第 5 期；刘建朝、高素英《基于城市联系强度与城市流的京津冀城市群空间联系研究》，《地域研究与开发》2013 年第 2 期；蔡坚《中三角城市群空间经济联系及动态变化分析》，《技术经济与管理研究》2013 年第 9 期；徐慧超、韩增林、赵林《中原经济区城市经济联系时空变化分析——基于城市流强度的视角》，《经济地理》2013 年第 6 期。

②　参见黄家骅《我国城市群协调发展的空间架构研究》，《福建论坛》（人文社会科学版）2011 年第 2 期。

协调发展探讨的核心城市与其他城市的关系、跨行政区的管理协调机制、促进城市群协调发展的具体对策三个方面内容进行综述[①]。除此之外，其他有关城市群协调与一体化发展的重要研究领域有：

第一，协调与一体化程度评价。现有研究中以定性描述为主，有关协调发展程度定量评价不足和协调发展标准缺失，冯茜华（2004）提出运用层次分析法评价城市群一体化进程[②]，党兴华等（2007）运用因子分析方法分析关中城市群的协调发展程度[③]，孔祥斋等（2010）对长株潭城市群在人口、资源、环境、经济、社会五个方面的协调发展程度进行评价[④]。

第二，城市群协调发展模式。由于城市等级体系完善、分工协作紧密、政府有序协调、交通网络便捷等原因，国外发达国家城市群成功实现了协调与一体化发展，其发展模式主要有核心城市带动和多中心齐头并进两种[⑤]。陈群元（2009）提出，城市群协调发展模式就是从空间组织结构布局、运作机制安排、组织管理方式、合作领域范围等途径来实现城市的协调发展，其本质上是一种组织管理形式，并对长株潭城市群在基础设施、产业发展与生态环境三个主要内容上的协调模式进行实证研究[⑥]。

（4）城市群交通运输

交通运输系统是影响城市群形成发展最积极、最活跃的因素，交通条件的进化过程直接导致城市群内部组织结构的变化和外部具体形态的演化，其本身也是构成城市群体空间形态的要素之一[⑦]。我国城市群交通研

---

① 参见覃成林、周姣《城市群协调发展：内涵、概念模型与实现路径》，《城市发展研究》2010 年第 12 期。

② 参见冯茜华《城市群一体化发展指标体系研究》，《规划师》2004 年第 9 期。

③ 参见党兴华、赵璟、张迎旭《城市群协调发展评价理论与方法研究》，《当代经济科学》2007 年第 6 期。

④ 参见孔祥斋、赵先超、邓珞琬《长株潭"3+5"城市群 PREES 协调发展能力评价》，《国土与自然资源研究》2010 年第 5 期。

⑤ 参见王乃静《国外城市群的发展模式及经验新探》，《技术经济与管理研究》2005 年第 2 期。

⑥ 参见陈群元《城市群协调发展研究——以泛长株潭城市群为例》，博士学位论文，东北师范大学，2009 年。

⑦ 参见鞠志龙、霍娅敏《交通运输系统对城市群发展支撑作用的探讨》，《铁道运输与经济》2009 年第 3 期。

究主要集中于以下几个方面：

第一，城市群交通规划研究。交通规划既包括宏观角度的城市群交通发展战略制定①，也包括某一行政区域范围内的城市交通规划，例如杜德斌（1999）指出，在长江三角洲城市带应发展以公路交通为主导的综合交通运输模式，构建以沪宁、沪杭、沪甬、宁杭甬高速公路为骨干的道路网络结构，促进城市间的经济联系②。

第二，城市群交通可达性与经济增长。交通方便程度是决定城镇群形态变化和城市化发展的主要因素之一，交通时距作为描述交通便捷程度的主要概念已在城市规划研究中得到广泛应用③。一是在可达性测度方法方面，机会可达性、旅行时间的加权平均值和交通成本的加权平均值等是早期文献研究可达性常用的方法，后来随着地理信息技术的发展使得可达性测度方法更为多元，例如，钟业喜（2011）对江苏省的可达性特征、可达性与空间格局演变、交通优势与城市发展水平耦合程度进行系统研究④。二是在可达性与经济增长关系方面，高速铁路不仅改善了沿线城市的区际和区内可达性，同时对沿线城市的空间经济联系和经济发展产生重要影响⑤。随着运输网络的改善，中心城市通过加速要素集聚获得快速增长，非中心城市通过有效应用中心城市的知识外溢获得经济增长⑥。

第三，城市群交通与新型城镇化。城市群作为城镇化发展的主体形态，其形成和发展需要综合交通的支撑与引导，新型城镇化背景下的交通运输发展以及二者的互动关系成为学者们关注的热点。在交通运输与城市群演化进程中，城市群对交通运输的需求和反馈以及交通运输对城市群的

---

① 参见王庆云《我国交通发展战略的定位及制定思路》，《综合运输》2005 年第 3 期；陈必壮、杨立峰、王忠强《中国城市群综合交通系统规划研究》，《城市交通》2010 年第 1 期。

② 参见杜德斌、黄吉乔《长江三角洲城市带一体化的交通网络模式构想》，《经济地理》1999 年第 3 期。

③ 参见王德、刘锴、耿慧志《沪宁杭地区城市一日交流圈的划分与研究》，《城市规划汇刊》2001 年第 5 期。

④ 参见钟业喜《基于可达性的江苏省城市空间格局演变定量研究》，博士学位论文，南京师范大学，2011 年。

⑤ 参见孟德友、陆玉麒《高速铁路对河南沿线城市可达性及经济联系的影响》，《地理科学》2011 年第 5 期。

⑥ 参见李煜伟、倪鹏飞《外部性、运输网络与城市群经济增长》，《中国社会科学》2013 年第 3 期。

引导与支撑是二者形成互动、协调发展的关系的两种主要作用力[①]。一方面，交通运输对产业的时空结构、土地利用和城市形态产生重要影响，另一方面，城市化带来运输量和布局的变化，既要求高质量的运输服务又对交通运输发展形成生态、环境约束[②]，即在高度城镇化背景下，城市群的人口规模、产业结构和城市形态强烈折射出其交通系统的需求规模、网络结构和运输模式等特征[③]。

2. 城市场与影响范围研究

城市场是中心城市和与其有紧密社会经济联系的地区所形成的地域，用以表示中心城市的影响范围，即城市经济活动影响能力能够带动和促进区域经济发展的最大地域范围[④]。其中，该城市在这个地理范围中经济作用的强度称为城市经济作用场强，场强与城市规模、经济发达程度成正比[⑤]。早期的场强研究主要依托引力模型及其改进方法进行，只考虑空间距离、经济要素的影响，缺乏对交通可达性、时间距离等关键影响因子的衡量。

伴随地理信息技术的快速发展和应用，城市场与影响范围研究开始将计算机几何、地理信息技术与交通网络结合，是将结节城市"点辐射"与城市交通网络"线辐射"与时间地理学、区域空间结构分析相结合的有益尝试，并在实践中取得了众多研究成果。在国内，王新生等较早地将场理论与 Voronoi 图、GIS 空间分析手段结合用以界定客体空间影响范围[⑥]，随后以大样本城市为对象（闫卫阳，2004；梁书民，2007；潘竟虎，2008；黄金川，2012；邓羽，2013）、基于时间序列的（关兴良，2012；梅志雄，2012；文玉钊，2013）城市吸引范围判定和演进研究不断涌现，方法日益精进。大量的研究结果表明，目前我国城市场具有区域非

① 参见丁金学、罗萍《新时期我国城市群交通运输发展的思考》，《区域经济评论》2014年第 2 期。

② 参见王晓荣、荣朝和《城市化与交通运输的互动发展研究》，《经济问题探索》2014 年第 1 期。

③ 参见吴兵、王艳丽、董治等《高度城镇化背景下城市群交通特征研究》，《城市交通》2011 年第 2 期。

④ 参见陈田《我国城市经济影响区域系统的初步分析》，《地理学报》1987 年第 4 期。

⑤ 参见朱晓林、钟永一《城市群体研究与经济区规划》，《城市规划》1984 年第 3 期。

⑥ 参见王新生、姜友华《场论理论在经济客体地位评价中的应用——以河南省城市地位为例》，《地理科学》1997 年第 3 期。

均衡发展特征，影响域远未形成克氏提出的标准六边形镶嵌结构，并存在弱场强经济区发展空间被挤占的可能[1]。

在以城市群为对象的城市场或吸引范围研究中，张莉等（2009）对长江三角洲内四级城市进行基于时间可达性的城市吸引范围测度，发现各等级城市的吸引范围在空间结构上从高至低依次呈现沿交通干线的扇形分布、圈层分布、"之"字形带状分布和网络化分布，形成 1 小时范围内的核心吸引区、2 小时紧密吸引区、3 小时半紧密吸引区和 4 小时基本吸引区的城市吸引范围等级体系[2]。邱岳等（2011）运用场强模型对海峡西岸经济区地市的城市影响腹地进行测算，发现强影响区的分布呈现沿海紧凑、内陆松散、核心—外围呼应的空间格局，而缺乏对广大内陆腹地起辐射和带动作用的龙头城市[3]。鲁莎莎等（2013）运用场能模型和时间可达性指标对长三角经济区的场能进行测算，认为长三角地区经济趋于均衡发展、时间可达性提高且空间场能呈现多级网络结构[4]。通过他们的研究可以得出的共性结论为：交通网络优化可以为腹地范围带来显著的时空压缩效应，是腹地范围变化的关键影响因素[5]，高速铁路等交通设施的快速发展在促进区域经济发展的同时，也加剧了区际发展的不平衡。

3. 城市群旅游研究

相比于城市群研究较为完善的理论体系和多样化的实证研究，城市群旅游研究尚处于起步阶段，在研究思维架构、研究范式、研究方法的选择和确立过程中，较多地沿袭了城市地理学者、经济地理学者对于城市群的研究逻辑，具有明显的母学科依赖特征，这一现实与城市群旅游研究的开展主要由原先的地理学者完成有密切关系。随着旅

① 参见梁书民、白石《中国城市影响域的空间格局研究》，《城市发展研究》2007 年第 6 期。

② 参见张莉、陆玉麒、赵元正《基于时间可达性的城市吸引范围的划分——以长江三角洲为例》，《地理研究》2009 年第 5 期。

③ 参见邱岳、韦素琼、陈进栋《基于场强模型的海西区地级及以上城市影响腹地的空间格局》，《地理研究》2011 年第 5 期。

④ 参见鲁莎莎、关兴良、王振波等《基于可达性与数据场的长三角经济区空间场能》，《地理研究》2013 年第 2 期。

⑤ 参见文玉钊、钟业喜、黄洁《交通网络演变对中心城市腹地范围的影响——以江西省为例》，《经济地理》2013 年第 6 期。

游产业的快速发展、城市化进程升级和旅游学科的日渐成熟，未来以城市群为对象的旅游问题研究将日益增多，多学科、多方法、多视角的深入和细化研究成为必然趋势。目前城市群旅游的相关研究主要集中于以下领域：

（1）城市群旅游竞争力研究

城市群旅游竞争力的研究一是采用定性分析方法，在对城市群优劣势进行整体分析的基础上提出提升竞争力的发展策略[①]；二是沿用企业竞争力和城市旅游竞争力的分析方法，依托波特竞争优势理论运用 AHP 层次分析法构建旅游竞争力评价体系[②]，例如，张河清等（2010）对城市群旅游竞争力评价体系进行构建，对长三角和珠三角的旅游竞争力进行比较[③]。董锁成、李雪等（2009）运用空间状态法进行测度，使用系统动力学方法进行动态仿真，从区域整体和内部单体城市两个层面模拟旅游城市群旅游竞争力的演化趋势[④]，并以山东半岛城市群为例进行了实证研究[⑤]。该方法相比于层次分析法更具动态优势，科学性明显增强，为城市群旅游竞争力测度提供了可行性较高的判定依据和评价方法。此外，现有研究多数为单个城市群的内部比较或者城市群的两两比较，对针对全国范围的大数据样本对比研究较为缺乏，目前有邓志勇（2010）[⑥] 运用因子分析和聚类分析方法对 11 个城市群的竞争力进行比较；曾鹏等通过测度十大城市群的变差系数、基尼系数、首位度和赫芬达尔系数四个指标分析了十大城市群之间旅游规模存在的差异[⑦]。其他

---

① 参见张琼霓《长株潭城市群旅游竞争力研究》，《城市发展研究》2009 年第 7 期；赵磊、王瑞琳、张勇《环鄱阳湖城市群旅游竞争力研究》，《新余学院学报》2012 年第 1 期；刘薇《辽宁中部城市群旅游竞争力研究》，硕士学位论文，辽宁师范大学，2006 年。

② 参见李楠《中原城市群旅游产业竞争力评价研究》，硕士学位论文，哈尔滨商业大学，2012 年。

③ 参见张河清、田晓辉、王蕾蕾《区域旅游业竞合发展实证研究——基于珠三角与长三角城市旅游竞争力的比较分析》，《经济地理》2010 年第 5 期。

④ 参见董锁成、李雪、张广海等《城市群旅游竞争力评价指标体系与测度方法探讨》，《旅游学刊》2009 年第 2 期。

⑤ 参见李雪、董锁成、张广海《山东半岛城市群旅游竞争力动态仿真与评价》，《地理研究》2008 年第 6 期。

⑥ 参见邓志勇《城市群旅游竞争力评价研究》，硕士学位论文，中国社会科学院研究生院，2010 年。

⑦ 参见曾鹏、罗艳《中国十大城市群旅游规模差异及其位序规模体系的比较》，《统计与决策》2012 年第 24 期。

研究尝试还包括将生态位理论应用于城市群旅游竞争力研究，通过构建城市群旅游竞合模型进行协调发展能力分析[①]。

（2）城市群旅游空间结构研究

旅游空间结构是指旅游经济客体在空间中的相互作用和相互关系，以及反映这种关系的客体和现象所形成的空间聚集程度及聚集状态[②]，旅游空间结构不仅是旅游活动的空间状态，更是一定区域内旅游要素组织在空间上的投影，体现了旅游活动的空间属性和相互关系，以及旅游要素相对区位关系和分布的表现形式[③]。

第一，基于经典经济地理学理论的旅游空间结构研究。受母学科研究范式的路径依赖特征影响，城市群旅游空间结构研究主要依托中心地理论、增长极理论、空间扩散理论、核心—边缘理论、点轴理论等区域经济学、经济地理学中的经典理论进行。城市旅游空间集聚区（群）的空间结构，微空间尺度主要指城市内部的旅游空间结构，宏空间尺度主要指"都市带旅游空间集聚群"和"大都市旅游空间集聚区"[④]，城市群旅游空间结构研究属于后者。针对具体城市群旅游空间结构研究的结论有：山东半岛城市群的旅游空间呈现"双核、三条发展轴线和两大旅游集聚区"结构[⑤]，应从节点要素、发展轴和功能分区三个方面实现空间优化突破[⑥]；武汉"1+8"城市旅游圈的空间结构具有典型的"核心—边缘"结构特征，缺乏次一级旅游核心区[⑦]；西安作为大西安旅游圈的首位城市，呈现首位度不断降低、旅游经济分散程度显著的趋势，旅游圈的旅游规模成长整体呈现单点集聚性、轴线指向性、区域差异性

---

①　参见李付娥《基于生态位理论的中原城市群旅游竞争力动态分析》，硕士学位论文，河南大学，2009年。

②　Pearce D., *An integrative framework for urban tourism research*, Annals of Tourism Research, 2001, 28 (4): 926—946.

③　参见吴必虎、俞曦《旅游规划原理》，中国旅游出版社2010年版。

④　参见卞显红《城市旅游空间结构形成机制分析——以长江三角洲为例》，博士学位论文，南京师范大学，2007年。

⑤　参见于慰杰《山东半岛城市旅游空间结构及区域合作研究》，博士学位论文，中国地质大学，2010年。

⑥　参见于巧红《基于旅游中心城市体系的区域旅游空间结构研究——以山东半岛十市为例》，硕士学位论文，辽宁师范大学，2012年。

⑦　参见吴信值、黄翔、胡召芹《基于核心—边缘理论的武汉城市旅游圈构建研究》，《北京第二外国语学院学报》（旅游版）2008年第1期。

与结构趋散性特征①。

相比于以政策和空间规划为引导的区域旅游空间系统"他组织"过程,"自组织"与"他组织"相结合的城市(群)空间结构研究视角逐步受到重视②。区域旅游空间系统的形成和演化受自组织运行机制、规律和趋势影响,在"自组织"与"他组织"的交替作用下完成螺旋式上升嬗变过程③。分形理论能够较好地反映空间系统的自组织运行过程,特别是对城市群内部的旅游景点分形特征的研究日益增多。在上述研究中,点—轴扩散、圈层辐射与多中心、网络化的城市群旅游空间结构发展模式得到共识。

第二,基于"旅游流"的城市群空间结构研究。"流"用于表示节点之间相互作用功能的联系。旅游流是旅游者通过空间上的集聚与扩散使客源地和目的地产生相互作用与联系,是旅游地理学研究的核心内容之一。旅游流的强度大小、分布状况、空间等级结构的差异是区域旅游生产力空间布局的反映。目前国内外对旅游流的研究主要集中于旅游流的时空模式、旅游流空间流量、旅游流影响三大方面④,而以城市群为单位研究旅游流与空间结构关系的成果相对较少。有代表性的研究成果及观点有:

陈秀琼等(2006)以旅游者行走路线、旅游流量为依据运用 SNA 方法测算旅游系统的中心性,认为地理接近性、资源禀赋要素和交通便利性是影响旅游系统空间结构的主要因素,将福建省的旅游空间结构以城市为单位划分为旅游通道、核心区、边缘区和缓冲区⑤。靳诚等(2009)通过构建城市旅游流强度模型对长三角地区旅游空间结构进行分析,认为长三角已经形成以上海为中心,杭州、苏州为副中心的旅游空间网络结构;加强南京旅游圈、长江北岸旅游带和杭甬旅游带"一圈两带"的旅游网络

---

① 参见胡宪洋、马嘉、寇永哲《大西安旅游圈旅游规模分布演变及空间特征》,《经济地理》2013 年第 6 期。

② 参见陈彦光《自组织与自组织城市》,《城市规划》2003 年第 10 期。

③ 参见毛炎、梁滨、邓祖涛《区域旅游空间系统的自组织原理》,《经济问题》2013 年第 7 期。

④ 参见张佑印、顾静、马耀峰《旅游流研究的进展、评价与展望》,《旅游学刊》2013 年第 6 期。

⑤ 参见陈秀琼、黄福才《基于社会网络理论的旅游系统空间结构优化研究》,《地理与地理信息科学》2006 年第 5 期。

化建设是未来该区域旅游空间流向合理调整与结构优化的重点①。陈浩（2011）从旅游客流角度，对珠三角旅行社区内线路、区内长途客运、国内（省外）旅行社赴珠三角及港澳游客实际到达情况分析，运用 SNA 理论和方法对珠三角城市群网络结构进行了定量研究，认为珠三角城市群已经形成"三级旅游基地、三类旅游区域、三条主要旅游轴线"的空间结构。

（3）城市群旅游经济联系

在独立的旅游研究方法缺乏的情况下，地理学中经典的引力模型在测算城市群内部城市之间的旅游经济联系度方面得到广泛应用，成为判定影响城市群旅游空间格局网络化发展影响因子的重要手段。较有代表性的有王苏洁等（2005）对长三角城市群②、肖光明（2008）对珠三角城市群③、张广海等（2009）对环渤海地区④、刘丽华等（2011）对海峡西岸城市群⑤、沈惊宏等（2012）对皖江城市群⑥、曹芳东等（2013）对长三角地区一日游⑦的旅游经济联系度研究。

随着旅游研究的不断深入，多样化的研究方法被不断引入城市间的旅游联系度研究。汪宇明等（2008）运用偏离—份额方法对上海与长江流域各省区间的旅游互动进行分析，发现长三角地区旅游流的高度内聚性和非均衡性并存⑧。相比于引力模型侧重于城市间的空间距离分析，基于时间距离的城市旅游经济联系研究日益受到关注，曹芳东等（2012）引入

---

① 参见靳诚、陆玉麒、徐菁《基于域内旅游流场的长三角旅游空间结构探讨》，《中国人口·资源与环境》2009 年第 1 期。

② 参见王苏洁、卞显红《长江三角洲城市旅游经济联系度测度与评价研究》，《商业经济文萃》2005 年第 4 期。

③ 参见肖光明《珠江三角洲九城市旅游空间相互作用分析》，《地理与地理信息科学》2008 年第 5 期。

④ 参见张广海、周菲菲《环渤海城市旅游经济联系度分析》，《经济研究导刊》2009 年第 8 期。

⑤ 参见刘丽华、林明水《海峡西岸旅游区城市旅游经济联系研究》，《山西师范大学学报》（自然科学版）2011 年第 4 期。

⑥ 参见沈惊宏、陆玉麒、周玉翠等《皖江城市群旅游经济空间联系格局》，《长江流域资源与环境》2012 年第 12 期。

⑦ 参见曹芳东、吴江、徐敏等《长江三角洲城市一日游的旅游经济空间联系测度与分析》，《人文地理》2013 年第 4 期。

⑧ 参见汪宇明、高元衡《上海与长江流域各省区间的旅游互动》，《地理学报》2008 年第 6 期。

通达性对城市间交通通达性的便捷程度进行测度和比较，发现长三角地区的时间距离由 2000 年的 0—6.577 小时降至 2010 年的 0—5.520 小时，旅游经济联系逐步加强①。

（4）城市群旅游与交通

旅游决策是基于时间和预算约束下寻求成本极小化，多目的地旅游决策不但受旅游动机影响，还受如距离、交通和空间结构等地理特征影响②。Kim（1990）的研究发现，游憩出行（recreation travel）函数受 25 英里以内游憩设施数量的影响③，即出游行为的产生除心理动机因素外，时间距离、空间距离和交通条件是关键的影响因子。城市群旅游与交通条件的相互作用研究日趋重要，现有的研究成果主要集中在以下两大领域：

第一，高铁对旅游经济的影响。高铁将促使我国入境游趋于均衡化与合理化，国内游趋于同城化和区域化，我国旅游经济发展从旅游城市建设和旅游目的地建设的阶段过渡到了旅游圈（大旅游区）建设阶段④。目前国外对高铁与旅游业的关系研究主要集中于高速铁路与旅游产业要素、旅游者动机及行为、旅游企业选址和区域旅游空间格局等四大方面⑤，国内学者的研究则侧重于高铁对旅游经济发展水平及其空间格局的影响，对旅游决策行为、产品与市场开发的研究相对较少。胡天军等（1999）较早地开展了高铁与旅游的互动研究，经分析得出京沪高铁建成可为沿线地区经济发展节约旅行时间价值 17.3 亿元/年，有利于形成东部经济发展轴，促进新经济要素的空间流动和整合，诱发沿线地区增加 25% 左右的客流量，形成铁路沿线的旅游经济走廊⑥。殷平（2010）从旅游效用实现角度构建旅游交通成本模型，对以北京为客源的三个滨海旅游目的地的空间竞争和交通工具选择进行分析发现，在分别以交通费用和时间成本为约束的

①　参见曹芳东、黄震方、吴丽敏、徐敏《基于时间距离视域下城市旅游经济联系测度与空间整合——以长江三角洲地区为例》，《经济地理》2012 年第 12 期。

②　参见陈秀琼、黄福才《基于社会网络理论的旅游系统空间结构优化研究》，《地理与地理信息科学》2006 年第 5 期。

③　Kim, S., Fesenmaier, D, R, "Evaluating spatial structure effects in recreation travel", *Leisure Sciences*, 1990, 12 (4): 367 – 381.

④　参见张辉、赵广朝、宋文云《我国高速铁路对旅游业发展的影响分析》，《中国铁路》2010 年第 10 期。

⑤　参见殷平《高速铁路与旅游业：成果评述与经验启示》，《旅游学刊》2012 年第 6 期。

⑥　参见胡天军、申金升《京沪高速铁路对沿线经济发展的影响分析》，《经济地理》1999 年第 5 期。

竞争关系中，普通客运列车和城际高速列车分别会产生较多的交通费用剩余①。

首先，高铁对沿线地区旅游经济发展表现为正向的促进作用。罗鹏飞等（2004）通过选取有利平均旅行时间（weighted average travel – times）、经济潜力（economic potential）、日常可达性（daily accessibility）三个指标，测度与评价沪宁杭地区高速铁路对可达性的影响，发现高速铁路的修建不仅能改善沿线地区的可达性，而且会对邻近地区产生积极影响②。牛丽静（2011）以高速公路为旅游流通道，运用 SNA 法对长三角地区依托高速公路而形成的旅游网络及其结构进行分析，发现高速公路在城市间的分布、密度对旅游流的流向产生重大影响③。鉴于高速铁路通过缩短旅行时间、提高可达性、优化区位条件促使目的地旅游空间结构优化，唐苏生（2012）认为高铁建设可以扩大市场空间范围、增强旅游资源吸引力，促使旅游者消费选择行为改变；与之相适应的，旅游产品与服务配套、产品结构调整，旅游投资增加，促进地方旅游经济发展和收入增加，反过来又将加大高速铁路投入力度④，形成高速公路与旅游经济协同发展的"良性循环"。

其次，高铁对部分沿线城市的负面影响。学者们清醒地认识到高铁的贯通作用对于旅游经济基础薄弱的沿线城市，会产生"虹吸效应"而成为"过境地"和"旅游飞地"。万文平（2013）通过聚类分析分别选择京沪线上的无锡、郑西线上的洛阳和武广线上的岳阳作为旅游产业基础较好、一般和薄弱的城市代表，通过回归分析、灰色模型预测等方法分析高铁开通后对不同旅游基础的城市旅游经济的影响，发现对旅游基础较好的城市旅游经济有积极促进作用，而对于基础薄弱的城市则存在一定负向贡献和阻碍作用⑤。汪德根（2013）通过运用首位度、泰尔指数、差异化指

①　参见殷平《旅游交通成本对旅游目的地空间竞争的影响研究》，《地域研究与开发》2012 年第 6 期。

②　参见罗鹏飞、徐逸伦、张楠楠《高速铁路对区域可达性的影响研究——以沪宁地区为例》，《经济地理》2004 年第 3 期。

③　参见牛丽静《基于高速公路的区域旅游流网络的评价与优化研究——以长三角地区为例》，硕士学位论文，上海师范大学，2011 年。

④　参见唐苏生《高速铁路对区域旅游市场的影响研究——以长三角地区为例》，硕士学位论文，南京师范大学，2012 年。

⑤　参见万文平《高速铁路对沿线非枢纽城市旅游经济影响研究》，硕士学位论文，北京第二外国语学院，2013 年。

数以及 SNA 方法测算高铁对湖北省区域旅游空间格局的影响，武广高铁对湖北区域旅游空间格局演变的影响表现出极化效应或扩散效应并存"双刃性"特征，由于极化强度大于扩散强度，因而区域旅游发展差异最终呈现扩大趋势。

第二，交通条件对城市群旅游业发展格局的影响。桑广书等（2003）运用 Maptitude 对陕西旅游网络通道体系要素做地图分析，认为陕西旅游网络通道以西安市为中心呈放射状的"米"字形构架[①]。靳诚等（2010）运用 ESDA 空间分析方法对基于公路网络的长江三角洲旅游景点可达性格局进行研究，发现区域内旅游景点的可达性空间分布具有明显的交通指向性，平均可达性时间为 25.89 分钟，通达性较好[②]。王欣等（2010）以修正后的引力模型、等游线模型和时空替代机制为依据构建网络空间模型，认为高铁路网的建成将对空间节点的区位和功能进行重组，影响主要表现为传统的旅游圈层结构将被放大和变形，因市场选择机会增加而导致更大范围的全面竞争，巨型中心城市崛起以及旅行时间门槛的跨越，等等[③]。冯立新等（2011）以渤海海峡跨海通道为例，通过选取网络（路网）通达性指数、三步深度值和空间距离通达性指数等对山东半岛、辽东半岛旅游空间格局的影响开展研究，环渤海区域旅游空间格局由"双核、四轴、三块、五区"演变为"双核、二轴、三块、六区、两面"[④]。

（5）城市群旅游协同与一体化

由于旅游者出行常常不止停留于一个目的地，作为目的地的城市及吸引物之间需要建立基于共同利益的协调、合作和营销的"旅游伙伴关系"[⑤]，因此，与这种关系相对应的区域旅游合作、协作、竞合、协同、

---

① 参见桑广书、甘枝茂、车自力《陕西旅游网络通道体系构建》，《干旱区资源与环境》2003 年第 4 期。

② 参见靳诚、陆玉麒、范黎丽《基于公路网络的长江三角洲旅游景点可达性格局研究》，《自然资源学报》2010 年第 2 期。

③ 参见王欣、邹统钎《高速铁路网对我国区域旅游产业发展与布局的影响》，《经济地理》2010 年第 7 期。

④ 参见冯立新、杨效忠、姚慧等《骨干交通设施对区域旅游空间格局的影响——以渤海海峡跨海通道为例》，《经济地理》2011 年第 2 期。

⑤ Roberts L., Simpson F., "Developing Partnership Approaches to Tourism in Central and Eastern Europe", *Journal of Sustainable Tourism*, 1999, 7 (3): 314—330.

联动、互动、一体化的实证性研究大量出现。在研究地域上，主要集中于长三角①、（泛）珠三角②、京津冀③、山东半岛④、长株潭⑤等具有一定发展基础的城市群；在研究方法上，层次分析法、博弈论、拓扑学、系统动力学、生态位理论、耦合理论、自组织理论等多学科交叉的研究方法和理论；在研究内容上，主要侧重于合作机制与模式、路径选择等。

　　区域旅游协同发展是区域旅游合作的高级形式，是指区域内各旅游区单元（子系统）之间的协同和共生，自成一体形成高效和高度有序化的整合，实现区域内各旅游区单元"一体化"运作的区域旅游发展方式⑥。学者们普遍认为政府引导与市场组织的双重动力是整合城市群内部旅游资源、产品、市场以形成旅游经济共同体的关键。其中较有代表性的研究有：金卫东（2004）对美国东海岸城市群一体化演进过程对旅游业发展的推动作用进行介绍，为我国长三角地区打造旅游产业密集带提供发展借鉴⑦；何小东（2008）对于我国中西部地区的旅游合作进行系统分析，以"互为旅游目的地，互为旅游市场"的方式实现中部崛起的"大旅游"合作行动⑧。方法林等（2013）运用机械学中齿轮传动原理构建齿轮模型分析长三角城市群旅游产业与区域经济的耦合协调状况，认为该区域的协调

---

　　① 参见张殿发、杨晓平、童亿勤《长江三角洲旅游经济一体化浅析》，《地理科学进展》2006 年第 2 期；江金波、余构雄《基于生态位理论的长江三角洲区域旅游竞合模式研究》，《地理与地理信息科学》2009 年第 5 期。

　　② 参见保继刚、朱竑、陈虹《基于双赢战略的澳门—珠海旅游互动发展》，《热带地理》1999 年第 4 期；梁明珠、张欣欣《泛珠三角旅游合作与资源整合模式探究》，《经济地理》2006 年第 2 期；汪清蓉、余构雄《区域旅游城市生态位测评及竞合模式研究——以珠江三角洲为例》，《旅游学刊》2008 年第 3 期；张河清《基于博弈论的"泛珠三角"区域旅游协作问题研究》，《旅游学刊》2009 年第 6 期；肖光明《珠三角地区旅游空间一体化发展水平量化评价》，《地域研究与开发》2010 年第 4 期。

　　③ 参见宁泽群、李享、吴泰岳等《京津冀地区的旅游联动发展：模式、对象与路径》，《北京联合大学学报》（人文社会科学版）2013 年第 1 期。

　　④ 参见庄健《山东半岛城市群旅游合作研究》，硕士学位论文，青岛大学，2006 年。

　　⑤ 参见郑旗《长株潭城市群旅游协同发展研究》，《湖南社会科学》2013 年第 3 期。

　　⑥ 参见粟路军、奉亚卓《区域旅游协同发展及其理论依据与研究意义》，《资源开发与市场》2007 年第 3 期。

　　⑦ 参见金卫东《美国东部都市群旅游产业密集带的发展及启示》，《旅游学刊》2004 年第 6 期。

　　⑧ 参见何小东《中国区域旅游合作研究——以中西部地区为例》，博士学位论文，华东师范大学，2008 年。

状态总体理想，但尚存在进一步提升空间①。随着区域旅游竞合关系的演化，行政驱动对优化区域旅游空间关系的作用渐趋弱化，文化影响已成为推动区域旅游协同发展的重要动力。侯兵等（2013）以南京都市圈为例，对公众的区域文化旅游协同发展的认知和评价情况进行了分析，指出文化旅游区域协同的空间认知分异规律存在文化资源导向性、交通区位导向性和文化关联导向性的特征②。

第四节　存在的问题与研究趋势

一　现有研究存在的问题

根据对国内外研究现状的综述，目前城市群旅游研究尚存在以下局限：

一是研究内容、范式较为固定。研究内容主要集中于城市群旅游竞争力、城市群旅游空间结构、城市群旅游空间联系以及城市群旅游合作与一体化等传统研究领域，具有较为突出的母学科依赖特征；研究范式主要依托现有的城市群研究模式而延伸至旅游问题研究，缺乏以城市群为单位的旅游属性分析以及城市群内部旅游能量的流动格局、集聚与扩散模式、场能生长机制以及能级提升策略的研究。

二是研究视角创新度不足，对城市群旅游空间结构缺乏从节点功能、交通网络角度开展城市群旅游区域的影响范围的研究。旅游业"空间流动性"的本质特征和城市群的形成、发展、演进都必须以快速、便捷的交通网络为支撑，因此，研究城市群旅游、比较城市群之间旅游能量扩散水平和量级的高低，必须考虑城市群及其旅游业发展特征，并将中等尺度的"城市群交通"纳入衡量体系，才能深刻反映城市群旅游的本质属性和未来的发展重点。

三是研究方法的深度、广度不足。与多数交叉学科、综合性学科一样，旅游学科尚未形成专有的、唯一的研究方法，其学科的融合性、开放

---

① 参见方法林、金丽娇、张岳军《基于齿轮模型的旅游产业与区域经济耦合协调度研究——以长三角城市群为例》，《南京师范大学学报》（自然科学版）2013 年第 2 期。

② 参见侯兵、黄震方、陈肖静等《文化旅游区域协同发展的空间认知分异——以南京都市圈为例》，《旅游学刊》2013 年第 2 期。

性特质决定了旅游研究方法多样性①。现有的城市群旅游研究中的方法，较多地借鉴了地理学、经济学等学科的研究方法，尚未形成多学科方法交织的研究态势；另外，空间表达过程侧重分异格局、产业集聚、城市群形态的示意、展示，以数据的图形化表达为主，对高等级的 GIS 空间分析技术引入力度不足，未能形成"大数据"时代下对城市群旅游空间决策过程的有效支撑。

二　研究趋势

1. 注重提高区域旅游的空间治理能力和产业融合能力

地理学家和社会学家对地理空间的认知遵循从场所（Place）到空间（Space）再到层域（Scale）的演进过程，层域除了包括尺度（Size）和层次（Level）两个一般意义之外，还包括更为重要的关系（Relation）②。城市群作为由尺度、层次不一的城市构成的聚合体，由于地理邻近、产业竞合、交通串联等因素影响而形成复合化关系。在新型城镇化的发展背景下，将城市群作为地域单元进行空间结构和发展模式研究，对于提高区域旅游发展的空间治理能力、实现区域旅游产业对接和产城融合意义重大。

一是提升区域旅游业的空间治理能力。经济空间管理是国家区域治理的基本手段，都市圈、城市群、经济带作为城市经济区的重要类型，以描述、分析和管理中心城市与周边地区的关系，促进中心城市与周围区域一体化发展为目的③。区域旅游业发展过程中"大城市病"问题突出，以交通网络为纽带实现中心城市的客流扩散功能和次级城市的承接功能，培养区域乃至国家级旅游中心城市，既可以提高区域旅游竞争力又是对我国旅游空间格局的优化。

二是城市群内部旅游产业对接与融合。我国《国民经济和社会发展"十二五"规划纲要》明确提出：要"充分发挥不同地区比较优势，促进生产要素合理流动，深化区域合作，推进区域良性互动发展，逐步缩小区域发展差距"，其中核心环节——生产要素的合理流动和优化配置必须以产业引导功能为根本动力，以打破"行政区经济"约束为前提。旅游业

---

① 参见王娟、张广海《旅游研究方法的演进与创新》，《旅游研究》2013 年第 4 期。

② 参见郭荣朝、苗长虹《基于特色产业簇群的城市群空间结构优化研究》，《人文地理》2010 年第 5 期。

③ 参见杨开忠、姜玲《中国经济区划转型与前沿课题》，《中国行政管理》2010 年第 5 期。

具有产业链条长、消费过程异地流动性强的特征，通过旅游产业分工协作发展区域旅游集群，构建区域旅游同城化、一体化发展机制，实现新型城镇化背景下以旅游产业引导的"城市群体的城镇化"、旅游产业集群与城市集群的耦合发展，将成为区域旅游业的研究热点。

2. 注重交通运输与城市群旅游区域的协调发展

城市群是城市化过程中不同城市的空间集聚现象，职能各异的城市通过分工协作形成单个城市所不具备的关联经济和范围经济，其核心和本质是城市群内部城市间密切的经济产业联系。党的十八大报告中提出要"增强中小城市和小城镇的产业发展，提高其竞争力和吸引力"，《国家新型城镇化规划（2014—2020）》中明确提出"以城市群为主体形态，推动大中小城市和小城镇协调发展"，"以综合交通网络和信息网络为依托，科学规划建设城市群"，实现交通运输与城市群经济的协调发展。

"城市群交通"是介于以通勤等短途出行为主的"城市交通"和以中长途旅行为主的"大区域交通"之间的一种交通体系①。目前城市群交通体系建设未能充分考虑旅游产业发展特征，一是城市群内部中小旅游城市与核心城市间的区域时空可达性有待改善，中心城市的旅游产业辐射带动作用未能有效发挥，分工合理、交通联系紧密的城市群旅游区域发育不足；二是受大尺度区域交通给区域旅游业发展带来的"飞地"效应影响，沿线城市受益程度不均衡，旅游产业要素配置过度集中于中心城市，而沿线中小城镇旅游产业的资源优势由于缺乏城际铁路、城际公交等集约化的公共客运形式，旅游市场影响力和吸引力被严重弱化。伴随"四纵四横"等大尺度快速交通网络的完善，如何通过发展城际铁路、市郊铁路、城际公交等中短程、集约化公共交通以构建深入腹地的旅游场能扩散网络、打造紧密衔接的中小尺度旅游簇群将成为未来城市群旅游的发展重点。

3. 注重提高以城市群为单位的旅游影响力研究

根据国内外文献梳理并结合我国新型城镇化特点和以区域为导引的国家级战略思路，以城市群为地域单元开展的旅游研究重点需在以下方面深入探讨：①由注重分析单一中心城市的集聚与扩散功能转为构建以城市群为整体的旅游空间协作网络，注重空间网络的结构性（大小、密度、组

---

① 参见程世东《以交通建设支撑引领城市群形成与发展》，《中国经济时报》2014年1月6日第10版。

合形式）、区域旅游空间格局分析和影响力测度，形成城市群旅游的复杂网络体系；②提升城市群整体旅游竞争力和品牌影响力，通过对城市群旅游能级的判定构建不同功能定位的城市群以参与国内外旅游竞争，实现由城市竞争向城市群竞争的转变；③伴随中心城市旅游产业功能转移和扩散趋势，如何培育次级旅游中心城市、发展中小旅游特色城镇以及县域旅游、乡村旅游，以构建旅游场能的嵌套式生长体系将成为研究重点。

第三章 城市群旅游资源—产业—市场条件分析

第一节 旅游资源条件

一 城市群旅游地格分析

舒尔茨（N. Schulz）以胡塞尔（E. Husserl）的现象学、海德格尔（M. Heidegger）的存在主义为理论和哲学基础，提出建筑现象学中的"场所理论"，场所（Place）和场所精神（Spirit of Place）是其中的两个核心概念。场所是人们通过与建筑环境的反复作用和复杂联系之后，在记忆和情感中所形成的概念，是特定的地点、特定的建筑与特定的人群相互积极作用并以有意义的方式联系在一起的整体，是自然环境和人造环境有意义聚集的产物[①]。场所具有吸收不同内容的能力，能为人的活动提供一个固定空间，它在一段时期内对特定的群体保持方向感和认同感，场所具有自己独特的精神和特性即为场所精神。城市规划学者、地理学者将之延伸至城市特色和区域文化分析时，特别强调地方精神（Genius Loci）、地方感（Sense of Place）对于地方凝聚力塑造的重要性。

地域文化是一定区域内人的精神活动的总和，它是由区域地理环境、社会生产方式、区域传统文化等因素综合作用的结果[②]。我国旅游地理学家陈传康（1996）最早提出"文脉"（Context）的概念。所谓文脉，是指旅游点所在地域的地理背景，包括地质、地貌、气候、土壤、水文等自然环境特征，也包括当地的历史、社会、经济、文化等人文地理特征，因而文脉是一种综合性的、地域性的自然地理基础、历史文化传统和社会心理

[①] 参见郭红、莫鑫《诺伯格·舒尔茨的场所理论评析》，《四川建筑》2004年第5期。

[②] 参见李秀金《试谈区域文化的区域经济效果》，《求实》2006年第2期。

积淀的四维时空组合①，文脉思想在旅游规划、旅游营销和目的地形象策划中得到了广泛应用。从城市规划学的视角，每一个城市都具有自己隐性而潜在的风格、性格、品格②，文脉即当地的地域独特性，主要包括自然地理特征、历史文化特征和民族民俗文化三个部分③。后续研究者将"地脉"的概念从文脉阐述中分离出来，将地脉视为自然地理的外现，用于反映自然旅游资源的差异和特色，并且"地脉同源"特征使同一区域的自然旅游资源具有相同或相似性；将文脉视为人文地理的外现，反映人文旅游资源特征，但是由于文化的多元性特征，文脉必然具有多样性和多层次性，即各旅游区域的人文旅游资源特色鲜明④。

由于地缘关系和历史关系，一个区域的旅游资源往往具有不可分割的连续性、传承性和互补性。旅游业是典型的资源依托型经济，历史人文和自然生态等禀赋条件决定着旅游市场开发的优先度与吸引力。邹统钎（2006）将地格（Placeality）视为地脉与文脉的综合，是内化于旅游吸引物中的自然和人文"本土精神"⑤，是一个地区的文化独特性所在。随着区域主体意识的觉醒，地域文化发掘与开发成为区域经济发展的重要组成，城市群因具有特有的人文地理、社会结构、文化传统与精神范式，而更加具有文化凝聚力和旅游吸引力，成为具有自然、人文异质性的旅游地域单元。现对各城市群的地脉和文脉特征进行简要分析，并归纳提炼整体的地格特征作为城市群旅游一体化发展的支撑条件。

1. 环渤海地区

（1）京津冀城市群

京津冀城市群由北京、天津、河北二市一省组成，属于跨省级行政区划的城市群，是中国文化资源和底蕴最为丰富、最为深厚的城市群之一。京津冀三地地缘相接、人缘相亲，在历史发展过程中，人文内涵和行政管理方面互有交叉重叠，尤其明清以后联系更为紧密，三者行政分离的时间远短于融合发展的进程，一体化发展具有强烈的历史延展性。

---

① 参见陈传康、李蕾蕾《风景旅游区和景点的旅游形象策划》，区域旅游开发与旅游业发展会议论文，1996 年。

② 参见齐康《文脉与特色——城市形态的文化特色》，《城市发展研究》1997 年第 1 期。

③ 参见吴必虎《区域旅游规划原理》，中国旅游出版社 2001 年版。

④ 参见徐小波、沈伟丽、许俊《旅游区域：对四种常见"区域旅游空间结构理论"的质疑初探》，《桂林旅游高等专科学校学报》2007 年第 3 期。

⑤ 参见邹统钎《中国旅游景区管理模式研究》，南开大学出版社 2006 年版。

北京是世界历史文化名城和六朝古都之一，拥有故宫、长城、颐和园等世界级文化遗产 6 处，截至 2013 年底拥有 A 级以上和重点旅游景区 215 个，居全国之最。北京具有独立的"燕京文化""京派文化"和"皇城文化"，胡同游、博物馆游、文化创意游等已形成国际知名度，京剧、评书、相声，大碗茶、冰糖葫芦成为北京旅游最富有京味的旅游意象的代表。作为中国旅游业发展的首善之区，北京具有强大的国内外旅游吸附能力，是京津冀城市群旅游协同与一体化发展的核心。

天津是环渤海地区的重要口岸城市，也是近代中国政治中心之一，以"津门文化""海河文化"著称，具有"乐观豁达"的区域人格特征。截至 2014 年底，拥有 A 级景区 106 家，商业经济活跃，近代历史风貌保存完好，以泥人张、杨柳青年画为代表的民俗文化和以狗不理包子、十八街麻花为代表的风味食品具有全国知名度，地域文化特色十分鲜明。

河北省历来为畿辅要地，是当前北京首都功能疏解和京津产业转移的主体承接区域。在文化方面，河北具有独立的"冀文化""直隶文化"文化体系，截至 2014 年底，拥有承德、保定、正定、邯郸、山海关 5 个国家级历史文化名城，已形成以吴桥杂技、衡水鼻烟壶、武强年画、蔚县剪纸、沧州武术、永年太极拳等具有区域文化内涵和历史支撑的旅游品牌，是北京大都市旅游圈以及京津冀城市群旅游的重要组成。

总之，在文脉方面，尽管三地历史文化各有特色、自成体系，但同属于以"慷慨悲歌、好气任侠"为共性的"燕赵文化"体系，具有忠诚、慷慨、开放等中国典型的北方文化特征。在地脉方面，燕山山脉、海河和长城在北京、天津和河北三地境内皆有分布，清帝王陵墓主要分布于河北境内，具有高度完整的历史地理传承性，并且已经形成"首都—口岸—腹地"的经济地理格局和地域分工体系，具备依托文化牵引、旅游开发实现区域一体化的基础条件。

（2）山东半岛城市群

山东半岛城市群位于黄、渤海之间，南北分别与长三角和京津冀两大国家级城市群相接，由山东省内的济南、青岛、淄博、东营、烟台、潍坊、威海、日照 8 个城市构成，是山东省经济发展"蓝色引领"战略的龙头区域和旅游经济发展的优势区域。地域文化以"齐文化""渔耕文化""圣贤文化"为代表，具有"崇物利、尚变革、重兼容"的海派文化特征，形成以青岛和济南为代表的两大区域经济与文化中心。截至 2014

年 12 月，山东省拥有以潍坊风筝、聊斋志异、胶东秧歌等民间文学、民俗技艺为代表的、具有海内外知名度的国家级非物质文化遗产 173 项，省级非物质文化遗产 555 项，旅游文化资源丰富。山东半岛城市群的 8 个城市皆为国家级优秀旅游城市，拥有历史文化名城 5 个，5A 级旅游景区 7 个，以胶东半岛为代表的滨海丘陵地貌景观和中西合璧的建筑风格形成独特的旅游景观集群，已成为我国滨海旅游和"好客山东"旅游品牌体系的重要组成。

（3）辽中南城市群

辽中南城市群由辽宁省内的沈阳、大连、鞍山、抚顺、本溪、丹东、营口、辽阳、盘锦、铁岭共 10 个城市组成，沿辽河流域起源、发育，是海路进入东北地区的唯一通道，是近现代重工业中心区域。在文化方面，以"关东文化""辽海文化"为主要文化脉络，具有以汉文化为主体的多民族文化融合特征，是农耕文化和海洋文化的汇集区，兼具浑厚、淳朴、雄健、外向、机敏、灵动等特征。在城市群内陆，以国家级历史文化名城沈阳为中心，具有"一朝发祥地，两代帝王城"的美誉；在地脉方面，沿海地区优良港口众多，具有以丘陵、湿地和滩涂为主的海岸地质地貌特征，以大连为中心，已形成以"浪漫之都"为代表的城市旅游品牌。辽中南城市群 10 个城市皆为国家级优秀旅游城市，拥有 5A 级旅游景区 3 个，近现代战争遗址众多，二人转、高跷秧歌等近现代民间艺术形式享誉全国。

2. 长三角地区

（1）长三角城市群

长三角城市群位于长江下游，是由上海、江苏、浙江三省市组成的跨省级行政区区域城市群，共包含上海、南京、杭州等 16 个城市，多数城市皆为国家级历史文化名城和国家级优秀旅游城市。长三角城市群历来以"水乡泽国，物产富饶"著称，是我国人口密度最高、区域经济最发达的地区之一，旅游资源禀赋高。

在文脉方面，是"吴越文化""江南文化""海派文化"的典型区域，以开放、务实、灵动为主要特征。长三角城市群文物古迹、私家园林众多，是中国古典园林景观最为丰富和集中的地区，其中苏州园林已被列入世界级文化遗产；水乡古镇密布，已涌现出乌镇、周庄、角直、朱家角等一批具有国内外知名度的旅游城镇，形成独具"小桥流水、灰瓦白墙"

这一江南人文和景观生态特征的旅游空间集群。具有鲜明文化特点的越剧、昆曲等地方曲艺以及刺绣、茶叶等地方特产已享誉全国。除传统文化意象和元素外，以上海为代表的现代大都市旅游模式引领了国内城市旅游的发展潮流，中西交融的生活方式、石库门式民居与现代都市建筑并存，是我国的金融、会展、文化创意和旅游中心城市，具有强大的集聚和扩散能力。

在地脉方面，由长江淮河形成的冲积平原，是东西向的长江水道和南北走向的京杭大运河的交汇处，后者将杭州、苏州、无锡、常州等主要旅游城市串联；钱塘江、新安江和西湖、千岛湖等河湖相连、水网交织，低山丘陵与中高山地貌并存，造就了雁荡山、普陀山、莫干山等名山胜景，优美的自然风光既是旅游景观，也是长三角地区地域文化发育的基底。

目前，长三角城市群已经基本建立起较为完整的旅游地域协作体系，是中国旅游经济最为发达的地区，最具备建设成为"世界级旅游城市群"的基础条件，是我国新时期"长江经济带"和"一带一路"国家战略中龙头区域。

（2）江淮城市群

江淮城市群位于长江下游，按照 2014 年《国务院关于依托黄金水道推动长江经济带发展的指导意见》（国发〔2014〕39 号）和 2015 年 4 月国务院批复《长江中游城市群发展规划（2014—2020）》，已基本确定纳入新的长三角城市群范畴。江淮城市群由位于安徽省内的合肥、芜湖、蚌埠、淮南、马鞍山、铜陵、安庆、滁州、六安、池州、阜阳共 11 个城市组成，是对安徽省皖江城市带、省会城市圈、沿淮城市群整合与提炼的结果，其"承接产业转移示范"的功能建设已纳入国家发展战略，是促进中部崛起的重要增长极。

文脉方面，江淮城市群以"徽文化"为地域文化代表，以"和谐、善治、功效"为基本价值。徽商作为中国历史的主要商帮之一，以儒学伦理、宗族观念、商业精神为内核，得以不断孕育壮大。截至 2013 年底，安徽省共有安庆、歙县、寿县、亳州、绩溪 5 个国家级历史文化名城，江淮城市群多数城市已被评为国家级优秀旅游城市，5A 级景区 7 家，以黄山、西递宏村为代表的世界自然和文化遗产，已经成为国际知名的旅游目的地。地脉方面，江淮城市群兼跨长江和淮河两大流域，江淮城市群主体位于中部和北部区域。依托两大流域，与中原城市群、长三角城市群和武汉城市群相接，具有跨江近海的地理特征。地貌以平原、丘陵和低山为主，有大别山、黄山、九华山、天柱山等山脉，山水雄奇、怪石林立，多数已成为国家级风景名胜区、森林公园和 A 级景区，具有较高的旅游吸引力。

3. 长江中游城市群

(1) 武汉城市群

武汉城市群由位于湖北省内的武汉、黄石、黄冈、鄂州、孝感、咸宁6 个地级市和仙桃、天门、潜江 3 个省辖县级市组成，是"楚文化"的核心区域，是与中原文化相媲美的中国文化的南支。一些具有强烈地方意象的楚辞、楚乐等文化符号以及三国文化等已形成较为鲜明的旅游形象标识，具有开放兼容、自强进取和浪漫主义色彩的地域文化特征。但在武汉城市群中，国家级历史文化名城、优秀旅游城市以及世界自然和文化遗产数量较少，武当山和神农架等知名度较高的旅游资源不在本区域，5A 级景区只有黄鹤楼公园 1 家，占湖北省的整体旅游资源存量比例较小。武汉位于长江与汉江汉水的交汇处，承担起湖北乃至长江中游城市群的中心城市功能，是黄金水道货运的枢纽之一。整体而言，武汉城市群范围内的长江，通航功能大于景观观赏功能，交通优势明显，但旅游资源吸引力和辐射力不足。

(2) 长株潭"3 + 5"城市群

长株潭"3 + 5"城市群由位于湖南省内的长沙、株洲、湘潭、衡阳、岳阳、常德、益阳、娄底共 8 个城市组成，湘江贯通，浏阳河、洞庭湖流经境内，衡山、岳麓山等山脉兼具自然和人文吸引力。长株潭"3 + 5"城市群位于长江中游，是"湖湘文化"的核心区域，具有"经世致用、变革创新、敢为人先"的地域人格特征，富有理学精神和变革意识。革命胜迹众多，是以"革命摇篮、领袖故里"为主题的全国 12 个重点红色旅游区之一，在全国范围内具有较高的旅游知名度。该城市群中国家级风景名胜区、重点文物保护单位众多，截至 2013 年底共有国家级历史文化名城 2 个，国家级优秀旅游城市 7 个，5A 级景区 4 个，人文、历史积淀丰厚，与湘西自然风光、民族民俗旅游资源形成互补型的旅游目的地。

(3) 环鄱阳湖城市群

环鄱阳湖城市群位于江西省北部，以南昌、景德镇、九江、新余、鹰潭、吉安、宜春、抚州、上饶共 9 个城市为主体构成，是赣文化的核心区，以"勤奋笃学，务实求新"为主要文化特征。在自然景观方面，山地众多，雨量丰沛，以庐山、石钟山、三清山、龙虎山为代表的名山、溶洞是主要的地文景观特色。在人文景观方面，庐山被列入世界文化遗产之一，以井冈山为代表的革命旧址、纪念馆众多，是知名的红色旅游胜地；除抚州外，区内的8个城市皆为国家级优秀旅游城市，又以南昌、景德镇两个国家级历史文化名城知名度最高，景德镇作为"千年瓷都"，是国家文化产业示范基地和国家级非物质文化遗产生产性保护示范基地，盛产的瓷器是海内外知名的中国文化意象之一。九江位于长江、京九两大经济开发带交叉点，是长江中游区域中心港口城市，是环鄱阳湖城市群连接内外的主要枢纽城市。环鄱阳湖城市群内的4家5A级景区皆为山地景观，名山胜水旅游资源丰度和品级高。

4. 中西部地区

（1）中原城市群

中原城市群位于黄河中下游地区，由河南省内的郑州、开封、洛阳、平顶山、新乡、焦作、许昌、漯河8个地级市和济源1个省辖县级市组成。地理位置优越，古代即为驿道、漕运必经之地，现今处于沿海地区与中西部地区的接合部，是中国经济由东向西梯次推进发展的中间地带。我国历史上先后有20个朝代在河南省定都，是我国古都和古文化遗址数量最多、最密集的地区。河南横跨海河、黄河、淮河、长江四大水系，河流纵横交织，地形地貌以平原和盆地为主，孕育了以"中原文化""仰韶文化"和"殷商文化"为代表的中华文明，被称为中华民族和华夏文明的起源地。中原城市群以古迹景观为主要特色，少林寺、嵩山、龙门石窟、白马寺等文化遗址、名山、古寺、石窟众多，有世界文化遗产3处，世界地质公园4处，5A级景区9个，国家历史文化名城3个，所含的8个城市皆为中国优秀旅游城市，自然景观与人文景观交相辉映，旅游资源禀赋极高。

（2）关中城市群

关中城市群位于陕西省南部，以西安为核心再加铜川、宝鸡、咸阳、渭南5个地级市和杨凌农业示范区构成。关中城市群，是中国"三秦文化""盛唐文化"的主要传承区域，具有豪迈粗犷、求实进取的地域人格特征。地质地貌以渭河平原和秦巴山地为主体，有"八百里秦川"之称。渭河由西向东横贯关中地区，四面高山环绕，先后有秦、西汉、隋、唐等

10 代王朝建都，历史文化深厚，名山、古迹、博物馆、陵地等人文旅游资源数量多、品位高。关中城市群有国家级历史文化名城 2 个，国家级优秀旅游城市 3 个，旅游资源分布较为集中，以秦始皇陵兵马俑、华山、华清池为代表的旅游资源享有广泛的国际知名度和美誉度，以回民街以及各类老字号为代表的西安美食呈现出多民族文化融合的特点，具有较强的旅游亲和力。伴随国家新时期"丝绸之路经济带"战略的实施，西安作为古代丝绸之路的起点之一①和亚欧大陆桥（中国段）上的中心城市，具备打造亚欧合作的国际化大都市的综合实力，成为丝绸之路经济带上的"新起点"。西安所依托的关中城市群作为沿桥地带经济最发达的地段将以旅游地域综合体的形式参与国际旅游竞争。

（3）川渝城市群

川渝城市群位于长江上游，以 2011 年获批的"成渝经济区"为依托，横跨四川省和重庆市两省市，包含重庆、成都、自贡、泸州、德阳、绵阳、遂宁、内江、乐山、南充、眉山、宜宾、广安、雅安、资阳 15 个城市在内，已纳入长江经济带发展战略，是《国家新型城镇化规划（2014—2020）》重点培育的城市群之一，具备上升为"引领西部地区发展的国家级城市群"的潜质。

川渝城市群主要位于四川盆地，横跨横断山脉、秦巴山地、云贵高原等地貌单元，长江、嘉陵江孕育了以"水利殖国"为特征的农耕文明，有"天府之国"的美誉。地域文化以"巴蜀文化"为主要特点，具有"奇幻诡谲，率真逍遥"的地域人格特征，具有悠久的历史和丰富多彩的自然、文化旅游资源，是中国旅游经济最为发达的地区之一。川渝城市群中的四川省域部分拥有乐山、峨眉山两大世界自然和人文双重遗产，中国优秀旅游城市 9 个，国家级历史文化名城 5 个。此外，别具一格的川菜、风味小吃和地方特产，以及川剧、变脸等民间技艺，五粮液等名优白酒，熊猫等珍奇生物，共同构成川渝旅游最具魅力的产业要素。重庆作为川渝城市群的另一旅游中心城市，有"山城""雾都"之称，是我国以及全球面积最大、人口最多的城市，具有充足的出游人口基数。重庆是"长江三峡"游线的起点，是"长江黄金水道"旅游最为发达的地区，拥有 5A

---

① 2006 年联合国教科文组织世界遗产中心和中国国家文物局在丝路申遗国际协调会上将西安、洛阳同时确定为东端起点。

级景区 5 个，具备较高的国际旅游知名度和景观独特性，旅游经济发达、市场吸引力高。

5. 华南地区

（1）珠三角城市群

珠三角城市群由位于广东省的广州、深圳、珠海、佛山、江门、肇庆、惠州、东莞、中山共 9 个城市组成，经济发达、人均收入水平高，是中国发育较为成熟的国家级城市群之一，旅游经济十分发达。珠三角城市群具有"岭南文化"特征，务实重商、开放进取，是中国改革开放和现代化进程的领军地区。以名山、峡谷、温泉、洞穴、古迹为旅游资源特色，七星岩、从化温泉、华侨城等具有全国知名度。区内拥有国家级历史文化名城 4 个，9 个城市全部为中国优秀旅游城市，5A 级景区 4 个。此外，粤派美食、开放创新意识以及现代工业文明成就，是珠三角城市群独具魅力之处。珠三角境内多河流，珠江是我国境内为数不多的具备客运通航条件的内河航道，亚热带的气候条件为生物多样性提供了保证。此外，毗邻港澳的区位优势条件，不仅带来了广泛的入境客源，使商贸往来频繁，同时也吸引了外来资金投资旅游业，形成多元化旅游投资与开发格局。

（2）海峡西岸城市群

海峡西岸城市群由位于福建省的福州、厦门、莆田、泉州、漳州、宁德 6 个城市组成，与台湾隔海相望，是中国著名的侨乡和台胞祖籍地，是海峡两岸合作与交流的先行示范区域。海峡西岸城市群是福建省"八闽文化"的主体承载区域，具有开放多元、冒险奋进的地域人格特征，区内古迹、山水和滨海旅游资源丰富，沿海地区岛屿众多，水资源和森林资源丰富，以厦门鼓浪屿、宁德白水洋为代表的旅游资源以及"妈祖文化"等节会活动具有较高的市场知名度，截至 2013 年底，区内拥有国家级历史文化名城 3 个，中国优秀旅游城市 4 个，5A 级景区 3 个。

福州、泉州等地自古就是中国"海上丝绸之路"的门户城市，"百货随潮船入市，万家沽酒户垂帘"的景象充分描述了盛时商贸旅游业的繁荣。海峡西岸城市群是我国"21 世纪海上丝绸之路"战略的核心区域，致力于打造以泉州、福州、厦门为龙头引领，漳州、莆田、宁德等为腹地支撑的经济开发格局，重新打造"海上丝绸之路"这一文化旅游品牌将成为海峡西岸城市群旅游经济发展的重点。

各城市群旅游区域地格特征见表3—1。

表3—1　　　　　　　　　各城市群旅游区域地格特征

城市群	文脉特征	文化阐释	地脉特征	有代表性的旅游吸引物
京津冀	燕赵文化	慷慨悲歌，好气任侠	交通要塞，山海并胜，四季分明	故宫、长城、山海关、避暑山庄
山东半岛	齐文化	崇物利、尚变革、重兼容	丘陵地貌，港口众多，气候宜人	崂山、蓬莱阁、刘公岛
辽中南	辽海文化	浑厚淳朴、外向灵动	低山丘陵，多湿地滩涂，气候温润	金石滩、老虎滩
长三角	吴越文化	务实开放、崇尚柔慧	地形平坦，河湖岛屿众多，温差小	外滩、苏州园林、西湖、中山陵、普陀山
武汉	楚文化	开放兼容、自强进取、浪漫主义	九省通衢，地貌多样，雨热同季	黄鹤楼
长株潭	湖湘文化	经世致用、变革创新、敢为人先	河网密布，多山地丘陵，温差变化大	岳麓山
江淮	徽文化	和谐、善治、功效	地貌多样，丘陵河湖交错，天气多变	皖南古村落、黄山
环鄱阳湖	赣文化	勤奋笃学、务实求新	区位优越，山地绵延，雨量丰沛	庐山
川渝	巴蜀文化	奇幻诡谲，率真逍遥	盆地，多高山丘陵，冬暖夏长	巫山三峡、大足石刻
珠三角	岭南文化	务实重商、开放进取	山丘错落，岛屿众多，雨量丰沛	华侨城、从化温泉
海峡西岸	八闽文化	开放多元、冒险奋进	多山地丘陵，海岸线曲折，港湾众多	鼓浪屿
中原	中原文化	华夏文明之源	地形地貌复杂，交通纵横，气候温和	嵩山少林寺、龙门石窟
关中	三秦文化	豪迈粗犷，求实进取	地形多样，多河少湖，气候温差大	兵马俑、华山、华清池

二　城市群旅游资源的空间分布

资源优势是旅游发展的优先级要素，而旅游景区又是旅游资源的重要组成和旅游市场的核心吸引物，中国自 2005 年实行 A 级景区评定制度以来，A 级景区以其规范化的评定标准和程序、日益壮大的规模、广泛的市场号召力和吸引力，使得各地拥有的 A 级景区的品类多寡、品级高低和服务水平优劣，成为旅游者判断一个城市或地区旅游业发展水平、旅游形象的重要指标。因此，以 A 级景区为代表测度一个地区旅游资源的空间分布均衡程度非常具有代表性。

1. 空间基尼系数

$$H = - \sum_{i=1}^{N} P_i \ln P_i$$

$$Gini = H/H_m \tag{3—1}$$

$$H_m = \ln N$$

$$C = 1 - Gini$$

空间基尼系数是反映资源空间分布相对均衡度的指标，公式中，P_i 为第 i 个城市景区数占城市群景区总数的比重，N 为城市群中城市的数量，C 为分布均匀度。基尼系数位于（0，1）之间，系数值越接近于 1，表明该城市群的旅游景区集中程度越高。

2. 首位度

$$S = \frac{P_1}{P_2} \tag{3—2}$$

首位度是表述城市规模分布规律的指标，反映发展要素在最大城市的集中程度。公式中，S 为首位度，P_1、P_2 分别为 A 级景区数量居于第一和第二位的城市。

城市群 A 级景区数量（截至 2012 年底）、丰度与基尼系数、首位度见表 3—2。

表 3—2　城市群 A 级景区数量（截至 2012 年底）、丰度与基尼系数、首位度

城市群名称	A 级景区数量（个）	分布密度（个/万平方千米）	人均拥有量（个/百万人）	基尼系数	首位度
京津冀	499	27.32	5.75	0.90610341	2.64383562
长三角	611	55.60	5.60	0.96692769	1.241935484
珠三角	106	19.36	1.87	0.852015183	3.153846154

续表

城市群名称	A级景区数量（个）	分布密度（个/万平方千米）	人均拥有量（个/百万人）	基尼系数	首位度
辽中南	182	18.78	5.45	0.910521399	1.210526316
山东半岛	324	43.87	7.39	0.929805316	1.054794521
武汉	112	22.00	4.13	0.906141325	1.409090909
长株潭	112	11.63	2.77	0.96554419	1.6875
环鄱阳湖	107	8.65	3.08	0.88164575	1.333333333
江淮	268	31.07	7.46	0.936983613	1.741935484
川渝	309	18.18	3.88	0.752163678	2.285714286
中原	118	20.77	2.86	0.938103025	1.8
海峡西岸	75	13.64	2.52	0.884308707	1.5
关中	140	25.27	5.99	0.813025479	1.866666667

　　根据统计与计算，从 A 级景区的绝对数量上来看，各城市群内拥有 A 级景区数量前四位的分别是长三角、京津冀、山东半岛和川渝城市群，皆达到 300 个以上，资源赋存程度高；而海峡西岸、珠三角、环鄱阳湖三个城市群数量居于末位，旅游资源开发力度有待加强。从 A 级景区的分布密度来看，长三角、山东半岛和江淮城市群居于前三，空间紧凑度较高，而环鄱阳湖、长株潭和海峡西岸三个城市群则分布最为稀疏，对交通条件和可达性程度要求最高。从 A 级景区的百万人口拥有量来看，江淮、山东半岛两个城市群数量最多，资源相对丰度水平高，满足区域内旅游者旅游资源需求的供给能力最强；珠三角、海峡西岸、长株潭、中原城市群人均拥有量明显不足，缺乏多品级和品类的旅游资源支撑区域旅游的发展。

　　从 A 级景区空间分布均衡程度来看，基尼系数和首位度普遍偏高，各城市群旅游资源分布高度非均衡状态，大城市、中心城市在 A 级景区开发方面占有绝对垄断地位，次级城市的旅游资源开发未能破局，优质旅游资源布局依旧处于节点式线性分布而非网络化格局，城市群旅游吸引力过度集中，严重影响到区域旅游市场的内部均衡和旅游生产力的提高。随着国内旅游市场的发育成熟和消费者理性，旅游者出游决策不断从倾向大尺度、偏好高品级景区景点转向中小尺度的休闲游憩行为，次级旅游中心城市培育以及 5A 级以下景区的开发和利用程度将成为旅游产业发展的重点，是国内旅游业发展的基础支撑条件和本底吸引要素。

第二节　旅游产业条件

一　旅游产业集中度

产业集中度也称市场集中度，是指一个行业中各市场竞争主体所占行业总收入或总资产百分比的平方和，用来计量市场份额的变化、反映市场中厂商规模的离散度。赫芬达尔—赫希曼指数（Herfindahl – Hirschman Index，HHI），简称赫芬达尔指数，是一种测量产业集中水平的综合指数。HHI 数值越大，表明市场集中程度越高，垄断程度越高；反之，则发展趋于均衡。

$$HHI = \sum_{i=1}^{N} (X_i/X)^2 = \sum_{i=1}^{N} S_i{}^2 \qquad (3—3)$$

X 表示该区域的市场总规模，X_i 表示 i 城市的市场规模，S_i 为第 i 个城市的旅游市场占有率，N 为该区域内城市数量，市场规模用国内和国际旅游人数计算。

旅游产业的集中度见表3—3。

表3—3　　　　　　　　旅游产业的集中度

城市群名称	国内旅游人数	均值	国际旅游人数	均值	旅游产业集中度
京津冀	53110.4	5311.04	842.38	84.24	0.246419404
长三角	96654.2	6040.88	2280.85	142.55	0.109556326
珠三角	14808.4	1645.38	3316.01	368.45	0.161164207
辽中南	30141.5	3014.15	422.93	42.29	0.127127794
山东半岛	24711.1	3088.89	349.9	43.74	0.160095128
武汉	20178.4	3363.07	158.78	26.46	0.510536602
长株潭	20438.8	2554.85	146.73	24.46	0.155168447
环鄱阳湖	16764	1862.87	133.48	14.83	0.131234664
江淮	20162.7	2013.27	157.18	15.72	0.134673791
川渝	62376.9	4158.46	422.84	28.19	0.261194829
中原	24635.8	3079.48	166.53	20.82	0.211745052
海峡西岸	11665.4	1944.23	452.34	75.39	0.201677265
关中	16937.2	3387.44	195.57	39.11	0.300810728

通过各城市群国内外旅游人数、均值和产业集中度的比较发现，长三角居于国内旅游人数均值首位且旅游产业集中度水平最低，表明该城市群国内旅游吸引力最高，城市群内部旅游均衡发展程度最优。京津冀国内旅游人数居于全国第二位，与北京作为首都对于国内旅游者的全国性吸引力有关；此外，该地区旅游产业集中度较高（0.246），以北京市一地的国内和国际旅游人数来看，其占到本区域比例分别为41.68%和59.46%，具有极核式集聚的特点；珠三角国际旅游人数均值居全国首位，远高于其他城市群，与其邻近港澳、短程多频次交流活动较多有关；区内旅游产业集中度数值较低，旅游产业发展水平较为均衡。武汉城市群和关中城市群国内、国际旅游市场发育程度相当，二者的共同点在于在全国各城市群中产业集中度水平最高，分别达到0.51和0.30；武汉和西安的国际、国内旅游人数占区域的比例分别为95%、69.72%和58.98%、46.42%。由此可以看出，区内中心城市武汉和西安在国内外旅游吸引力方面具有绝对优势，而其他城市则市场发育不足，受中心城市的屏蔽作用影响非常严重，区内旅游业发展水平极度不均衡，又以武汉城市群情况最为突出。

一般而言，用市场份额平方和计算得出的 *HHI* 值较小，位于0到1之间。为便于比较，将其值乘以10000予以放大，可以得出如下判定标准（表3—4），并进一步以竞争程度衡量各城市群的旅游产业集中程度。所有城市群放大后的 *HHI* 值皆大于1000，普遍属于寡占型市场结构，其中，武汉、关中城市群中中心城市垄断程度最高，属于高寡占Ⅰ型；京津冀、川渝、中原、海峡西岸垄断程度略低，属于高寡占Ⅱ型；珠三角、山东半岛、长株潭属于低寡占Ⅰ型，而长三角、辽中南、环鄱阳湖、江淮四个城市群内部均衡程度较好，属于低寡占Ⅱ型。需指出的是，相比于长三角城市群内部城市的强势均衡，辽中南、环鄱阳湖和江淮城市群内部属于弱势均衡状态，即中心城市既未能确立全国性的旅游吸引地位，也未能与区内其他城市拉开明显差距，从这三个城市群的首位城市沈阳、南昌和合肥的旅游人数占区域旅游总人数比例分别为22.73%、15.55%和24.46%的情况即可表明这一点，远低于武汉在其城市群占69.91%的高寡占Ⅰ型比例。

表 3—4　　　　　　　　**以 HHI 值为基准的市场结构与城市群分类**

市场结构	寡占型				竞争型	
	高寡占 I 型	高寡占 II 型	低寡占 I 型	低寡占 II 型	竞争 I 型	竞争 II 型
HHI 值	$HHI \geqslant 3000$	$3000 > HHI \geqslant 1800$	$1800 > HHI \geqslant 1400$	$1400 > HHI \geqslant 1000$	$1000 > HHI \geqslant 500$	$500 > HHI$
城市群	武汉、关中	京津冀、川渝、中原、海峡西岸	珠三角、山东半岛、长株潭	长三角、辽中南、环鄱阳湖、江淮	—	—

二　基于酒店业布局的城市联系度

1. 数据来源

酒店业是一种提供住宿（餐饮、娱乐）服务并具有综合接待功能的消费性服务行业。选择酒店集团作为研究城市连接度的切入点主要基于以下考虑：第一，酒店业发展水平与经济周期波动呈正相关。当经济处于上升时期，国际范围内的商贸、旅游活动频繁，刺激酒店行业的全球扩张，反之亦然，可作为一个国家或地区验证经济周期性的重要指标。第二，酒店业选址与某城市的外商直接投资（FDI）水平和社会经济发展水平密切相关。国际酒店集团在改革开放初期进入中国主要选择外商投资追随（Client Following）策略进行布局，可作为判定某城市外向型经济发展水平的重要依据；而国内酒店集团的多城市多网点布局，则反映出国内酒店业总部经济发展水平和国内旅游、商贸等第三产业的活跃程度。第三，酒店等消费性服务业选址具有消费者指向性。酒店业具有生产与消费的同步性特征使得酒店集团为了寻求本地市场，需通过在不同城市建立提供服务的实体经营场所以接近本地市场，即酒店集团通过在不同城市的区位决策实现企业在世界范围内构建城市网络的发展战略[①]。

根据《酒店杂志》（Hotels Magazine）2013 年评选的国际酒店集团 325 强，共有 27 个国内酒店集团入围，其中总部为北京、上海和香港的占比分别为 22.2%、18.5% 和 40.7%，合计达 81.4%（表 3—5）。结合本研究侧重研究需要，样本要求入围的国内酒店集团需在中国大陆地区至少在 3 个以上城市布局以形成网络化发展格局为标准，共得到符合标准的

---

① 参见王娟、李丽、赵金金等《基于国际酒店集团布局的中国城市网络连接度研究》，《人文地理》2015 年第 1 期。

国内酒店集团 22 个①。

表 3—5   国际酒店集团 325 强中 27 家国内酒店集团概况

序号	名称	总部	排名（按客房数）	分店数（家）
1	上海锦江国际酒店集团	上海	9	1401
2	如家酒店集团	上海	10	1772
3	7 天酒店连锁集团	广州	14	1345
4	华住酒店集团（原汉庭酒店集团）	上海	16	1035
5	格林豪泰酒店集团	上海	18	880
6	香格里拉酒店集团	香港	36	78
7	金陵饭店集团	南京	37	120
8	港中旅酒店有限公司	北京	41	81
9	首旅建国酒店集团	北京	56	82
10	海航国际酒店集团	北京	69	61
11	开元酒店集团	杭州	72	61
12	瑞士贝尔湾景酒店集团	香港	100	61
13	新世界酒店集团（现瑰丽酒店集团）	香港	144	39
14	君澜酒店集团	杭州	145	29
15	文华东方酒店集团	香港	154	28
16	粤海酒店集团	香港	161	33
17	海逸酒店集团	香港	168	10
18	天伦国际酒店集团	北京	170	29
19	世纪金源酒店集团	北京	176	15
20	华侨城国际酒店管理有限公司	深圳	196	32
21	富豪国际酒店集团	香港	199	13
22	朗廷酒店集团	香港	223	16
23	帝盛酒店集团（原丽悦酒店集团）	香港	228	19
24	凯莱酒店集团	北京	237	20
25	马哥孛罗酒店集团	香港	261	13
26	萨维尔酒店集团	上海	298	33
27	银河娱乐集团	香港	299	6

资料来源：*Hotels*，Special Report：Hotels' 325，2013，www.hotelsmag.com.

---

① 被剔除的酒店集团为瑞士贝尔湾景酒店集团、海逸酒店集团、天伦国际酒店集团、富豪酒店集团和银河娱乐集团 5 家。

2. 模型构建

本研究根据泰勒提出的世界城市网络连锁网络模型（Interlocking Network Model）开展研究。

首先，构建酒店集团在某城市的数量矩阵（City – by – Firm Matrix）。以样本酒店集团在该城市的连锁酒店数量作为服务价值判定标准（表3—6），对各酒店集团的服务价值进行赋值。

表3—6　　　　　　　　酒店集团服务价值判定标准①

国际酒店集团在某城市的分布情况	服务价值判定标准
没有设立连锁酒店	0
规模较小（连锁酒店数量1—10 个）	1
规模一般（连锁酒店数量11—20 个）	2
规模中等（连锁酒店数量21—40 个）	3
规模较大（连锁酒店数量41—70 个）	4
规模非常大（连锁酒店数量71 个及以上）	5

其次，以城市群为单位将酒店集团的布局信息转化为 m 个企业在 n 个城市分布的数据库，城市 i 中酒店集团 j 的得分值被定义为酒店集团 j 在整个网络中的重要程度，用 V_{ij} 表示。酒店集团 j 作为基本连接点，V_{aj} 和 V_{bj} 分别表示 j 在 a 城市和 b 城市的重要度，可得到如下公式：

$$R_{abj} = V_{aj} \times V_{bj}(j = 1,2,\cdots,m)$$

$$R_{ab} = \sum_j R_{abj}$$

$$N_a = \sum_i R_{ai}(i = 1,2,\cdots,n;且 i \neq a) \tag{3—4}$$

$$L_a = N_a / \sum_i N_i$$

$$P_a = N_a / N_h$$

其中，R_{abj} 为 a、b 两个城市之间的网络连接度；R_{ab} 为 a、b 两城市总的网络连接度；N_a 为城市 a 在城市网络中与其他 $n-1$ 个城市的连接度；L_a

---

① 为便于比较，本研究对 Taylor 模型中的总部、区域总部指标改为以连锁酒店数量进行测度，不影响计算结果。

表示 N_a 与整个网络连接度总和之比；由于总的网络连接度数值庞大，L_a 值往往较小，不易比较，通常选用相对连接度作为衡量指标，一个城市的网络相对连接度越高，说明其融入全国城市网络中的特征越明显。以网络连接率最高的城市 N_h （值设为 1 ）为基准，得出单个城市的相对连接度 P_a。

3. 测度结果

（1）基本情况

13 个城市群的连接度和平均值见表 3—7。

表 3—7   13 个城市群的连接度和平均值

城市群名称	连接度	平均值	均值排名
辽中南	368	36.8	5
京津冀	1235	123.5	2
山东半岛	716	89.5	3
长三角	4590	286.9	1
武汉	57	11.4	13
长株潭	179	22.4	12
环鄱阳湖	264	29.3	10
中原	260	32.5	8
江淮	381	34.6	6
关中	167	33.4	7
川渝	383	25.5	11
海峡西岸	181	30.2	9
珠三角	748	83.1	4

依据城市群连接度平均值（表 3—7），可将城市群基于酒店业布局的层级结构划分为如下层级（表 3—8）。在各城市群中，长三角、京津冀、山东半岛和珠三角四个城市群的酒店业连接度和均值居于前列，属于旅游企业发展的优势地区。其中以长三角地区发展情况最优，连接度总值和均值皆居于全国首位，不仅是酒店业发展的优势区域，也是城市群内部旅游企业联系最为紧密、最为均衡的地区，具备成为国际范围内酒店城市群的实力；京津冀城市群是全国酒店业中心区域，山东半岛和珠三角次之；我国目前仍旧缺乏酒店业发展的优势潜力区域，其中 50—80 的层级为空白，

绝大多数城市群居于均值 30 左右，个别地域如武汉城市群内部连接度较弱，均值仅为 11.4，居于各城市群末位。

表 3—8　　　　　　　基于酒店集团布局的我国城市群网络层级

层级	连接度均值	城市群名称
第一层级	大于 200	长三角
第二层级	100—200	京津冀
第三层级	80—100	山东半岛、珠三角
第四层级	50—80	无
第五层级	30—50	辽中南、江淮、关中、中原、海峡西岸
第六层级	30 以下	环鄱阳湖、川渝、长株潭、武汉

（2）城市群区内与区际比较

笔者对城市连接度和拥有酒店数相对比（Ha）的一致性进行检验，以此衡量城市内酒店数多寡与该城市连接度的相关关系。环渤海地区的辽中南、京津冀和山东半岛三个城市群中，京津冀和山东半岛城市群内部各城市拥有的酒店数与连接度相对比基本保持一致，即同一酒店集团在这两大区域的布局具有较高的密度和均衡性；而在辽中南城市群内部，除沈阳与大连外，鞍山、抚顺等其他城市拥有酒店数的数量与城市联系度具有明显的不一致性，反映出各酒店集团在该城市群的分布以零散式布局为主，未能形成清晰的酒店业品牌层次和合理的网络结构（图 3—1）。

研究样本的 22 个酒店集团，2013 年在长三角城市群均有连锁分店布局，共计酒店数 1521 个，城市群内部各城市连接度与拥有酒店数的相对比具有较高的一致性，酒店业在城市连锁网络中具有较高的服务价值。其中，上海有 22 家酒店集团的 520 家分店，服务价值 126，网络连接值（$Na = 737$）最高，在上述指标均高于北京的情况：北京拥有 22 家酒店集团的 500 家分店，服务价值 117，网络连接值 372。北京和上海存在差距的主要原因在于上海拥有的酒店品牌的比例以及同一酒店品牌在长三角城市群布局的比例要高于北京及所在的京津冀城市群，使得以酒店集团服务价值为计算标准的城市网络连接度比较中，上海高于北京，上海已成为国内外酒店集团在我国布局的风向标，是我国酒店业发展的首位城市（图 3—2）。

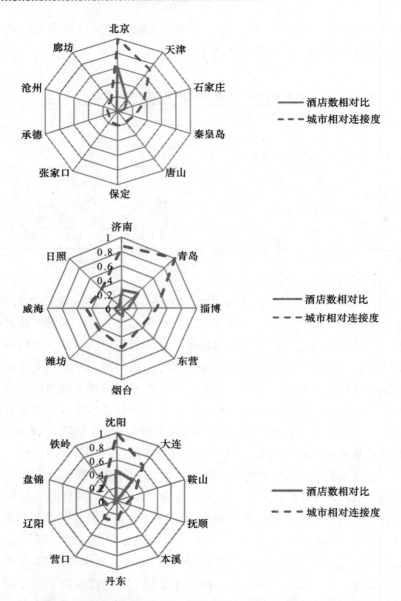

图3—1 环渤海地区三大城市群内部城市的 Pa 和 Ha 一致性

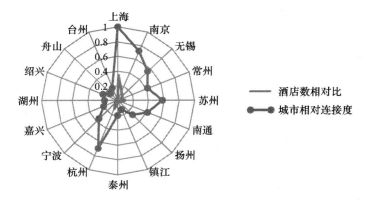

图 3—2　长三角城市群内部城市的 *Pa* 和 *Ha* 一致性

　　而在江淮城市群以及长江中游地区的城市群中，它们基于酒店集团的城市联系存在以下两个突出特征（图 3—3 和图 3—4）：一是 *Pa* 与 *Ha* 具有高度一致性；二是中心城市的计划作用极为突出，酒店集团普遍在省会城市优先布局抢占市场先机，其他城市则很少有分店分布，布局零散、城际联系水平低。

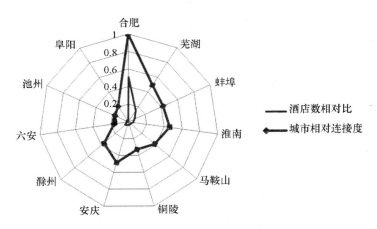

图 3—3　江淮内部城市 *Pa* 和 *Ha* 一致性

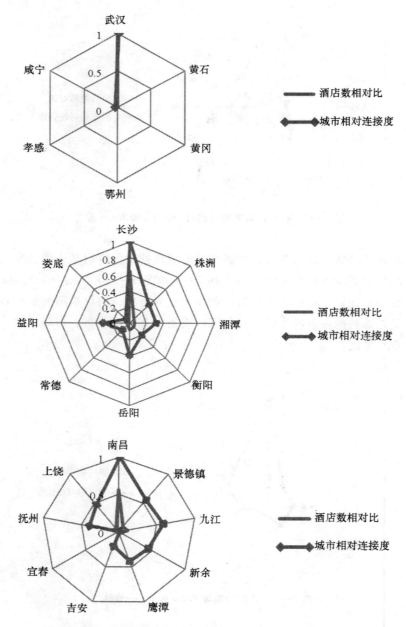

图 3—4　长江中游地区城市群内部城市 Pa 和 Ha 一致性

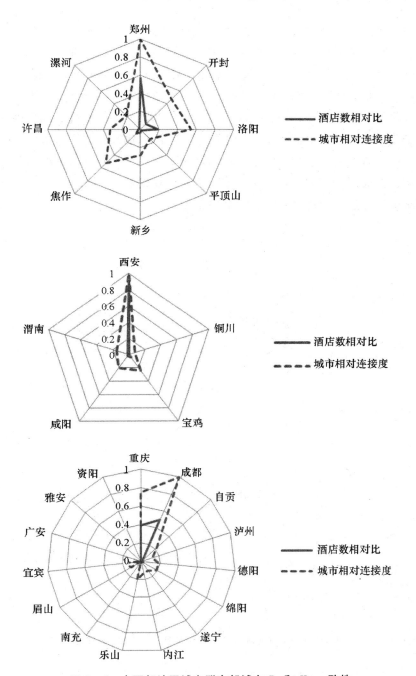

图3—5　中西部地区城市群内部城市 *Pa* 和 *Ha* 一致性

　　在中国的"中部崛起"战略中，中西部地区包含中原、关中和川渝三个城市群，其中中原、关中两个城市群的酒店数相对比曲线斜率接近于1，向心性高，中心城市极化效应突出，尤以关中城市群的情况最为突出。川渝城市群呈现以成都和重庆为中心的双核心结构，在绵阳、德阳、自贡等区内的二线城市中，Pa 和 Ha 值存在较为明显的不一致性。其原因主要在于我国以7天、锦江之星为代表的经济型酒店集团在川渝城市群的多数城市中皆有布局，形成了一定的城市联系，因而尽管各城市拥有的酒店数不多，但城际之间呈现弱联系，反映出酒店业发展除中心城市外，次级中心城市正在逐步形成过程中的发展特征。

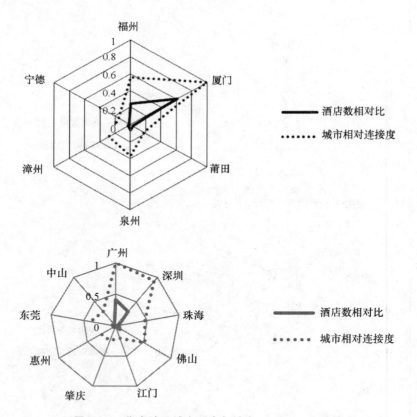

图 3—6　华南地区城市群内部城市 Pa 和 Ha 一致性

华南地区的两个城市群基于酒店集团布局的城市联系度与其他同级别城市群存在一定差异。不同于长江中游和中西部地区城市群以省会城市为中心城市的情况，海峡西岸城市群中的酒店业中心城市为厦门，拥有酒店数和城市连接度分别为 79 家和 71 家，大于另一中心城市福州的 31 家和 40 的规模，其原因在于厦门旅游业发展水平和效率优于福州：2013 年，厦门的旅游人数为 3191.52 万，略低于福州的 3193.01 万，但旅游总收入 510.9 亿元，远高于福州的 362 亿元，游客人均花费水平居于首位；在珠三角城市群中，广州与深圳的城市联系度相对比为 1 和 0.925，是各城市群中双中心城市结构中差别最小的一组（沈阳、大连为 1 和 0.6355，济南、青岛为 0.8789 和 1，福州、厦门为 0.5634 和 1，成都、重庆为 1 和 0.7478）。此外，佛山、珠海、东莞三地作为酒店业次级中心城市的地位日益突出，城市群内部的城市间联系度不断呈现多节点、均衡化连接态势。

4. 结论与评价

（1）基于酒店集团布局的城市网络已初步形成

酒店业布局已经从一线城市逐步向二、三线城市拓展，形成了一定规模的空间网络结构，通过布局的网络化达到客源市场空间接近、扩大服务半径和迎合服务对象多层次的目的。城市群之间和城市群内部城市之间的城市网络连接度存在较大差距，极核化现象较为普遍；此外，这种网络连接度主要是基于经济型酒店布局而形成的城市网络，因缺乏品牌层次性和合理结构而具有低端锁定特征。

（2）酒店集团总部经济效应突出

总部经济的本质特征在于企业总部在一地的集群式布局并形成合理的价值链分工，对于区内产业结构升级和区际经济协调发展具有溢出效应。在本研究中的 22 个酒店集团中，锦江之星、如家、汉庭在总部上海的分店数量分别占总数的 15%、7.5% 和 11.8%，呈现以上海为基地进行全国性布局而在各城市建立起较好的连接度；区域性酒店品牌如金陵集团、开元集团则主要以长三角城市群为拓展范围，这种地域的相似性和邻近性选址可以降低扩张风险，但也使得其影响力和构建的城市联系仅集中于较小的市场范围。

第三节　旅游市场条件

锡尔指数最早是由荷兰著名经济学家 Theil（1967）利用信息理论中的熵概念来计算收入的不平等性，最初是衡量个人之间或者地区之间收入差距的指标。本节选取锡尔指数模型衡量城市群旅游市场的差异程度，锡尔指数值越大，旅游市场差异就越大；反之，值越接近于 0 则越为均衡。锡尔系数可将区域间的总差异分解为组间差异和组内差异两部分，从而为观察和揭示组间差异与组内差异各自的变动方向和变动幅度，以及各自在总差异中的重要性及其影响提供便利。

$$T_{内} = \sum_{i=1}^{n} \frac{Y_{ij}}{Y_i} \ln \frac{Y_{ij}/Y_i}{N_{ij}/N_i} \tag{3—5}$$

$$T_{间} = \sum_{j=1}^{m} \frac{Y_i}{Y} \ln \frac{Y_i/Y}{N_i/N} \tag{3—6}$$

其中，$T_{内}$ 表示城市群内部城市间的旅游市场差异，$T_{间}$ 表示各城市群间的旅游市场差异。Y_{ij} 和 N_{ij} 分别为 i 城市群内 j 市的旅游收入和常住人口数；Y_i 和 N_i 分别为 i 城市群的旅游收入和常住人口；Y 和 N 分别为全国旅游总收入和总人口。

城市群锡尔指数测算结果见表 3—9。

表 3—9　　　　　　　　　　城市群锡尔指数测算结果

城市群名称	$T_{内}$	排名	$T_{外}$	排名
京津冀	0.365696498	2	0.366577	2
长三角	0.059507991	11	0.94714	1
珠三角	0.150884804	6	0.236187	3
辽中南	0.037358557	12	0.205171	4
山东半岛	0.044941243	13	0.146812	6
武汉	0.450779706	1	0.081096	8
长株潭	0.116864096	8	0.037108	12
环鄱阳湖	0.111239079	9	0.024749	13
江淮	0.210036347	4	0.071339	9
川渝	0.123365834	7	0.172483	5
中原	0.230366421	3	0.095775	7
海峡西岸	0.175129095	5	0.056104	10
关中	0.08085034	10	0.042771	11

城市群旅游市场锡尔指数的组内聚类如图 3—7 所示。

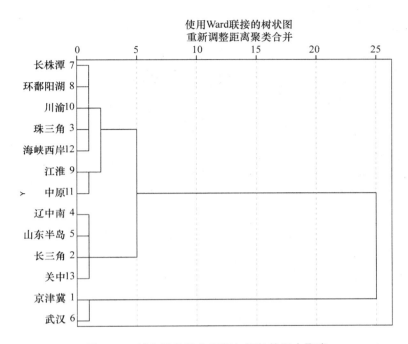

图 3—7 城市群旅游市场锡尔指数的组内聚类

　　笔者运用 SPSS 19.0 对测度结果进行聚类分析，按组内旅游市场均衡程度将城市群旅游市场分为三类。第一类为武汉（0.4508）和京津冀（0.3657）城市群，这两个城市群组内锡尔指数值最大，表明城市群内部市场差异最大，中心城市武汉和北京锡尔指数值分别达到 0.6162 和 0.4347，偏离 0 值幅度最大，旅游市场极化效应突出；第二类为环鄱阳湖（0.1112）、长株潭（0.1169）、川渝（0.1234）、珠三角（0.1509）、海峡西岸（0.1751）、江淮（0.2100）和中原城市群（0.2304）共 7 个城市群，锡尔指数值介于 0.1112 和 0.2304 之间，7 个城市群中又以中原和江淮两个城市群旅游市场发育非均衡特征显著，其余 5 个城市群内部旅游市场发育相对均衡；第三类为辽中南（0.0374）、山东半岛（0.0449）、长三角（0.0595）、关中（0.0809），组内旅游市场均衡值接近于 0，程度最优。必须指出的是，市场内部均衡并不意味着市场结构的优化，即内部的强势均衡和弱势均衡尚存在较大区别，不能以市场发育是否均衡作为衡量旅游市场条件优劣的唯一标准。在后续的研究中，笔者将进一步依托交通的时间可达性刻画城市群组内和组间的旅游市场条件，形成更为科学的衡量标准。

城市群旅游市场锡尔指数的组间聚类如图3—8所示。

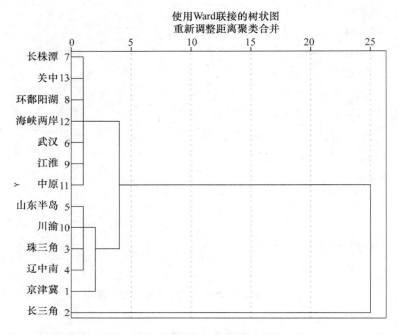

图3—8   城市群旅游市场锡尔指数的组间聚类

根据数据统计和组间聚类分析结果，按照城市群组间均衡程度将城市群旅游市场分为三类。第一类为长三角城市群，锡尔指数0.947，该城市群旅游收入和旅游人数对全国旅游市场的贡献率分别为51.2%和8%，居各城市群首位，以城市群为单位的区域旅游发展优势突出；第二类为山东半岛（0.1468）、川渝（0.1725）、珠三角（0.2362）、辽中南（0.2052）、京津冀（0.3666）5个城市群，锡尔指数介于0.1468—0.3666，该组旅游市场条件整体处于良好水平，其中京津冀城市群偏离均值程度最大，旅游收入和旅游人数对全国旅游市场的贡献率分别为26.1%和6.4%，居于组内首位；第三类为长株潭（0.0371）、关中（0.0428）、环鄱阳湖（0.0247）、海峡西岸（0.0561）、武汉（0.0811）、江淮（0.0713）和中原（0.0958）城市群，锡尔指数介于0.0247—

0.0958，与全国均值水平最为接近，从全国范围内看，旅游市场条件处于接近均衡的中等发展水平。

城市群旅游市场锡尔指数区内与区际同时聚类如图3—9所示。

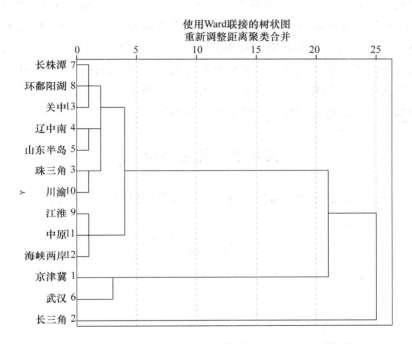

图3—9 城市群旅游市场锡尔指数区内与区际同时聚类

13个城市群区内、区际锡尔指数和变异系数如图3—10所示。

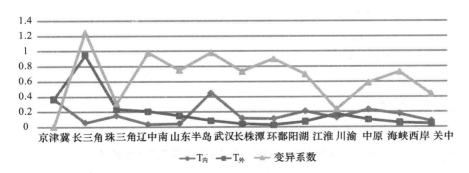

图3—10 13个城市群区内、区际锡尔指数和变异系数

将测算结果进行整体聚类以及进行变异系数测算后发现：第一，长三角城市群在内部旅游市场发育均衡度和在全国旅游市场地位中遥遥领先，已成为单独的城市群优势旅游区域类型。第二，在旅游市场的整体均衡程度方面，可以将其余 12 个城市群分为 5 组，具体为京津冀和武汉城市群；江淮、中原和海峡西岸城市群；珠三角和川渝城市群；辽中南和山东半岛城市群；长株潭、环鄱阳湖和关中城市群。京津冀城市群变异系数最低，即该城市群不仅组内而且组间都同时具有较高的极化特征，珠三角和川渝城市群次之，其余城市群的旅游市场发育均衡程度和变异水平则两两或三三相似，呈现弱势均衡特征，整体差异并不大。

第四节　综合评价

基于多系数的城市群旅游区域资源产业条件聚类如图 3—11 所示。

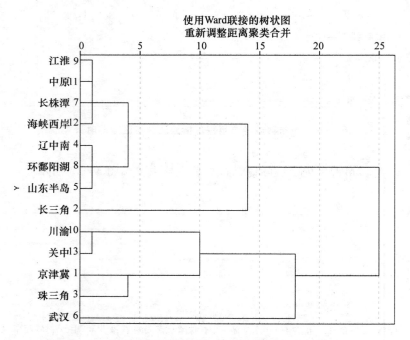

图 3—11　基于多系数的城市群旅游区域资源产业条件聚类

　　通过对城市群旅游区域的旅游资源基尼系数、旅游资源的城市首位度、旅游产业集中度、基于酒店集团布局的城市产业联系度、旅游市场锡尔指数①五项指标统一做聚类分析发现，13 个城市群整体上可以分为两大类，一类是川渝、关中、京津冀、珠三角和武汉 5 个城市群，该组的划分依据主要为中心城市在各项指标方面均具有极化特征，其中又以武汉城市群最为突出；另一类为江淮、中原、长株潭、海峡西岸、辽中南、环鄱阳湖、山东半岛和长三角 8 个城市群，该类的划分依据主要为各项指标在城市群内部发展相对均衡，其中又以长三角城市群的旅游综合发展水平均衡度最高，辽中南、环鄱阳湖和山东半岛 3 个城市群与江淮、中原、长株潭和海峡西岸 4 个城市群，前者呈现相对较强的均衡状态，而后者呈现弱势均衡状态。

---

　　①　该次聚类分析中多数指标为城市群内部的比较，为使选取的指标具有一致性，锡尔指数指标为城市群组内锡尔指数指标。

第四章 基于旅游结节性和时间可达性拟合的旅游场能测度

第一节 测度方法

目前国内对城市影响范围的划分主要有赖利（Reilly）的引力模型、康弗斯（Converse）的断裂点理论、Voronoi 图场能模型三种方法。引力模型是基于城市间的相互作用力与规模成正比、与距离的平方成反比来划分城市"等引力"边界线而得出城市影响范围；断裂点理论是对引力模型的扩展，将相邻两个城市间的吸引力达到平衡的点定义为断裂点（Breaking Point），将某一城市周围所有断裂点连接起来即可确定该城市的吸引范围，上述两种方法在确定城市间联系、城市等级体系、城市经济区中得到广泛应用。Voronoi 图是计算几何中的重要方法，其本质特征是"位于 Voronoi 图网格中的每一个点到该网格中心的距离都小于到其他网格中心点的距离"，这一几何特征使其特别适合于空间分割和邻域查询，在气象、地质、测绘等学科中得到广泛应用。场能模型是基于物理学场理论中的点质量引力势原理来刻画某质量物体对外吸引能力的大小，将点作为城市或任一经济客体，即可开展相应的势能差异研究。在理论上，假定在一匀质平面区域中分布多个城市，断裂点即为相邻两个城市连线的中点，将各断裂点相连即可得到常规的 Voronoi 图；将场强模型与 k 阶加权 Voronoi 图结合，运用 Arcgis 软件平台即可测算基于栅格成本距离的城市可达性、场强和场能。

旅游中心城市作为区域旅游发展的龙头，比外围城市更易获得政策、经济、信息等优势发展条件，从而在"龙头"与周围的地理空间中产生"势能差"；交通、通信设施是区域经济发展的轴线，这种"势能差"将沿着各种"通道"不断向外扩散，从而带动外围地区的发展。"空间场能"是接受"辐射源"能量并被辐射源所覆盖的能量空间，可抽象表达区域旅游发展"龙头"借助区域联系通道带动外围地区发展所形成的空间"势能"①。本研究构建旅游中心城市的结节指数（nodality）用以表征"辐射源"的能量值，运用区域可达性表征"辐射源"能量向外围扩散的难易程度以及各种生产要素流动的便捷程度，由此而形成综合考虑中心城市结节性指数与区域可达性的 k 阶数据场模型，用以模拟多个"辐射源"所覆盖空间的叠加"势能"②。

第二节　旅游结节性

不同于"中心性"（centrality）这一反映中心地等级高低的指标，"结节性"（nodality）反映的是区域中一个或多个中心节点的经济运行依赖于中心节点与周边地区之间的相互作用的程度，是区域内聚力强度的反映。

一　评价体系构建

构建旅游中心城市结节性评价指标体系，共分为 4 个系统层、8 个状态层、21 项因子指标进行测算（表4—1）。数据来源于 2012 年度《中国城市统计年鉴》、2013 年度《中国区域经济统计年鉴》、2012 年度《中国旅游景区发展报告》、2013 年《中国旅游统计年鉴》（正本和副本）、携程网（截至 2013 年 10 月）以及 2013 年各省的统计年鉴和相关行业报告。

表 4—1　　　　　　　旅游中心城市结节性评价指标体系

系统层	状态层	因子层	单位
社会经济系统	经济规模	人均地区生产总值	元
		社会消费品零售总额	亿元
		当年实际利用外资总额	万美元
		城镇居民人均可支配收入	元
		农村居民人均纯收入	元

①　参见关兴良、方创琳、罗奎《基于空间场能的中国区域经济发展差异评价》，《地理科学》2012 年第 9 期。

②　参见鲁莎莎、关兴良、王振波等《基于可达性与数据场的长三角经济区空间场能》，《地理研究》2013 年第 2 期。

续表

系统层	状态层	因子层	单位
旅游经济系统	旅游资源水平	A 级景区数量	个
	旅游产业水平	星级酒店及经济型酒店数量	家
		住宿、餐饮从业人员数	万人
		住宿和餐饮营业额	亿元
	旅游市场水平	入境旅游收入	万美元
		国内旅游收入	亿元
		旅游总人数	万人次
	旅游环境质量	人均城市道路面积	平方米
		公园绿地面积	公顷
		空气质量达标（API＜100）天数	天
		污水集中处理率	％
基础设施系统	交通水平	铁路客运量	万人
		公路客运量	万人
		公路里程	千米
科教文化系统	科教人才	每万人在校大学生数	人
	研发支持	地方财政科学技术支出	万元

为消除不同指标量纲差异的影响，使各城市的结节性指数具有可比性，本研究采取极值法对原始数据进行标准化处理，公式为

$$X'_{kj} = \frac{X_{kj} - X_{j\min}}{X_{j\max} - X_{j\min}} \times 100\% \tag{4—1}$$

其中，k 为样本数，j 为指标数，k 的取值依各城市群的城市数而定，j 的取值为 21；X_{kj} 为指标的原始数据，X'_{kj} 为第 k 个城市第 j 个指标无量纲化处理后的新值；$X_{j\max}$ 和 $X_{j\min}$ 分别为各城市中同一指标的最大值和最小值。

二　主成分分析

主成分分析是一种用低维数据反映高维数据之间关系的线性降维方法，通过数据的压缩实现简单、直观的提取，解释信息的目的，能够有效解决多个变量间因信息重复而造成的多元共线性问题。其中，特征值（eigenvalue）表示引入该主成分后解释原始变量的力度，一般用特征值大

于 1 作为纳入标准；方差贡献率 $\dfrac{\lambda_i}{\sum\limits_{i=1}^{p}\lambda_i}$，用以表示主成分的方差在全部方

差中的比重，值越大表示该主成分综合原始变量信息的能力越强；累积方

差贡献率 $\sum\limits_{i=1}^{k}\left(\dfrac{\lambda_i}{\sum\limits_{i=1}^{p}\lambda_i}\right)$ 表示前 k 个主成分共提取了原始变量多少信息，如

果前 k 个主成分的累计贡献率达到 85%，则表明提取的这 k 个主成分基本
包含了全部测量指标的所有信息，一般取累积方差贡献率达到 70% 以上 λ
大于 1 的特征值对应全局主成分即可。

　　为检验所选取的指标变量是否适宜主成分分析，采用 KMO（Kaiser –
Meyer – Olkin）和 Bartlett 球形检验法（Bartlett's Test of Sphericity）进行判
断。其中，KMO 检验用于检查变量间的篇相关性，取值为 0—1，KMO 统
计量在 0.5 以下时不能接受，在 0.7 以上时效果比较好，越接近于 1，变
量间的偏相关性越强，即可认为原始变量适宜做主成分分析；Bartlett 球
形检验用以检验变量间的相关性，显著性小于 0.01，则表明拒绝相关性
假设，原始变量适宜做主成分分析。经检验，本研究中的原始数据通过
KMO 和 Bartlett 球形检验（表 4—2），可以进行主成分分析。

表 4—2　　　　　　　　　　　KMO 和 Bartlett 球形检验结果

取样足够度的 Kaiser – Meyer – Olkin 度量		.822
Bartlett 的球形度检验	近似卡方	3200.780
	df	210
	Sig.	.000

　　经过对 13 个城市群 125 个城市的 21 项指标进行测算，得到全局特征
值和累积贡献率。按照特征值大于 1 且重要程度从大到小依次排列原则，
前 4 个因子的散点位于陡坡上，作用明显；其余因子的散点形成了平台，
影响不明显（图 4—1）。因此可将前 4 个因子提取为本研究的 4 个主成
分，其中第 1 主成分的方差占所有主成分方差的 50.697%，贡献率最大；
4 个主成分的累积贡献率达到 75.385%，其包含的原始数据信息量大于一
般标准的 70%（表 4—3）。这 4 个主成分已足够描述旅游中心城市结节
性，因此原有的 21 项指标可用此 4 个主成分代替，实现降维目的。

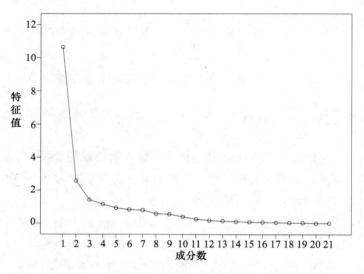

图4—1　公因子碎石图

表 4—3　　　　　　　　　　　　主成分特征值及贡献率

成分	初始特征值			提取平方和载入		
	合计	方差率/%	累积率/%	合计	方差率/%	累积率/%
1	10.646	50.697	50.697	10.646	50.697	50.697
2	2.581	12.289	62.987	2.581	12.289	62.987
3	1.438	6.849	69.836	1.438	6.849	69.836
4	1.165	5.550	75.385	1.165	5.550	75.385

　　为对提取的主成分进行合理解释，需通过主成分系数矩阵对 4 个主成分的载荷量进行分析（表4—4）。在第 1 主成分中，国内旅游收入、星级酒店及经济型酒店数量、住宿和餐饮营业额、住宿和餐饮从业人员数、公园绿地面积 5 项指标远高于其他指标，且主要反映的是旅游产业发展水平，因此将第 1 主成分命名为"旅游产业发展"，用于表达各城市旅游经济发展水平；第 2 主成分中，人均地区生产总值、农村居民人均纯收入、城镇居民人均可支配收入 3 项指标远高于其他指标，且主要反映的是经济社会发展状况，因此将第 2 主成分命名为"社会经济发展"，用于表达各城市的社会经济发展水平；第 3 主成分中，公路里程、污水集中处理率、人均城市道路面积 3 项指标远高于其他指标，且主要反映的是城市基础设

施条件，因此将第 3 主成分命名为"城市基础设施"；第 4 主成分中，空气质量达标天数指标高于其他指标，且主要反映的是城市旅游业发展的环境状况，因此将第 4 主成分命名为"旅游环境质量"（表 4—5）。

表 4—4　　　　　　　　　　各主成分的载荷矩阵

选取的指标	成分			
	1	2	3	4
人均地区生产总值	.561	.681	.079	.076
社会消费品零售总额	.689	−.276	−.345	−.071
城镇居民人均可支配收入	.675	.612	.004	.095
农村居民人均纯收入	.563	.657	−.043	.123
当年实际利用外资总额	.795	−.020	.200	.135
A 级景区数量	.794	−.327	.172	.004
星级酒店及经济型酒店数量	.941	−.019	−.038	−.084
住宿、餐饮从业人员数	.912	−.183	−.241	−.054
住宿和餐饮营业额	.939	−.113	−.235	−.015
入境旅游收入	.866	.145	−.310	.102
国内旅游收入	.951	−.120	−.050	−.044
旅游总人数	.849	−.328	.234	.017
人均城市道路面积	.161	.567	.387	.046
公园绿地面积	.901	−.100	.078	.164
空气质量达标（API＜100）天数	−.290	.180	−.216	.669
污水集中处理率	.160	.211	.384	.114
铁路客运量	.586	.043	.219	−.385
公路客运量	.698	−.075	.222	.338
公路里程	.285	−.631	.593	.269
每万人在校大学生数	.516	.334	.213	−.512
地方财政科学技术支出	.849	−.106	−.361	.050

表 4—5　　　　　旅游中心城市结节性基础成分及构成要素载荷

基础成分	构成要素	基础成分	构成要素
旅游产业发展	国内旅游收入 0.951	社会经济发展	人均地区生产总值 0.681
	星级酒店及经济型酒店数量 0.941		农村居民人均纯收入 0.657
	住宿和餐饮营业额 0.939		城镇居民人均可支配收入 0.612
	住宿、餐饮从业人员数 0.912	城市基础设施	公路里程 0.593
	公园绿地面积 0.901		污水集中处理率 0.384
旅游环境质量	空气质量达标天数 0.669		人均城市道路面积 0.387

根据各主成分解释的方差占原始指标变量方差的比重，计算各主成分的权重，并以此构建各主成分分析模型［公式（4—2）］。经计算，各公因子的方差权重分别为 67.25、16.30、9.1 和 7.4，则公式（4—2）可转换为公式（4—3），F 即为各城市的旅游中心结节性。

$$F = W_1 F_1 + W_2 F_2 + W_3 F_3 + W_4 F_4 \tag{4—2}$$

$$F = 67.25 F_1 + 16.30 F_2 + 9.1 F_3 + 7.4 F_4 \tag{4—3}$$

三　旅游中心城市结节性测度与评价

根据前文的分析过程，旅游中心城市的结节性指数可用公式表达为

$$Z_k = \sum_{i=1}^{M} \left[A_i \times \sum_{j=1}^{21} C_{ij} \times X'_{kj} \right] \tag{4—4}$$

其中，Z_k 为城市 K 的结节性指数，A_i 为第 i 个主成分的贡献率，M 为提取的主成分个数，C_{ij} 是第 i 个主成分在第 j 个变量上的载荷。经计算可得出各城市群内部的旅游中心结节性和城市群之间旅游结节性均衡程度。

1. 城市群之间的旅游结节性比较

城市群之间旅游中心城市结节性比较见表 4—6。

表 4—6　　　　　城市群之间旅游中心城市结节性比较

城市群名称	最大值	最小值	均值	标准差	变异系数
辽中南	82.95	18.73	36.45	23.21	0.64
京津冀	337.61	19.73	67.56	99.17	1.47
山东半岛	85.20	30.26	49.66	17.99	0.36

续表

城市群名称	最大值	最小值	均值	标准差	变异系数
长三角	286.80	27.51	76.59	65.10	0.85
武汉	110.79	14.35	32.76	38.25	1.17
长株潭	89.98	16.03	36.63	23.74	0.73
环鄱阳湖	42.35	15.99	22.65	8.08	0.36
中原	73.34	16.42	29.48	19.15	0.65
江淮	56.73	16.15	25.26	11.79	0.45
关中	89.49	10.66	31.48	32.72	1.04
川渝	165.70	12.24	33.03	44.31	1.34
海峡西岸	51.30	17.72	40.00	25.05	0.63
珠三角	207.24	27.10	77.52	65.46	0.84

在各城市群中，旅游结节性程度最高的城市群分别为京津冀、川渝、武汉城市圈和关中城市群，变异系数分别为 1.47、1.34、1.17 和 1.04，四个城市群变异系数皆大于 1，表明组内变动性非常强，中心城市居于绝对的主导地位，尤其是在京津冀城市群中，城市结节性最大值是最小值的 20 余倍，组内旅游结节性水平差异显著。珠三角、长三角城市群内部均值居于前列且变异系数小于 1，城市群内部旅游业发展水平相对均衡，区域中心城市与次级城市间的旅游业发展差距较小，处于旅游业发展水平的相对强势均衡状态；其余的大部分城市群结节性指数均值为 30—40，变异系数小于 1，处于旅游业发展水平的弱势均衡状态，即中心城市的辐射带动作用与次级城市的旅游业增长均未实现显著性突破。

从空间格局上来看，东部沿海地区的城市群旅游结节性均值最高，西部地区的川渝、关中两个城市群旅游结节性次之，中部地区城市群旅游结节性最小。这一结果与其他学者以社会经济结节性测度结果存在一定差异，即在社会经济发展水平方面，东中西三大区域呈现"反自然梯度"的特征，从东至西经济发展水平梯度递减。而在本研究中，西部地区城市群旅游结节性测度结果明显优于中部地区，主要与我国西部地区较高的旅游资源禀赋和旅游市场基础有关。

2. 城市群内部的旅游结节性比较

环渤海地区城市群内部旅游中心城市结节性见表4—7。

表4—7　　　　　　环渤海地区城市群内部旅游中心城市结节性

辽中南	结节性	排名	京津冀	结节性	排名	山东半岛	结节性	排名
沈阳	82.95	1	北京	337.61	1	济南	66.08	2
大连	76.79	2	天津	116.18	2	青岛	85.20	1
鞍山	31.70	3	石家庄	44.60	3	淄博	41.73	5
抚顺	24.60	7	秦皇岛	35.26	4	东营	38.33	7
本溪	23.17	9	唐山	31.36	5	烟台	52.95	3
丹东	26.53	6	保定	26.12	6	潍坊	38.40	6
营口	26.65	5	张家口	19.73	10	威海	44.30	4
辽阳	23.48	8	承德	21.63	8	日照	30.26	8
盘锦	29.93	4	沧州	20.80	9			
铁岭	18.73	10	廊坊	22.33	7			

京津冀城市群中，北京的旅游首位城市地位增强了区域辐射带动能力，同时也强化了区域内部的"虹吸"和"屏蔽"效应，城市群内部旅游产业发展水平、社会经济发展、城市基础设施和旅游环境质量四大主要指标方面具有典型的单一极核化特征。以京津冀地区共有的长城景区为例，2014年"十一"期间，北京八达岭长城人满为患，而承德市金山岭长城和天津市蓟县黄崖关长城则游客寥寥，长城景区的冷热不均、两极分化现象已成为京津冀地区旅游业因中心城市集散功能不足、外围城市产品雷同而呈现同质化竞争格局的缩影。建立定位明确、分工合理、有效协作的协同与一体化发展体系已成为京津冀城市群旅游业发展面临的首要任务。

在辽中南和山东半岛城市群内部，均呈现"双中心"的旅游结节性水平，两个中心城市的结节性水平相当。其中，辽中南城市群内部中心城市的结节性水平明显高于其他城市，区域次级旅游中心城市尚未发育成熟，各城市的旅游吸附能力不足；山东半岛城市群中，旅游城市结节性水平差异较小，变异系数0.36，发展水平较为均衡，烟台、威海、潍坊、淄博作为次级旅游中心城市的地位日渐形成，区内多中心、网络化的旅游业发展格局已初具规模。

长三角城市群内部旅游中心城市结节性见表4—8。

表4—8　　　　　　　长三角城市群内部旅游中心城市结节性

长三角	结节性	排名
上海	286.80	1
南京	117.39	3
无锡	81.56	5
常州	52.85	7
苏州	102.28	4
南通	39.15	14
扬州	40.23	12
镇江	40.71	11
泰州	27.51	16
杭州	144.42	2
宁波	73.04	6
嘉兴	44.00	10
湖州	38.11	15
绍兴	48.76	8
舟山	48.47	9
台州	40.10	13

长三角具备世界级城市群旅游区域的发展潜质和优势，2014年我国GDP超过63万亿元，长三角仅核心区16个城市GDP总量便突破10万亿元，占全国的15.8%，且年增速均值达到9.0%。目前，长江三角洲城市群已成为中国城市化程度最高、城镇分布最密集、经济发展水平最高的地区，并已成为国际公认的六大世界级城市群之一，强大的经济发展水平高效地支撑了地方旅游经济的发展。

目前，长三角城市群已经初步形成国际（International）—国家（National）—区域（Regional）—地方（Local）四个级别的旅游网络体系。其中，上海旅游结节性程度最高，是排名第二位城市杭州的两倍，以第一主成分中的国内旅游收入、星级酒店及经济型酒店数量、住宿和餐饮营业额、住宿和餐饮从业人员数、公园绿地面积五项指标进行比较，2013年上海在上述指标中均位于区内首位，旅游业发展水平最高，产业集聚能力最强。区内以杭州、南京、苏州为代表的国家级旅游中心城市和以无锡、宁波、常州为代表的区域性旅游中心城市发展日趋成熟，其他城市如绍兴、舟山、嘉兴等结节性指数节高于全国均值，作为地方性旅游中心城市成长潜力巨大。整体而言，长三角城市群较高的区域旅游协同发展水平，进一步提升了南京、苏州、无锡、杭州、宁波等区域性中心城市的旅游综合承载能力、服务功能和辐射带动能力。

江淮城市群的旅游城市结节性见表4—9。

表4—9　　　　　　　　　江淮城市群的旅游城市结节性

江淮	结节性	排名
合肥	56.73	1
芜湖	31.02	2
蚌埠	18.36	8
淮南	16.87	10
马鞍山	26.80	4
铜陵	22.29	5
安庆	21.13	7
滁州	17.91	9
六安	29.46	3
池州	21.17	6
阜阳	16.15	11

相比于长三角城市群，江淮城市群内部各城市的结节性程度均较差，首位城市合肥的旅游结节性仅处于全国平均水平，其他城市旅游发展则普遍低于全国旅游城市结节性均值，缺乏具有全国吸引力的旅游城市，未能形成有效分工协作的旅游城市网络体系，承接长三角的旅游能量转移是其迅速提升旅游结节性水平的重要途径。

长江中游城市群的旅游中心城市结节性见表4—10。

表4—10　　　　　　　　　长江中游城市群的旅游中心城市结节性

武汉	结节性	排名	长株潭	结节性	排名	环鄱阳湖	结节性	排名
武汉	110.79	1	长沙	89.98	1	南昌	42.36	1
黄石	17.85	4	株洲	31.10	2	景德镇	22.01	4
黄冈	18.30	2	湘潭	22.41	6	九江	26.17	
鄂州	17.36	5	衡阳	29.82	3	新余	22.59	2
孝感	14.35	6	岳阳	27.83	4	鹰潭	17.37	8
咸宁	17.92	3	常德	24.54	5	吉安	17.77	7
			益阳	19.32	7	宜春	17.77	
			娄底	16.03	8	抚州	15.99	6
						上饶	21.78	5

　　武汉城市群内武汉市旅游结节性指数最高，黄冈、咸宁等城市旅游结节性指数远低于国内平均值，在圈层内部和全国范围内处于边缘地位，次级中心城市明显断层，城市旅游网络未能有效发育，具有典型的一城独大特征。长株潭城市群内部的长沙、株洲、湘潭形成的区域经济"金三角"并未能在旅游结节性方面形成稳固性，主要表现为湘潭在旅游结节程度方面居于区内后位，旅游客源吸附能力不强，与整体经济发展水平不相符。环鄱阳湖城市群各城市的结节性程度最低，首位城市南昌低于武汉和长沙，其他城市旅游发展则普遍低于全国旅游城市结节性均值，属于长江中游城市群的旅游弱势区域。

　　中西部地区城市群内部旅游中心城市结节性见表4—11。

表4—11　　　　　中西部地区城市群内部旅游中心城市结节性

中原	结节性	排名	关中	结节性	排名	川渝	结节性	排名
郑州	73.34	1	西安	89.49	1	重庆	165.70	1
开封	21.51	4	铜川	10.66	5	成都	112.54	2
洛阳	40.13	2	宝鸡	20.47	3	自贡	18.06	6
平顶山	20.66	5	咸阳	21.44	2	泸州	14.62	13
新乡	20.17	6	渭南	15.33	4	德阳	17.53	7
焦作	24.40	3				绵阳	23.37	3
许昌	19.19	7				遂宁	15.17	11

中原	结节性	排名	关中	结节性	排名	川渝	结节性	排名
漯河	16.42	8				内江	13.77	14
						乐山	19.89	4
						南充	16.16	9
						眉山	14.77	12
						宜宾	19.32	5
						广安	15.47	10
						雅安	12.24	15
						资阳	16.79	8

中西部地区的三个城市群中，旅游首位城市作用突出，成为各自区内具有全国乃至世界范围旅游吸引力的核心节点，但普遍存在区内次级旅游中心城市发育不足的问题。川渝城市群中的重庆、成都形成的双中心城市旅游结节性远高于多数的双中心城市，旅游产业发展水平较高，成为西部地区游客吸附能力最强的城市，但是区内其他城市旅游结节性水平不高，均处于全国平均水平以下，且波动幅度较大，最优和最差相差10倍多，关中城市群存在类似问题，城市旅游结节性非均衡特征明显。中原城市群中郑州、洛阳结节性水平高于全国平均水平，但整体旅游吸引力不足。

华南地区城市群内部旅游中心城市结节性见表4—12。

表4—12　　　　华南地区城市群内部旅游中心城市结节性

海峡西岸	结节性	排名	珠三角	结节性	排名
福州	51.30	2	广州	207.24	1
厦门	84.45	1	深圳	167.72	2
莆田	21.66	5	珠海	48.95	5
泉州	39.08	3	佛山	53.02	4
漳州	25.81	4	江门	30.78	8
宁德	17.72	6	肇庆	27.10	9
			惠州	38.24	6
			东莞	86.50	3
			中山	38.14	7

珠三角城市群内部，广州、深圳的旅游结节性居于全国第三位和第四位，是华南地区的旅游中心城市。2012 年珠三角地区珠海、佛山、东莞三市的人均地区生产总值分别为 9.50 万元、9.11 万元和 6.04 万元①，而在本研究中东莞的旅游中心结节性突出，明显优于人均 GDP 较高的珠海和佛山，主要原因在于东莞的酒店业较为发达，截至 2013 年 10 月，酒店数量 396 家，高于珠海和佛山的 245 家与 258 家，其中五星级酒店数量 24 家，居全国第三位，而旅游结节性测度时第 1 主成分中星级酒店和经济型酒店贡献率较高。海峡西岸城市群中，厦门、福州、漳州旅游结节性高于全国均值，其中厦门的旅游结节性指数 84.45 与青岛 85.2、大连 76.79 等副省级城市相比差别不大，皆高于所在区域的省会城市。

第三节　时间可达性

一　数据来源

交通网络是区域可达性测度的基础，本书主要依托陆路和水路交通网络进行。道路（包括一般铁路、高速铁路、高速公路、国道、省道、一般道路）数据根据 2011 年 1:450 万交通全图矢量化得到。对于 2011 年以后新开通的高铁线路，根据 2008 年我国调整后的中长期铁路规划，选取截至 2013 年 12 月 31 日开通的"四纵四横"快速网线路（表 4—13），利用 Google Earth 对各段高铁进行截图、拼图、配准、矢量化后得到。其中宜万、渝利、厦深三条铁路截至 2014 年 8 月底在 Google Earth 上仍未有线路更新数据，本书采用寻找铁路沿线途经乡镇坐标的方式在底图上逐一绘制完成，与实际线路的精确走向肯定会存在误差，但已经是目前能获取到的较为准确的线路图。行政区边界、居民地、河流等数据来源于国家基础地理信息中心 1:400 万矢量数据，在内河航运通道选择上，鉴于目前我国的水路航运主要以货运为主，本书在选取河流的时候主要选取了具有客运通航功能的长江、珠江、黑龙江三大水系。在处理全国数据时为了保持等面积性，特将各类图形数据统一投影到 Albers 等积割圆锥投影系，地理坐标和投影坐标分别选取 Krasovsky 1940 和 Albers。

---

① 参见《2013 年广东统计年鉴》，中国统计出版社 2013 年版。

表4—13　　　　　　　　　2008年以来我国开通的高速铁路

"四纵"客运专线	京沪高速铁路（2011/06/30）、合蚌客运专线（2012/10/16）、京石客运专线（2012/12/20）、石武铁路客运专线（2012/12/20）、武广客运专线（2009/12/26）、广深港高速铁路（2011/12/26）、哈大客运专线（2012/12/01）、盘营客运专线（2013/9/12）、杭甬客运专线（2013/7/1）、甬台温铁路（2009/09/28）、温福铁路（2009/09/28）、福厦铁路（2010/04/26）、厦深铁路（2013/12/28）
"四横"客运专线	郑西客运专线（2010/02/06）、西宝客运专线（2012/12/15）、沪杭城际高速铁路（2010/10/26）、杭长客运专线（2013/06/30）、胶济客运专线（2008/12/20）、石太客运专线（2009/4/01）、沪宁高速铁路（2010/7/01）、合宁客运专线（2008/4/18）、合武铁路客运专线（2009/4/01）、汉宜高速铁路（2012/7/01）、宜万铁路（2010/12/22）、渝利铁路（2013/12/28）、遂渝铁路二线（2012/12/30）、达成铁路（2009/07/07）

二　原理与模型

1. 原理表述

人类生产、生活、游憩等各种经济活动皆需克服一定的空间距离阻隔才能完成。大卫·哈维在其著作《地理学的解释》中提道："距离不能独立于某种活动之外而确定，因此度量是为活动和物体的影响所决定的，这种距离概念纯粹是相对性的。"[①]　距离（Distance）在空间分析中的含义非常广泛，不仅代表两点之间的直线长度（欧氏距离）或自然距离，还可以表述多种函数距离（如时间距离、成本距离等）。其中，成本即到达目的地的花费，包括时间、金钱、摩擦、消耗等，成本距离在空间分析中是记录每个栅格到距离最近、成本最低的源（离散的点、线、面要素）的最少累加成本，成本距离加权对于研究游客出行行为、道路、通信等管线布设的最低耗费成本具有重要价值。

可达性（Accessibility）是指在一定空间范围内可获得或接近的目标对象的数量多少或克服空间阻力到达目标的难易程度。可达性反映出个体获取空间机会的能力大小，以最小的活动量获得最大的接近机会来表示可达性成本最优。在区域分析中，它既包含区域中其他各城市到达某一城市的便利性，也包含该城市到达其他城市的便利性。

目前对空间可达性的测算方法可以分为空间阻隔（Space Separation）、机会累积（Cumulative – Opportunity）和空间相互作用（Spatial Interac-

---

　①　参见徐旳、陆玉麒《高等级公路网建设对区域可达性的影响——以江苏省为例》，《经济地理》2004年第6期。

tion）三种，本书采用空间相互作用这一最为常用的可达性计算方法。这种方法认为可达性是指到达活动目的地的难易程度，它不仅受到两点空间阻隔的负向影响，而且还受到该点活动规模大小的正向影响[1]，从而将经济客体的大小和集聚程度（代表中心城市结节性）、土地利用的空间分布（代表城市的服务功能和发展机会）和交通系统性能（代表出行成本）三个影响可达性的主要要素有效、有机地结合。

梁中（2002）将区域可达性（Regional Accessibility）表述为区域内经济客体之间相互作用与联系的"便捷程度"，区域可达性可以准确反映经济客体间相互作用的势能，这种势能表现为区域经济间的社会经济联系强度和一个区域对其他区域的影响（带动、促进或竞争、抑制）可能性的大小。并将区域可达性的函数关系定量表述为[2]

$$T_i = \sum_{j=1,j\neq i}^{j=n} P_{ij}^R f(d_{ij}) \tag{4—5}$$

$$P_{ij}^R = \frac{1}{2}(P_{ij} + P_{ij}^*) \tag{4—6}$$

假设 a_i 为区域 A 中的 n 个经济客体，其中，T_i 表示经济客体 a_i 的可达性，P_{ij}^R 定义为客体 i 到客体 j 相互作用的概率，P_{ij} 和 P_{ij}^* 分别表示仅考虑客体 i 自身综合实力大小情况下和仅考虑区域内非评价城市情况下客体 i 对客体 j 产生影响的概率，d_{ij} 表示其他客体到客体 i 的距离，$f(x)$ 是满足吸引可达性（Attraction Aceessibility）公理框架的函数，如负指数函数、高斯函数、最短路径函数、费用最小函数等。则区域 A 的整体可达性 T 可表示为[3]

$$T = \frac{1}{n}\sum_{i=1}^{n} T_i \tag{4—7}$$

其中 T 是该点集内所有点的可达性界的算术平均，T 和 T_i 的单位均来自 $f(d_{ij})$，可以是距离、时间、费用等单位。

在以成本来描述可达性的空间分析中，Arcgis 可以将距离、时间、费用等指标建立地理信息库，将时间与地点、路径与费用、疲劳程度与里程

①　参见刘贤腾《空间可达性研究综述》，《城市交通》2007 年第 6 期。

②　参见梁中《基于可达性的区域空间结构优化研究》，硕士学位论文，南京师范大学，2002 年。

③　参见张玺《基于出行方式的城市交通可达性研究》，硕士学位论文，西南交通大学，2008 年。

和交通方式选择相联系，由此可以直观、有效地反映出每个节点在区域中的地位以及每个节点的最大服务/辐射范围，是测度可达性及其成本的最有效的空间分析工具，本文就是采用 GIS 中基于栅格数据的成本距离法（Weighted Cost Distance）测度区域可达性。

2. 模型构建

首先对不同交通方式的行进速度进行赋值。在不同的地表类型上，交通出行方式的选择和出行速度也存在较大差异，根据我国不同类型、等级道路的行车速度标准，并参考王丽等（2011）、鲁莎莎（2013）和潘竟虎（2014）的研究成果，设定不同交通方式的行进速度即可得出相应的时间成本。此外，将没有道路通过的连续陆地设定默认出行速度 10 千米/小时，河流的平均通行速度以长江中的邮轮设计静水速度 26 千米/小时为标准，则可得到相应的速度标准和时间成本参考值（表4—14）：

表4—14　　　　2013 年不同交通方式的行进速度和时间成本标准

交通方式	高速铁路	高速公路	一般铁路	国道	省道	普通道路	河流	陆地
速度（km/h）	250	120	100	80	60	50	26	10
时间成本（h/km）	0.004	0.0083	0.01	0.0125	0.0166	0.02	0.03846	0.1

然后矢量数据转栅格。用 1 千米×1 千米的栅格网把全部矢量数据转为栅格数据（1 千米约等于 32″），设定每一个栅格单元通行方式均沿着最低累计成本路径到达最近源的路线方向行进。矢量要素层转为栅格数据后，用每个栅格去切割道路，并根据栅格内每个道路的等级和长度计算每个栅格的道路总长度，进而得到单位栅格空间的道路密度和通过该栅格的时间值[1]。再将各图层的栅格数据进行空间叠加、重分类后得到每个像元到达源像元所需要花费的时间成本，从而生成各个城市的可达性扩散范围。

最后计算时间可达性。以城市群的空间范围为单位，通过运用 Arc-gis 空间分析模块中的提取分析——按掩膜提取，得到以城市群为单位的各城市在不同时间段内的可达范围，即为各城市的时间成本距离。本

---

① 参见王丽、邓羽、刘盛和等《基于改进场模型的城市影响范围动态演变——以中国中部地区为例》，《地理学报》2011 年第 2 期。

研究中的综合可达性指数模型可以公式（4—8）表达。其中，W 为栅格中第 i 种交通方式的出行速度；l 为栅格中第 i 种道路的长度；n 为栅格内交通方式的数量；D 为栅格内道路总长度；S 为单位栅格空间，此处为 1 平方千米；ρ 为道路密度；L 为栅格内所有道路的总长度；T 为通过栅格的时间。

$$D = \sum_{i=1}^{n} W_i l_i$$
$$\rho = \frac{D}{S} \qquad\qquad (4—8)$$
$$T = \frac{L}{\rho}$$

三 城市群可达性测度与评价

本书为中观尺度的城市群交通可达性研究，为便于比较各城市群内部和城市群之间可达面积的大小，本书以 0.5 小时为单位，对城市群内部各城市基于成本距离的时间可达性进行细致划分，以此确定并分析划分各城市及所在城市群的"旅游时间圈层"。在各个城市群一体化进程加快的情况下，打造"一小时生活圈""两小时工作圈""三（四）小时经济圈"成为各城市群交通规划的重要发展目标，其中"旅游圈"属于经济圈范畴，在城市群内部而言，既包含 1—2 小时的环城游憩，也包含 3—4 小时的中程区域旅游，本文重点对上述时间圈层结构进行分析和比较。

1. 环渤海地区

（1）京津冀城市群

京津冀城市群中，北京在 0.5—1 小时[①]可达范围中具有绝对优势，可达面积达到 19205 平方千米，高于上海、广州等其他一线城市。石家庄在 1.5—2 小时的可达性水平最高，与天津相比，二者作为京津冀城市群的两个主要区域中心城市，石家庄的时间可达性全部优于天津，交通优势明显；而如果结合前文中的旅游结节性指标，天津（116.18）是石家庄（44.60）的近 3 倍，由此可反映出交通条件并不是决定石家

---

① 考虑到数据在 Arcgis 中运算和结果排版需要，本章中的"小时"以"h"表示，"千米"以"km"表示。

庄旅游中心性水平的唯一要素。廊坊和保定的时间可达性水平非常高，尤其是廊坊，是区内唯一在各时间段均与北京可达性水平相当的城市；保定的可达性范围介于石家庄和天津之间，这种情况的出现一方面与廊坊、保定毗邻京津这样的交通干线枢纽城市有关，另一方面与二者位于该区域的地理几何中心的位置有关，具有明显的腹地优势。秦皇岛交通可达性水平在1—3小时可达性水平最低，承德次之，其中，秦皇岛旅游结节性指数位于区内第四位，旅游结节性水平与时间可达性水平不相称的情况最为突出；秦皇岛与承德在4小时及以上的时间圈层范围与其他城市差距逐步缩小，表明二者作为国内知名旅游城市对远距离游客更具吸引力，即交通可达性已经不是长途旅游者选择某个区域、某一城市的首要条件。整体而言，京津冀城市群在1—3小时可达面积最高，排名前三的分别为北京、廊坊、天津，后三名分别为秦皇岛、承德、张家口，可达性较强的城市在2.5—3小时以及3—3.5小时的时间圈层上可达范围下降，呈现随时间增加可达性范围降低的趋势，表明京津冀城市群内部1—3小时较3—4小时、4—6小时而言可达性最佳。

　　京津冀城市群各城市的可达面积见表4—15，0.5小时单位的北京、秦皇岛时间可达性圈层结构比较如图4—2所示。

表4—15　　　　　　　　**京津冀城市群各城市的可达面积**　　　　　　　（km²）

城市	0.5小时	0.5—1小时	1—1.5小时	1.5—2小时	2—2.5小时	2.5—3小时	1—3小时	3—4小时	4—6小时
北京	5871	19205	30264	36712	30928	19975	117879	25091	12446
天津	5524	16053	26049	28864	27516	23001	105430	29994	22040
石家庄	3952	10195	15103	23972	24474	21447	84996	39642	37250
秦皇岛	1372	3765	6990	8320	14063	17691	47064	50728	64347
唐山	2626	9396	17967	20833	25658	26053	90511	40037	34016
保定	4086	17614	29101	27395	22991	21742	101229	32247	23711
张家口	1754	5776	10800	16182	25599	33349	85930	59206	27800
承德	1545	5733	9085	16373	23836	30576	79870	63784	27838
沧州	3535	13278	18581	24082	25156	22983	90802	37239	31964
廊坊	7178	18072	29587	32895	28558	20472	111512	26965	16292

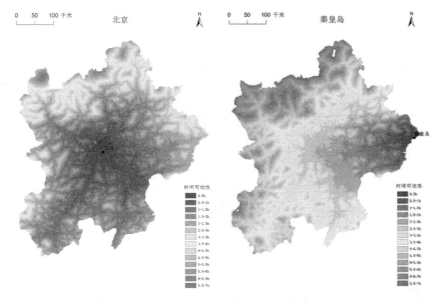

图4—2 0.5小时单位的北京、秦皇岛时间可达性圈层结构比较

（2）辽中南城市群

沈阳作为辽中南城市群的中心城市，在0.5小时以及1—3小时范围内各时间圈层的交通可达性居于首位，与沈阳的旅游结节性指数（82.95）具有高度一致性，交通优势对沈阳的旅游首位城市地位贡献非常大；而结节性指数居于第二位的大连（76.79），其各个时间段内陆路交通可达性水平皆居于末位，远低于区内平均水平，沈阳的可达性范围是大连的3倍以上，这与大连偏居一隅、缺乏腹地的地理位置密切相关，是区内旅游结节性水平与可达性水平反差最大的城市。在2小时圈层范围内，盘锦、鞍山等城市的可达性水平仅次于沈阳，具有承接沈阳和大连之间游客中转的交通职能；在3—4小时以及4—6小时的中程距离中，铁岭的可达性范围超过沈阳跃居区内首位，由此表明辽中南城市群内的位于腹地区域的二线城市交通优势突出，发展区域旅游的潜力非常大，鞍山、盘锦的旅游结节性分别居区内第二、第三位，与可达性水平相匹配，因此可以作为辽中南城市群的次级旅游中心城市培育的重要节点。而丹东、营口作为沿海城市与大连存在类似问题，即因缺乏腹地、外向型旅游业发展模式而导致旅游结节性水平高于区内可达性水平。在陆路交通的综合可达范

围的空间结构上，辽中南城市群已经形成以沈阳为中心，与铁岭、辽阳、
抚顺、本溪形成 0.5—1 小时圈层结构、与营口、鞍山、盘锦形成 1—2 小
时圈层结构，与丹东、大连形成 2—3 小时圈层结构（表 4—16）。

表 4—16　　　　　　　　辽中南城市群各城市的可达面积　　　　　　　　（km²）

城市	0.5 小时	0.5—1 小时	1—1.5 小时	1.5—2 小时	2—2.5 小时	2.5—3 小时	1—3 小时	3—4 小时	4—6 小时
沈阳	3300	10710	15317	16937	15748	13855	61857	12882	2090
大连	1015	2400	3322	3940	6881	9685	23828	27204	33516
鞍山	2204	8521	15501	18158	18622	14366	66647	12141	1354
抚顺	2050	7424	14144	17066	15407	13111	59728	17654	3977
本溪	1961	7778	13927	20235	17333	13780	65275	13794	2043
丹东	1076	3890	7741	11352	16371	20046	55510	21940	8416
营口	1707	5638	9607	15400	15764	13842	54613	20621	8286
辽阳	2129	8293	15442	17927	18315	15837	67521	11660	1262
盘锦	2289	5643	9047	13693	16920	17401	57061	20672	5202
铁岭	2061	7842	12255	14875	15050	11753	53933	20146	6835

0.5 小时单位的沈阳、大连时间可达性圈层结构比较如图 4—3 所示。

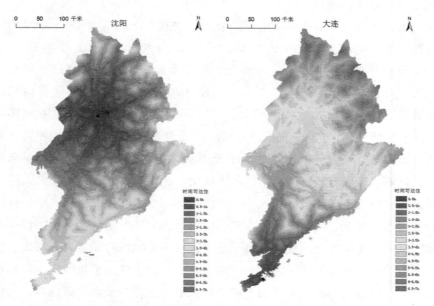

图 4—3　　0.5 小时单位的沈阳、大连时间可达性圈层结构比较

（3）山东半岛城市群

山东半岛城市群内 1—3 小时可达范围排名前三的城市分别为潍坊、青岛、淄博且三者相差不大，末位的城市为威海和烟台，区内所有城市在2.5—3 小时的时间圈层上普遍存在可达性范围急剧下降趋势，表明区内 2 小时及以内的时间可达性非常高，1—2 小时都市旅游圈已经形成。

济南在交通区位上具有"承东启西"的承接、贯通作用，以济南为中心已经实现城市群内 5 小时所有城市可达，并且在全国范围内的区际可达水平非常高，但其在区域内部的交通优势未能凸显，主要是由于其连接的高等级道路栅格位于本区域外部所致，即济南的区际可达性水平高于区内可达性水平，是山东半岛城市群区际连接、承接国内游客中转的枢纽城市。淄博、潍坊是位于贯穿山东省东西部的胶济线、济青高速上的重要节点，是山东半岛城市群的几何中心，可达性范围分别居于区内第二和第三位，优于旅游结节性指数排名，因此依托二者发育较为完善的陆路交通网络强化旅游吸引力，淄博、潍坊具备山东半岛城市群旅游业发展寻求次级突破、区域旅游同城化的次级中心城市的潜质。相比于烟台和威海旅游结节性指数分别位于区内第三和第四位的情况，二者的交通可达性在各时间段内皆居于区内末位，交通条件的弱势地位进一步加剧了烟台、威海在旅游吸引力方面受青岛屏蔽效应影响的程度。

青岛市作为山东半岛城市群的旅游中心城市，在短程范围内的交通可达性较好。此外，青岛与辽中南城市群的大连在滨海旅游城市、双中心城市、副省级城市以及类似的山海城一体的景观特征等"标签"上具有较多的相似性，在旅游发展过程中经常相互比较以寻求良性竞争发展。就近程的陆路交通网络通达性与可达性水平而言，以 1—3 小时时间圈层为例，青岛的可达范围为 57176 km^2，是大连 23828km^2 的 2 倍有余，由此反映出青岛在省内旅游、中近程旅游发展水平和潜质优于大连，这与 2013 年国内旅游人数青岛（5509.5 万）高于大连（4686.7 万）的结果具有一致性。

山东半岛城市群各城市的可达面积见表 4—17。

表4—17　　　　　　　山东半岛城市群各城市的可达面积　　　　　　（km²）

城市	0—0.5 小时	0.5—1 小时	1—1.5 小时	1.5—2 小时	2—2.5 小时	2.5—3 小时	1—3 小时	3—4 小时	4—6 小时
济南	3316	7910	12983	16027	12103	9721	50834	8162	650
青岛	2681	8755	16935	21557	14240	4444	57176	1918	342
淄博	4761	13307	18836	13108	10864	6255	49063	3589	152
东营	407	2658	7791	13149	16235	11746	48921	15745	3141
烟台	967	5063	9522	9070	8093	10756	37441	21856	5484
潍坊	4092	17159	18915	15650	9101	4273	47939	1633	49
威海	1194	4240	6160	7765	8411	8402	30738	24684	9811
日照	1697	3524	7904	12857	17957	14757	53475	10715	1461

综上，在环渤海地区的三大城市群中，5个时间圈层中京津冀城市群的平均可达范围均居于首位，且明显优于其他城市群。由此可以看出，京津冀城市群在环渤海地区具有交通一体化的先行优势，陆路交通网络对城市群内部旅游活动开展以及都市旅游圈的形成贡献率高。山东半岛城市群0—1小时的可达范围领先于辽中南城市群，短程通达性水平较高，山东半岛城市群2—3小时时间圈层可达范围迅速降低，而其他两个城市群则是在3—4小时圈层上开始出现此现象，表明山东半岛城市群2小时以内的陆路交通网络发育较好，3小时经济圈、旅游圈已经基本成型，而3小时以上陆路交通网络的可达性已经成为制约其内部经济往来、旅游活动开展的重要因素，需继续提升、优化城际交通网络。相比较而言，辽中南城市群的1小时以内可达水平不足，区内各城市的环城游憩带通达水平低于其他两个城市群，在1—3小时的通达水平较高（表4—18）。

表4—18　　　环渤海地区三大城市群5小时平均可达范围比较　　　（km²）

城市群	0—1 小时	1—2 小时	2—3 小时	3—4 小时	4—5 小时
京津冀城市群	15653	42916	48607	40493	21164
辽中南城市群	8793	26589	30009	17871	5558
山东半岛城市群	10216	26029	20920	11038	2346

0.5 小时单位的济南、威海时间可达性圈层结构比较如图 4—4 所示。

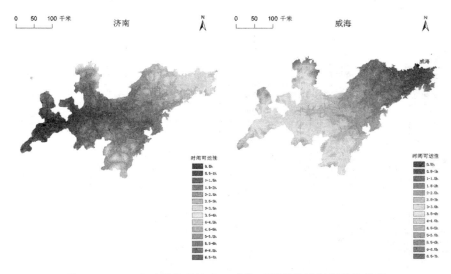

图 4—4　0.5 小时单位的济南、威海时间可达性圈层结构比较

2. 长三角地区

（1）长三角城市群

长三角城市群内部交通可达性水平整体发展较为均衡，中心城市上海、南京、杭州与其他城市之间的差距不突出，城市间的快速交通网络呈现出全面接轨态势。依据长三角"3 小时都市圈"的交通规划目标，通过对 1—3 小时这一时间圈层的可达范围情况进行比较发现：区内城市可达性水平相对均衡，可达面积达到 60000km² 的有 9 个城市，占总数的半数以上，长三角城市群内部已形成通达顺畅的陆路交通网络。最高值为湖州（72239km²），最低值为台州（48699 km²），与其处于陆路交通网络的边缘位置有关；上海、杭州作为区域中心城市，可达性水平优越，以苏州、无锡、常州三城市构成的"苏锡常旅游圈"可达性水平优越、结节性水平高，已成为长三角地区旅游的中坚力量。镇江、扬州则具有结节性落后、可达性优越的反差，利用交通条件提升旅游业发展水平潜质较高。区内城市普遍在 3—3.5 小时的时间圈层上出现可达面积迅速降低的情况，表明长三角"3 小时都市圈"的交通规划已经基本实现（表 4—19）。

表4—19　　　　　　　　　　长三角城市群内部各城市的可达面积　　　　　　（km²）

	0—0.5 小时	0.5—1 小时	1—1.5 小时	1.5—2 小时	2—2.5 小时	2.5—3 小时	1—3 小时	3—4 小时	4—6 小时
上海	4634	12076	19436	27539	16493	7832	71300	3880	2316
南京	4589	9674	15511	17396	11789	13937	58633	15980	4874
无锡	5887	19078	22986	15540	14474	8430	61430	4912	2764
常州	5116	19083	21998	13827	14696	9790	60311	6517	2977
苏州	5289	16258	23873	19295	14916	7901	65985	4063	2545
南通	873	4305	12979	16654	17959	12235	59827	20746	7047
扬州	3449	14633	17620	15960	11190	12392	57162	14052	4170
镇江	6162	16434	18329	14494	13140	11908	57871	9862	3465
泰州	2167	9112	17473	15812	13124	10172	56581	18805	6253
杭州	5522	17362	22338	18241	16132	7505	64216	5840	1310
宁波	3567	8701	14878	17613	15397	16560	64448	13909	3621
嘉兴	5976	16258	20939	24697	15065	6269	66970	3429	1617
湖州	3306	12395	27459	23805	14203	6772	72239	4674	1636
绍兴	3684	14230	20485	17637	16885	10988	65995	8260	2081
台州	18	2224	6801	10315	15071	16512	48699	30238	12707

　　长三角作为中国经济发展的优势区域，为进一步验证其对区外以及国内中远程旅游者的吸引力，本研究又进一步对区内各城市的全国可达面积进行测度（表），主要结果有：在全国范围内，长三角城市群各城市的可达性水平具有随时间增加范围不断扩大的趋势，长三角地区已经成为承接南北、辐射中西部的交通龙头；各城市以上海为中心的可达范围则属于放射性结构且在各时间圈层内发展较为均衡，其旅游结节性居于全区第一乃至全国前列，城市综合吸引力贡献大于交通条件，后者是充分而非必要条件；1—3小时时间圈层上，南京在全国性可达性水平方面居于区内首位，表明相对于上海、杭州而言，南京更具广阔的陆地可达优势；在6—8小时、8—10小时圈层上，各城市的可达性差距不断缩小，表明交通条件已不是该区域对全国旅游市场的吸引力的唯一条件，更多地取决于旅游结节性等其他旅游产业发展指标。整体而言，无论是区内还是全国范围内的可达性水平，长三角城市群区内交通一体化及均衡发展程度最高，特别是在2小时以内的短程平均可达范围优于京津冀城市群，为其形成集聚与扩散相对称的匀质化旅游市场提供了基础条件（表4—20）。

表4—20 长三角城市群全国范围可达面积 （km²）

城市	0—0.5 小时	0.5—1 小时	1—1.5 小时	1.5—2 小时	2—2.5 小时	2.5—3 小时	1—3 小时	3—4 小时	4—6 小时	6—8 小时	8—10 小时
上海	4838	12935	21591	34954	43709	58571	171760	150590	522532	716761	781798
南京	5828	18162	36763	55498	69847	89692	269962	232320	619011	821328	866603
无锡	5898	19474	29379	37019	55031	67127	208030	180544	578288	762485	812740
常州	5123	19764	30339	39021	56780	71153	217057	191145	585418	773633	828989
苏州	5289	16760	27139	34118	51053	63861	192931	168511	559229	745270	799001
南通	875	4724	15081	22165	28988	37080	108038	117837	432058	660225	816578
扬州	3449	16778	30414	47294	56885	72521	223892	198011	582675	777756	859430
镇江	6199	20609	33968	50590	62517	82666	250350	212756	604078	803032	853194
泰州	2249	10935	24472	34186	46058	57097	172748	162246	529866	734918	851966
杭州	5643	18300	29490	36033	44578	47429	175830	133009	467292	669259	724400
宁波	3863	12603	22898	31076	37494	47008	151079	118148	416473	644392	691466
嘉兴	6107	17205	24409	37134	45184	55037	178969	143232	509803	697936	753422
湖州	3325	13405	30869	38091	43913	51782	178060	138120	491207	690655	752078
绍兴	3806	15036	27389	32357	40504	46172	161458	124309	443902	659500	713371
台州	1738	7455	15265	25424	34448	41546	124138	110753	347545	576939	658471

0.5小时单位的上海、杭州、台州时间可达性圈层结构比较如图4—5所示。0.5小时单位的南京全国时间可达性圈层结构如图4—6所示。

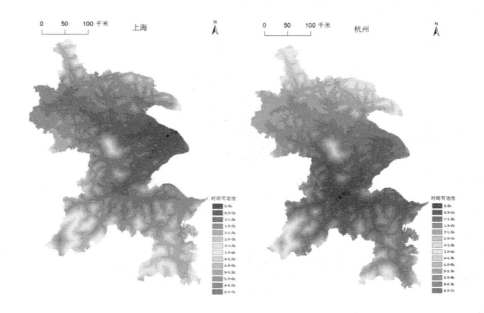

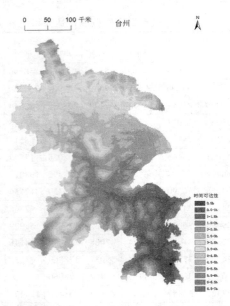

图4—5　0.5小时单位的上海、杭州、台州时间可达性圈层结构比较

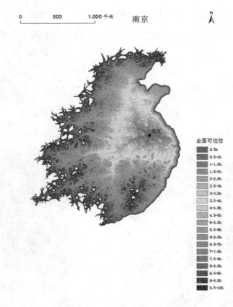

图4—6　0.5小时单位的南京全国时间可达性圈层结构

（2）江淮城市群

在 3 小时以内的各时间圈层中，合肥的可达性水平最优，六安紧随其后，其中合肥在 2—2.5 小时时间圈层上可达性明显下降，在 3—3.5 小时时间圈层上可达范围骤减，其他城市的可达范围则在 3.5—4 小时及以后的圈层上随时间增加而衰减，由此证明合肥 2 小时以内的区内可达性水平最高。与合肥市交通可达性与旅游结节性水平相一致的情况不同，六安市交通可达性水平高，而旅游结节性水平并不突出，发展城市群旅游的提升空间较大。芜湖作为区内旅游结节性第二位的次级旅游中心城市，可达性水平不高，亟须通过改善区内交通水平促进旅游产业发展。整体而言，城市群内部 3 小时可达性较好，3—4 小时和 4—6 小时区内可达性水平待增强（表 4—21）。

表 4—21　　　　　　　　江淮城市群内部可达面积　　　　　　　　（km²）

城市	0—0.5 小时	0.5—1 小时	1—1.5 小时	1.5—2 小时	2—2.5 小时	2.5—3 小时	1—3 小时	3—4 小时	4—6 小时
合肥	2869	8466	16126	20431	16928	12122	65607	8549	973
芜湖	1397	2634	8010	14117	16947	14533	53607	22265	6507
蚌埠	3525	8030	10255	12613	13866	13245	49979	18476	6195
淮南	1568	6333	12662	14692	14435	14528	56317	17603	4433
马鞍山	860	4828	10504	15889	14269	15083	55745	20326	4566
铜陵	1540	4762	7290	11871	17585	16736	53482	19833	6844
安庆	989	4591	9296	11990	14836	14097	50219	20853	9760
滁州	2669	8437	13100	14171	16210	13876	57357	15271	2610
六安	2847	8540	12122	20704	20538	13032	66396	7592	1059
池州	1129	4631	8422	10857	12745	14162	46186	22812	11621
阜阳	1392	4199	5299	9707	14710	12000	41716	21559	17016

0.5 小时单位的合肥、阜阳时间可达性圈层结构如图 4—7 所示。

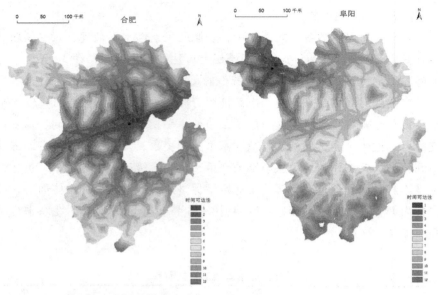

图4—7 　0.5小时单位的合肥、阜阳时间可达性圈层结构

3. 长江中游地区

（1）武汉城市群

从城市群内部来看（表4—22），武汉城市群内各城市1—3小时的可达成本接近，各城市均在2—2.5小时圈层可达范围开始急速下降，在4小时及以后的圈层已降至最低，表明武汉城市群内部各城市的交通连接度非常紧密，已经实现区内2小时可达。

表4—22 　　　　　　　武汉城市群内部各城市的可达面积　　　　　　　　（km²）

城市	0—0.5 小时	0.5—1 小时	1—1.5 小时	1.5—2 小时	2—2.5 小时	2.5—3 小时	1—3 小时	3—4 小时	4—6 小时
武汉	5367	15266	17125	12125	5056	2171	57110	1209	13
黄石	2189	9285	15959	15791	10015	3433	56672	1462	198
鄂州	2104	10569	18745	15028	8073	2512	57031	1167	134
孝感	2870	11234	15520	14293	8727	3459	56103	2092	137
黄冈	1235	7938	17987	16372	9762	3426	56720	1414	198
咸宁	3506	12511	17679	14426	6403	2362	56887	1425	20

　　0.5 小时单位的武汉、黄冈城市群时间可达性圈层结构如图 4—8 所示。

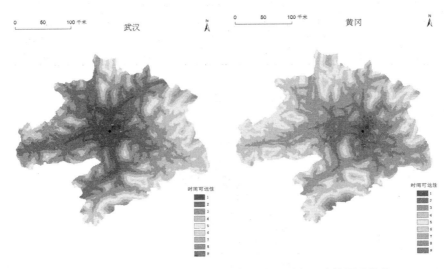

图 4—8　0.5 小时单位的武汉、黄冈城市群时间可达性圈层结构

　　从全国范围内的可达性来看（表 4—23），武汉 "九省通衢" 的交通枢纽地位得到充分验证：以 2.5—3 小时时间圈层为例，武汉的可达面积为 117104km²，远高于同时段北京 79325km²、上海 58571 km² 和广州 49889 km² 等国内一线城市，是上海、广州的 2 倍左右，是国内短程时间可达性最好的中心城市。但与旅游结节性指数结合来看，武汉的结节性指数仅为 110.79，远低于北京（337.61）、上海（286.80）和广州（207.24），武汉应在交通优势的基础上提升旅游吸引力和影响力，发挥区域旅游龙头作用。孝感和咸宁的可达性程度较高，由于该城市群内旅游结节性具有一枝独大、其他城市弱势均衡的特征，孝感、咸宁具备依托交通优势打造区域次级旅游中心城市的潜质。黄冈的时间可达性水平区内最低，但是与区外一线城市相比又具有绝对优势，反映出武汉城市群整体具有国内最优的交通通达性和可达性，在长江经济带建设中承接沿海与内陆的枢纽地位得以确立。

表4—23　　　武汉与国内一线城市的全国范围内时间可达成本比较　　　（km²）

城市	0—0.5 小时	0.5—1 小时	1—1.5 小时	1.5—2 小时	2—2.5 小时	2.5—3 小时	1—3 小时
武汉	5367	17079	34069	57862	83286	117104	292321
北京	5871	19205	30651	45521	65184	79325	220681
上海	4838	12935	21591	34954	43709	58571	158825
广州	4075	13157	23366	30803	40044	49889	144102

0.5小时单位的武汉全国时间可达性圈层结构如图4—9所示。

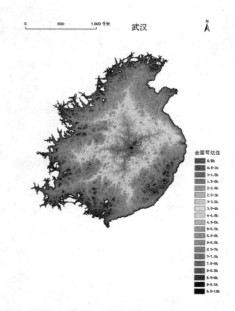

图4—9　0.5小时单位的武汉全国时间可达性圈层结构

（2）长株潭"3+5"城市群

长沙、株洲、湘潭是长株潭"3+5"城市群的核心城市，两两相距不足40千米，已经形成较为稳固的交通0.5小时可达的"品"字形结构，三个城市在2小时内的可达范围上居于区内领先水平；常德在区内2小时以内可达性条件最差，但从2小时及以后的时间圈层上迅速赶超。在1—3小时的时间圈层上，区内各城市的时间可达性水平较为均衡，城市群内部各城市的可达性普遍从3—3.5小时圈层开始出现急剧下降，表明该城市群的3小时以内通达网络已经形成；从全国范围的通达性看，各城市 4 小时及以上时间圈层的可达范围随时间增加而呈现扩大趋势，表明其区外连通性和可达性水平较高。与区内旅游结节性水平长沙一城独大、其他城市无显著差别的情况不同，城市群内部各城市交通优势较为均衡，多中心的网络城市结构初步形成（表 4—24）。

表 4—24			长株潭城市群内部可达面积						（km²）
城市	0—0.5 小时	0.5—1 小时	1—1.5 小时	1.5—2 小时	2—2.5 小时	2.5—3 小时	1—3 小时	3—4 小时	4—6 小时
长沙	4731	15231	18950	19026	15771	11818	65565	8957	2265
株洲	4374	14490	19643	17163	14884	12583	64273	10848	2764
湘潭	4910	14625	18786	17929	15242	12516	64473	10201	2540
衡阳	4008	9959	14723	17046	13966	12950	58685	17968	5953
岳阳	1982	7022	13564	18890	19214	15556	67224	15785	4736
常德	1645	5429	8482	12809	20415	18505	60211	22622	6842
益阳	1896	6771	16680	23387	20565	13874	74506	11574	2002
娄底	2935	8714	15917	18917	16283	13552	64669	15997	4339

0.5 小时单位的长沙、常德时间可达性圈层结构如图 4—10 所示。

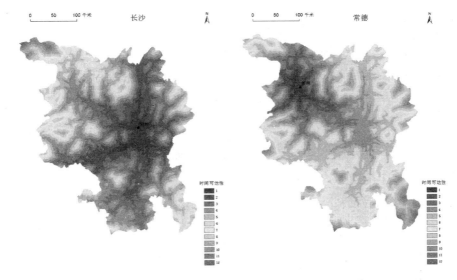

图4—10　0.5 小时单位的长沙、常德时间可达性圈层结构

（3）环鄱阳湖城市群

南昌、九江、景德镇、鹰潭、上饶是环鄱阳湖城市群的一级圈层城市，其中南昌在各时段的可达范围上居于领先地位，与其他城市保持较大差距，而其旅游结节性水平与区内城市相比，处于微弱领先地位，表明南昌的交通优势对旅游业的贡献率亟待提高；在1—3小时的时间圈层上，抚州、新余、吉安的可达范围最小，低于同时段内的全国均值；从1—1.5小时开始，新余、宜春的可达性水平与南昌相当，与周边地区连接度非常高，具备成为区内次级中心城市的潜力。区内各城市在3—3.5小时圈层可达性水平逐渐下降，区内的中远程交通条件有待提高。

通过城市群内部与全国范围内可达水平的比较发现，九江的可达成本对比反差较大：九江的区内可达性水平较低，而在全国范围内可达性水平表现突出，尤其是在2.5—3小时及以上时间段内的可达性超越南昌成为区内最高。前者与其在区内位于北部边缘位置有关，而从全国范围来看，九江则位于长江、京九铁路两大经济带的交叉点的位置，是南下游客进入该城市群首先抵达的城市。整体而言，环鄱阳湖城市群分别以南昌、九江为中心构建4小时可达圈层，则可以实现与长三角、珠三角连接，成为内陆承接沿海经济辐射的腹地区域（表4—25）。

表4—25　　　　　　　环鄱阳湖城市群内部可达面积　　　　　　　（km²）

城市	0—0.5 小时	0.5—1 小时	1—1.5 小时	1.5—2 小时	2—2.5 小时	2.5—3 小时	1—3 小时	3—4 小时	4—6 小时
南昌	2233	7634	13369	20871	23211	21500	78951	25063	9189
九江	1447	5433	8218	10920	15407	15561	50106	28532	34082
景德镇	1197	3241	6501	13018	17128	20005	56652	36657	24567
鹰潭	1899	6574	11902	14084	17367	20094	63447	33477	17297
上饶	2172	6736	13617	17402	18280	18426	67725	28669	16869
新余	1495	5410	9219	12241	12943	13426	47829	34453	31629
吉安	1346	4201	8368	12270	13316	15510	49464	37942	28894
宜春	1764	6808	13470	16154	20805	20887	71316	29114	13823
抚州	1506	3433	5403	9802	14603	15438	45246	32677	36476

长江中游城市群包含以湖南、湖北、江西三省省会城市为中心而形成

的城市圈和城市带，是我国实施"长江经济带""中部崛起"国家级发展战略的重要组成。通过表4—26可以看出，三个城市群中武汉城市群内部已实现2小时可达，长株潭"3+5"城市群内部基本实现3小时小时可达，环鄱阳湖城市群内部则需4—5小时可达。相比较而言，武汉城市群、长株潭城市群内部可达性水平较好，在各时段内的游客分流能力强，而环鄱阳湖城市群则相对较弱。在长江中游地区的各城市群中，武汉作为全国性的交通枢纽城市应进一步贯通以南昌、长沙为核心的长株潭和江淮城市群，形成区域旅游合力。

表4—26　　　　　　**长江中游各城市群内部5小时平均可达范围比较**　　　　　　（km²）

城市群	0—1 小时	1—2 小时	2—3 小时	3—4 小时	4—5 小时
武汉城市群	14012	31842	10900	1462	117
长株潭"3+5"城市群	13590	33989	30962	14244	3153
环鄱阳湖城市群	7170	24092	34879	31843	17586

0.5小时单位的南昌、九江时间可达性圈层结构如图4—11所示。

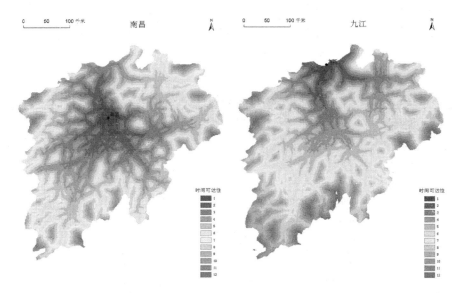

图4—11　0.5小时单位的南昌、九江时间可达性圈层结构

长江中游城市群具有"承东启西、接南纳北"的交通枢纽地位，其中高速公路总里程、公路网密度居于全国前列；武广、合武、京九、沪昆、石武、沪汉蓉等快速铁路线穿行，干线铁路交通发达；境内长江干流全长约 1733 千米，占长江干线通航里程的 58%，交通一体化先行成为加速长江中游城市群一体化进程的首要支撑条件。

4. 中西部地区

（1）中原城市群

在城市群内部，郑州在 0.5—1 小时的时间圈层上可达性水平区内最高，并在 1—1.5 小时以后开始降低，在 1.5—2 小时下降幅度最大，表明在城市群内部已形成以郑州为中心的 1—1.5 小时生活圈。与另一路网中心城市武汉相比，郑州旅游结节性指数为 73.34，低于武汉的 110.79，郑州旅游业的发展需借助"郑汴一体化"战略中开封的旅游产业优势，借由交通条件形成区域合力。开封与郑州空间距离 60 千米，小于洛阳与郑州 120 千米的距离，交通便利性将为郑州与开封的旅游同城化发展提供支撑。洛阳作为区内旅游结节性第二位的城市，1.5 小时以内可达性水平不高，即洛阳作为中心城市对都市旅游圈的交通支撑水平不足。作为京广深港客运专线、G107、G311 高速公路的交会地，许昌的区内可达性水平与郑州相当，具备发展成为中原城市群次级交通枢纽的潜质，区内交通可达程度整体呈现均衡发展态势（表 4—27）。

表 4—27　　　　　　　　中原城市群内部可达面积　　　　　　　　（km²）

城市	0—0.5 小时	0.5—1 小时	1—1.5 小时	1.5—2 小时	2—2.5 小时	2.5—3 小时	1—3 小时	3—4 小时	4—6 小时
郑州	6439	19473	16068	7210	4511	2891	30680	1843	18
开封	2421	9950	16277	12919	6378	4696	40270	5203	609
洛阳	3183	10623	18502	15859	7262	2390	44013	634	—
平顶山	3106	9594	15368	15874	7940	4299	43481	2247	25
新乡	3098	12025	18611	11539	5549	3825	39524	3584	222
焦作	1812	9589	15608	15582	7708	4368	43266	3551	235
许昌	5583	15232	17738	8572	5059	3495	34864	2748	26
漯河	3153	11407	17518	12210	6029	4085	39842	3942	109

0.5 小时单位的开封、许昌时间可达性圈层结构如图 4—12 所示。

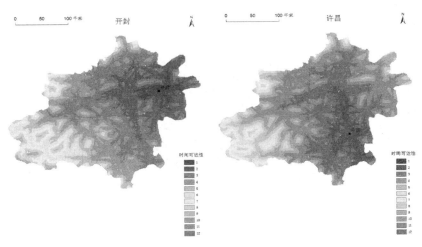

图 4—12 0.5 小时单位的开封、许昌时间可达性圈层结构

而从全国范围看，郑州在其中交通区位优势得以充分展现，在全国范围内的可达面积与区内其他城市保持较大差距，是中原城市群承接东部产业转移和西部地区能源输出的枢纽城市，是中原城市群乃至中部地区的交通中心城市（图 4—13）。伴随国家中部崛起战略的实施，郑州和武汉作为中国腹地交通动脉上的多条高速铁路、高速公路的交叉点，是全国的路网中心城市。为进一步比较二者的陆路综合交通可达性水平，现对郑州、武汉在各时间段的可达范围进行比较（表 4—28）：二者在各圈层可达范围皆处于领先水平，其中郑州在 2.5 小时及以内各圈层的短程可达性领先于武汉，而在 3 小时及以后的中远程距离中落后于武汉。至 2020 年，我国的"四纵四横"高铁路网将全部开通，涉及郑州、武汉的主要有徐兰客运专线和沪汉蓉快速客运通道两大干线，届时二者的高速铁路网覆盖范围将进一步扩大。

表 4—28 郑州与武汉的全国范围内"8 小时交通圈"时间可达面积比较 （km²）

城市	0—0.5 小时	0.5—1 小时	1—1.5 小时	1.5—2 小时	2—2.5 小时	2.5—3 小时	3—4 小时	4—5 小时	5—6 小时	6—7 小时	7—8 小时
郑州	6439	23644	40993	57220	85114	111432	293355	358601	404296	441641	454549
武汉	5367	17079	34069	57862	83286	117104	324500	437350	472181	496958	461673

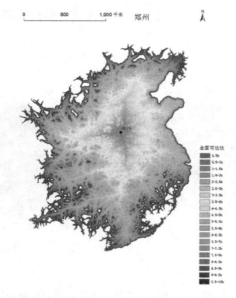

图 4—13　0.5 小时单位的郑州全国时间可达性圈层结构

（2）关中城市群

在关中城市群内部，西安、咸阳在 2.5—3 小时可达范围下降明显，下降比例达到 50%，其他城市均在 3—4 小时时间圈层上骤然降低。关中城市群是"关中—天水经济区"建设的核心区域，内部城市皆拥有广袤的陆域空间范畴，在 1—3 小时的时间圈层上可达范围差别不突出，短程可达性水平良好，其中，西安与咸阳是关中城市群的核心城市，旅游结节性水平分别居于区内前两位，二者直线距离仅 25 千米，"西咸一体化"的程度非常高。城市群内部较为均衡的可达性水平与参差不一的旅游结节性水平形成巨大反差，一方面未来需进一步加强城际轨道交通建设，完善西安的游客扩散和区内其他城市的承接功能，实现城市群内部游客的高效流动，另一方面，西安、咸阳以外的城市如何提高旅游吸引水平、快速融入"西安都市旅游圈"也至关重要（表 4—29）。

在全国范围内，西安作为西部地区的铁路、公路交通枢纽，是我国实施"丝绸之路经济带"战略的起点城市，交通区位极为重要。但是其全国范围内的交通可达性水平，与郑州相比尚存在较大差距，这主要与我国西部地区的公路、铁路等基础设施布局稀疏有关，虽拥有较大的辐射范围却不能很好地实现陆路游客的中转和扩散功能，需要构建综合交通运输体系,充分发挥航空运输在远距离交通中的优势。

0.5 小时单位的西安、铜川时间可达性圈层结构如图 4—14 所示。

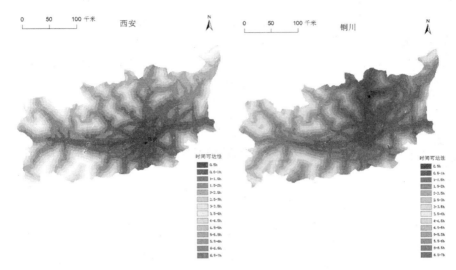

图 4—14 0.5 小时单位的西安、铜川时间可达性圈层结构

表 4—29 　　　　　　　　　　　　关中城市群内部可达面积　　　　　　　　　　(km²)

城市	0—0.5 小时	0.5—1 小时	1—1.5 小时	1.5—2 小时	2—2.5 小时	2.5—3 小时	1—3 小时	3—4 小时	4—6 小时
西安	4298	11068	12324	12038	8233	4196	36791	2574	882
铜川	1284	5807	11518	11388	8785	7315	39006	7276	2159
宝鸡	2398	7136	12298	12390	10863	6478	42029	3197	853
咸阳	4544	11697	12685	12144	7914	3772	36515	2091	766
渭南	3409	9951	12003	11095	8900	5278	37276	3842	1135

(3)川渝城市群

重庆和成都作为川渝城市群的双核心城市,可达性水平居于区内领先地位,与其旅游结节性水平相一致。其中,重庆市人口 2013 年底已达到 2884.62 万人,是全国人口最多的城市,国内旅游人数 1.916 亿人次,仅次于上海、北京,居全国第三位,国内旅游的集聚和扩散能力强。乐山的可达性水平居于末位,处于成渝辐射圈层的外缘,可达性水平和结节性水平皆存在较大提升空间。遂宁可达性水平表现突出，在 1—3 小时 的可达范围达到区内最高值，一是由于其位于川中腹地，与成都、重庆两地等距，能够同时接受两个中心城市的辐射；二是主要得益于遂成铁路和遂渝铁路二线的开通，大大提升了遂宁的交通通达性。整体而言，川渝城市群各城市的内部可达水平与全国范围内的可达水平排名差别不大，与各城市间相差悬殊的旅游结节性水平相比，1—3 小时范围内的交通可达性水平较为均衡，在 4—6 小时才出现可达面积的大幅降低，内部通达水平良好（表 4—30）。

表 4—30　　　　　　　　　　　川渝城市群内部可达面积　　　　　　　　　　（km²）

城市	0—0.5 小时	0.5—1 小时	1—1.5 小时	1.5—2 小时	2—2.5 小时	2.5—3 小时	1—3 小时	3—4 小时	4—6 小时
重庆	3895	12243	18844	23435	26349	27116	95744	50237	49372
成都	2107	7829	12846	19618	27120	32420	92004	55566	48076
自贡	1185	4563	8423	15182	27315	31770	82690	55222	61852
泸州	1493	4005	8130	14965	21260	27783	72138	57323	67384
德阳	1929	7590	12126	13976	21084	29129	76315	58013	56786
绵阳	1537	5400	10033	12185	15185	21204	58607	55740	71767
遂宁	2111	8635	18075	25768	30181	29005	103029	48193	51354
内江	1687	5671	11173	23201	31184	30821	96379	51859	54209
乐山	627	3289	6862	10915	15127	19251	52155	52832	76299
南充	2098	6923	12571	18592	25959	28754	85876	50024	63727
眉山	1306	5971	11408	14258	18388	25644	69698	59185	59889
宜宾	1461	3700	5796	8882	14179	25096	53953	59190	76891
广安	1238	4265	11132	16912	21041	25792	74877	54619	69078
雅安	1418	4187	8146	11965	14148	17525	51784	51567	77281
资阳	1545	5017	12950	22526	30451	32817	98744	52487	48743

0.5 小时单位的重庆、乐山、遂宁时间可达性圈层结构如图 4—15 所示。

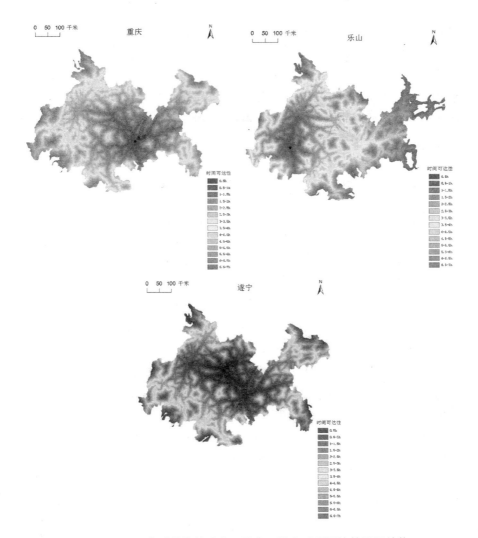

图4—15 0.5小时单位的重庆、乐山、遂宁时间可达性圈层结构

根据表4—31中中西部城市群的5小时平均可达范围比较，中原城市群、关中城市群在0—1小时、1—2小时的短程通行范围中具有明显优势，已经形成较为紧密的大都市通行圈层结构；但在3—4小时范围内皆出现大范围急剧下降的情况，表明二者在各自城市群内部的近程时间可达性水平较高，但在中程以上通行范围较低，尚未形成遍及整个城市群内部的高等级、高密度交通网络；受地理、地形等条件限制，城市数量多并且各个城市交通基础条件不一，就平均水平而言，川渝城市群 1 小时以内的可达范围均值较低，尚未形成以各个城市为节点的旅游圈层结构，随着时间增长，4 小时以内可达范围呈递增趋势，特别是在 2—3 小时的平均可达范围达到 49540km，远高于其他两个城市群，表明城市群内部 1—3 小时范围内的交通网络紧致度较好，城际交通较为便利，但处于城市群交通边缘的城市交通便捷性有待提高。

表 4—31　　　　中西部城市群内部 5 小时平均可达范围比较　　　　（km²）

城市群	0—1 小时	1—2 小时	2—3 小时	3—4 小时	4—5 小时
中原城市群	15836	29432	10061	2969	178
关中城市群	12318	23977	14347	3796	926
川渝城市群	7662	28060	49540	54137	39047

5. 华南地区

（1）珠三角城市群

广州在珠三角城市群的可达性水平处于领先地位，以 1.5 小时以内的可达范围最大，已形成以广州为中心的 1.5 小时都市旅游圈层。珠海的可达性水平居于末位，尤其 1 小时以内的短程可达面积最小。各城市在城市群内部的交通可达性与在全国范围内的可达水平排名较为一致，普遍在 3—4 小时的时间圈层上可达范围大幅下降，1—3 小时内部各城市可达面积相差不大，但低于全国平均水平，处于弱势均衡状态，相比于城市群内部高密度的商务活动和毗邻港澳的区位优势，内部交通通达性水平有待提高（表 4—32）。

表 4—32　　　　　　　　珠三角城市群内部可达面积　　　　　　　　（km²）

城市	0—0.5 小时	0.5—1 小时	1—1.5 小时	1.5—2 小时	2—2.5 小时	2.5—3 小时	1—3 小时	3—4 小时	4—6 小时
广州	3725	9813	13468	10650	6888	4933	35939	3913	517
深圳	2843	6546	10013	10410	8644	4895	33962	6998	3459
珠海	866	3474	10907	11923	8310	6443	37583	8235	3648
佛山	1984	8914	12753	12165	7303	5551	37772	4595	642
江门	1829	8013	12289	9846	6980	6494	35609	6999	1455

城市	0—0.5 小时	0.5—1 小时	1—1.5 小时	1.5—2 小时	2—2.5 小时	2.5—3 小时	1—3 小时	3—4 小时	4—6 小时
肇庆	1631	6021	10554	13424	11352	5962	41292	4181	782
惠州	2708	7510	8055	9991	7133	6336	31515	8099	3958
东莞	2445	10144	11470	9538	7957	4828	33793	6091	1432
中山	2074	8415	12471	10229	7036	5296	35032	6612	1755

0.5 小时单位的广州、珠海时间可达性圈层结构如图 4—16 所示。

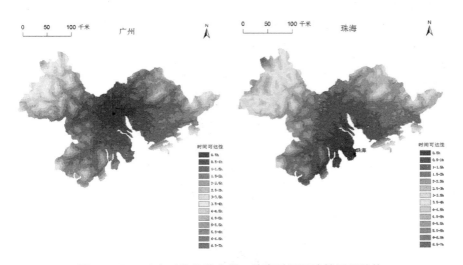

图 4—16　0.5 小时单位的广州、珠海时间可达性圈层结构

（2）海峡西岸城市群

福州是海峡西岸城市群的交通枢纽，厦门本岛因缺乏陆域腹地，因此其陆路可达性水平低于福州，但旅游结节性水平明显优于福州。区内各城市普遍在 2.5—3 小时时间圈层上可达范围迅速下降，4—6 小时的可达范围降至最低，表明区内 4 小时可达已经基本实现，经由福厦铁路串联起的区内各城市可达性明显提高，且发展较为均衡。因此，海峡西岸城市群旅游业发展应借由内部交通条件承接福州—厦门辐射轴线的游客分流，强化区内旅游产业分工与资源整合，进而依托交通网络形成旅游流的网状扩散格局（表 4—33）。

表4—33　　　　　　　　海峡西岸城市群内部可达面积　　　　　　　　（km²）

城市	0—0.5 小时	0.5—1 小时	1—1.5 小时	1.5—2 小时	2—2.5 小时	2.5—3 小时	1—3 小时	3—4 小时	4—6 小时
福州	2226	6558	9823	13507	10626	6573	40529	4314	247
厦门	2123	7722	9719	10824	8653	6391	35587	6772	1670
莆田	1773	7057	12858	12571	9245	6010	40684	3927	433
泉州	2057	7751	12358	11060	8836	6007	38261	4945	860
漳州	2373	7321	8663	9954	8508	6622	33747	8071	2361
宁德	2097	5889	8522	11564	11956	7203	39245	6127	516

　　0.5 小时单位的福州时间可达性圈层结构如图4—17 所示。

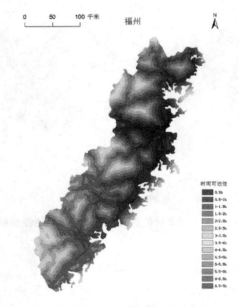

图4—17　0.5 小时单位的福州时间可达性圈层结构

　　通过对华南地区的两个城市群的5 小时平均可达范围比较发现，二者在各时间段的可达水平相当，皆在2—3 小时时间段内可达性水平下降，两个城市群在2 小时以内已形成紧密的大都市交通网络，城市群内部主要城市间3 小时可达、全部城市4 小时可达，各小时的平均交通可达范围居于全国中等水平。

表 4—34　　　　　　华南地区城市群内部 5 小时平均可达范围比较　　　　　（km²）

城市群	0—1 小时	1—2 小时	2—3 小时	3—4 小时	4—5 小时
珠三角城市群	9884	22240	13593	6191	1727
海峡西岸城市群	9158	21903	16105	5693	914

第四节　场能模型构建

一　原理表述

空间数据可以分为矢量数据和栅格数据两种类型，在本研究中场与场能（势能）的测度，可以用矢量数据分析方法中的泰森多边形（Voronoi 图）方法进行区域场能测度。一个 Voronoi 图中某个凸多边形内任意一点到该凸多边形发生点或点集（或线、面）的距离都小于其到其他凸多边形发生点或点集（或线、面）的距离。人类的社会经济活动的空间行为准则是根据最近距离选择空间行为目的地的，则可以将 Voronoi 图内凸多边形发生点或点集理解为城市，则凸多边形即可理解为城市的空间影响范围或空间服务范围[①]。加权 Voronoi 图则是考虑发生点的经济实力，强调给定的离散点集 $S = \{P_1, P_2, P_3, \cdots, P_n\}$（$n$ 为正整数）中 K 个点的共同作用，即对 S 的 K 元子集 S_K 中的每一点 P_i（$P_i \in S_K$）共同确定局部空间的数据场[②]。

二　模型构建

$$E_{ij}^k = \frac{Z_k}{(D_{ij}^k)^\partial} \tag{4—9}$$

$$F_{ij} = \sum_{k=1}^{k} E_{ij}^k \times \lambda_k \tag{4—10}$$

其中，$[i,j]$（i 为行号，j 为列号）表示外围点（栅格）的空间位置，E_{ij}^k 表示城市 k 在外围点 $[i,j]$ 受到的辐射强度（场强），Z_k 是中心城市 k 的结节性指数，D_{ij}^k 表示外围点 $[i,j]$ 与中心城市 k 的距离，在此用区域可

---

① 参见王新生、刘纪远、庄大方等《基于 GIS 的任意发生元 Voronoi 图逼近方法》，《地理科学进展》2004 年第 4 期。

② 参见韩元利、胡鹏、黄雪莲等《基于 k 阶 Voronoi 多边形划分的 k 阶数据场拟合》，《武汉大学学报》（信息科学版）2007 年第 4 期。

达性成本代替；∂ 为距离摩擦系数，一般取标准值 2；F_{ij} 为外围点 $[i,j]$ 的空间势能；λ_k 为中心城市 k 对外围点 $[i,j]$ 的影响权重，依据中心城市结节性指数的相对大小确定[1]。

---

① 参见潘竟虎、刘莹《基于可达性与场强模型的中国地级以上城市空间场能测度》，《人文地理》2014 年第 1 期。

第五章　测度结果分析与评价

第一节　城市群旅游场能整体格局

首先，通过设计、统计基于陆路交通网络和客运通航水系而生成的阻力面，计算从各城市点出发至全国其他各城市的旅游能量扩散范围；然后，运用掩膜提取（Extract by Mask）方法，以投影后的城市群边界进行切割从而得出各城市群的旅游场能扩散情况；最后，运用自然间断点分级法（Jenks）中的分类统计，可以得出各城市群的各项旅游场能参数指标（表 5—1）。

表 5—1　　　　　各城市群旅游场能值基本参数统计

城市群	栅格数	最小值	最大值	总和	平均值	标准差
京津冀	181178	12.88	1400500.75	50411262.13	278.24	7450.86
辽中南	90887	4.20	317581.47	20280517.31	223.14	4224.56
山东半岛	70865	16.35	640658.04	22426253.45	316.46	6757.16
长三角	94236	30.15	4565.75	95874719.13	1017.39	30731.22
环鄱阳湖	123062	5.42	423653.5	10789941.87	87.68	3287.94
江淮	86454	7.68	374842.53	13378955.02	154.75	3569.79
武汉	58326	11.31	212502.65	14266582.78	244.60	2704.92
长株潭	96741	8.52	327370.28	20158681.78	208.38	3210.33
中原	58445	13.92	4584265	42233560.95	722.62	37663.43
关中	55608	4.99	1279366.75	14124500.52	254.00	7298.88
川渝	221995	6.28	1650597.36	25366885.04	114.27	6338.91
珠三角	53899	19.89	1677758.75	34278267.49	635.97	18075.03
海峡西岸	53868	8.48	841489.89	5230561.80	97.10	44354.62

　　由表中可以看出，各城市群皆存在旅游场能值的强烈变动性，标准差数值非常大，变动性最强的区域为海峡西岸城市群，标准差达到44354.62。在给定的栅格区域内，旅游场能最大值中排名靠前的分别为珠三角、川渝和京津冀三个城市群，最大值点分别位于深圳、重庆和北京。从旅游场能的平均值来看，长三角城市群旅游场能均衡性最高，为1017.39；最低值为环鄱阳湖城市群，为87.68。整体而言，城市群旅游非均衡现象突出，目前的城市群旅游空间活动组织和扩散格局，仍旧沿袭以中心城市、核心城区为主体的都市旅游模式，城市群旅游处于初级发展阶段，距离走向紧密合作的城市群旅游网络尚有距离。

一　环渤海地区

1. 京津冀城市群

　　京津冀城市群的旅游场能分布极度不均衡，高旅游场能区域集中于以北京—廊坊—天津为轴线而串联保定、石家庄和沧州的 π 形结构内，具有明显的以北京为中心的极核化特征（图 5—1）。除 10 个中心城市外，多数区域皆处于低旅游场能区域，旅游经济的扩散效应明显不足。上述旅游场能结果的形成主要有两方面原因：一是在交通方面，该区域内有 G1

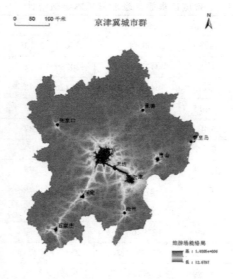

图 5—1　京津冀城市群旅游场能格局

京哈、G2 京沪、G3 京台、G4 京港澳、G5 京昆、G6 京藏、G7 京新共 7
条以首都北京为放射线的国家高速公路穿越，另外还有南北纵向的 G25
长深高速连接区内的承德、唐山、天津，G45 大广高速连接承德、北京，
以及京津、京承、京张等 15 条地方高速密布，区际及城际高速公路网络
已基本完善；在高速铁路方面，我国"四纵四横"高速铁路网中的京沪、
京港、京哈三条从北京始发，以北京为中心辐射全国的铁路线密布，是我
国铁路交通的枢纽区域。二是在旅游发展水平方面，京津冀城市群星级酒
店及经济型酒店 0.4392 家/万人、A 级景区密度 27.32 个/万平方千米
2012 年旅游总人数 5395.28 万人、旅游总收入 676.25 亿元，在 13 个城市
群中上述指标皆居于前两位，是我国旅游产业发展的先导区域。

　　总体上，京津冀城市群旅游场能高低与交通条件的发达程度，特别是
高铁线路的分布具有高度拟合性，高铁沿线城市北京、天津、廊坊、沧
州、保定、石家庄等城市的旅游场能优势突出，而北部张家口、秦皇岛、
唐山等城市的旅游场能亟须大幅提升，需建设衔接通达北京的城际铁路、
高速公路实现游客的承接和扩散。另外值得注意的是，截至 2014 年底，
河北与京津对接的高速公路、国道、省道共存在"断头路"里程达 2300
千米，因行政壁垒分化而导致的道路体系"碎片化"已严重阻碍京津冀
旅游场能提升及一体化进程。

　　2. 辽中南城市群

　　辽中南城市群的高旅游场能区域呈现以沈阳为中心向周边城市发散式
结构，一级辐射区域包括铁岭、抚顺、本溪、辽阳、鞍山 5 个城市，二级
区域包括盘锦和营口 2 市，大连和丹东则因偏居一隅而缺乏城市群内部的
场能扩散、贯通效应，处于区域旅游协作等级体系的外缘，侧重于依赖区
外客源的支撑（图 5—2）。上述旅游场能结果的形成主要有两方面原因：
一是在交通方面，有国家级高速公路 G11 鹤大高速连接区内的丹东和大
连，G15 沈海高速连接沈阳、鞍山和大连；G16 丹锡高速连接丹东、盘
锦；在高速铁路方面，有南北走向的京哈客运专线中的沈阳—大连的支线
和盘锦—营口的联络线穿越，串联起城市群中的两大核心城市；G91 辽中
环线连接起区内的铁岭、抚顺、本溪、鞍山。二是在旅游经济方面，辽中
南城市群的星级酒店及经济型酒店 0.4184 家/万人、A 级景区密度 18.78
个/万平方千米、2012 年旅游总人数 3056.44 万人、旅游总收入 326.07 亿
元，与环渤海地区的京津冀和山东半岛两个城市群相比，相对落后。

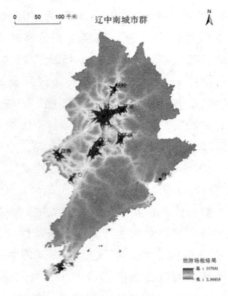

图 5—2 　辽中南城市群旅游场能格局

　　整体上，辽中南城市群旅游场能格局的形成，主要借由南北纵向的长大铁路、沈大高速组成的交通走廊为主轴发展而来，形成以沈阳为中心的中部城市旅游能量密集圈。但是，城市群内部缺乏东西走向的交通干线和南北走向的支线，导致旅游场能高度集中于交通枢纽城市。由于城市群旅游协作体系不健全，内部旅游场能高度集中于以沈阳为中心的周边区域，而由区外进入另一中心城市大连的旅游客流未能有效扩散至北部地区，形成沈阳至大连之间的旅游场能断层。

　　3. 山东半岛城市群

　　山东半岛城市群的高旅游场能区域呈带状分布，沿东西走向的交通动脉向南北两翼扩散，两个旅游结节性最高的中心城市济南、青岛呈东西呼应态势，而北部、南部地区除中心城市外，皆处于低场能区域，旅游市场的内部衔接程度不足（图 5—3）。上述旅游场能格局的形成也主要有两方面原因：一是在交通方面，山东省陆路运输体系发达，截至 2013 年底全省铁路营运里程 4288 千米，高速公路总里程达到 4994 千米，90% 的县市区通达高速公路，"三横四纵"的干线运输通道骨架初具规模，特别是山东半岛城市群交通运输网密度、运输强度远高于省内其他地区，其中，G18 荣乌高速连接北部的威海、烟台、东营 3 市，G20 青银高速串联起沿

图5—3　山东半岛城市群旅游场能格局

线的济南、淄博、潍坊、青岛4市，此外还包括G2京沪高速、G3京台高速、G35济广高速连接济南以及省内其他地市，G22青兰高速连接青岛等4个省内地市；高速铁路中，除胶济客专外，还有京沪高铁途经济南等省内其他地市，二者形成以济南为中心、纵穿省内的十字形铁路动脉，与高速公路形成较为完备的网格式陆路交通系统。截至2012年底，山东省铁路营运里程4288.1千米、高速公路里程4975千米①，分别居各城市群所在省份的第五位和第四位，陆路交通网络发展居于全国领先水平。二是旅游经济发展水平方面，山东半岛城市群的星级酒店及经济型酒店0.4652家/万人、A级景区密度43.87个/万平方千米、2012年旅游总人数3132.63万人、旅游总收入373.86亿元，各项指标均值为环渤海地区最高。

　　整体而言，山东半岛城市群的交通可达性和旅游结节性程度发展相对均衡，交通网络的发达程度与旅游场能高低拟合程度高，以威海、烟台为中心的北部地区场能扩散以及与场能主轴的衔接将成为发展重点。2014年济青高铁开工，建成后可实现济南至青岛1小时直达，至烟台、威海、日照等2小时通达，并连接京沪高速、石济客专，通过拟建的济聊城际与京九客专连接，融入国家高速铁路网；2014年底青烟威荣城

---

① 参见《中国统计年鉴2013》。

际铁路开通，并且渤海跨海通道将纳入我国"十三五"规划，渤海跨海通道可以将大连与烟台的距离从陆路常规铁路10多个小时缩短至40—50分钟，成为连接山东半岛和辽中南城市群以及环渤海地区一体化进程的纽带，有利于大幅提升山东半岛东北部地区的旅游场能，发挥烟台和威海作为次级旅游中心城市的辐射与吸纳功能，形成城市群内部完整的旅游市场体系。

二　长三角地区

1. 长三角城市群

长三角城市群是我国城市群旅游发展均衡程度最高的区域，高旅游场能区域从南至北，分别以南京、上海、杭州和宁波为主要节点呈"之"字形分布，沿途串联起扬州、镇江、常州、无锡、苏州、嘉兴和绍兴等城市，而其他城市的旅游场能衔接性尚未纳入主体辐射轴线。其他地区则多数处于低旅游场能取值范畴，尤以北部、南部首尾地区最为突出，苏北地区各中心城市的节点功能未能得以有效发挥（图5—4）。

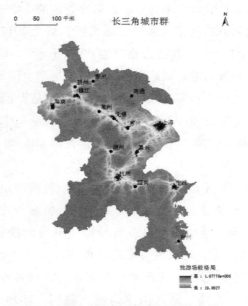

图5—4　长三角城市群旅游场能格局

上述旅游场能格局的形成原因主要有：

一是在交通方面，长三角地区是中国交通最为发达的地区之一，陆路交通网络密集，是长江内河客运的龙头区域，其中作为区域中心城市的上海是多条国家级、省级高速公路和高速铁路的起点或终点。在高速公路方面，G2 京沪高速串联无锡、苏州和上海，G15 沈海高速连接南通、上海、宁波、台州，G25 长深高速杭宁段连接杭州和南京，G40 沪陕高速连接上海、南通、扬州、南京，G42 沪蓉高速连接区内的上海、苏州、无锡、常州、南京，G60 沪昆高速中沪杭段连接上海、杭州两大中心城市，G92 杭州湾环线连接上海、杭州和宁波，并且还有发达的国道、省道公路体系，例如 G010 连接三高速中的甬台温段、沪宜高速等。可以说，高速公路网已成为长三角发达的经济和紧密的城镇间联系的保障，目前已经形成中心城市间主通道（上海、南京、杭州、宁波）、产业带间通道（太湖以北的沿江、太湖以南的环杭州湾两大"越江跨海"通道）、中心城市放射线和其他城市间高速公路四类不同层次和功能的高速公路路网体系。

在铁路方面，京沪客运专线中的宁杭高铁连接南京和杭州，杭福深客运专线中的杭甬客运专线、甬台温铁路分别连接杭州、宁波和宁波、台州、温州，沪汉蓉客运专线中的沪宁城际铁路连接上海和南京，沪昆客运专线中的沪杭客运专线连接上海和杭州，即我国"四纵四横"高速铁路网的半数皆通过长三角地区，形成长三角铁路交通主干道。截至 2012 年底，长三角地区的上海、浙江、江苏两省一市铁路营运里程共计 4599 千米、高速公路里程 8795 千米，内河航道里程 36286 千米，陆路交通运输网络发达、河网密布，高速公路和内河航道里程居各城市群首位。

二是旅游经济发展水平方面，长三角城市群的星级酒店及经济型酒店 0.6844 家/万人、A 级景区密度 55.60 个/万平方千米 2012 年旅游总人数 6183.43 万人、旅游总收入 13268.39 亿元，各项指标均居于 13 个城市群首位，是我国旅游经济最为发达的地区。

整体而言，长三角城市群旅游场能分布格局与陆路交通干线架构具有一致性，高旅游场能的节点城市皆位于主要交通轴线，而北部和南部地区的部分城市则因缺乏与场能主轴的衔接，未能有效融入内部旅游市场协作体系。在高速公路、铁路、跨海跨江大桥、内河航运等构成的综合交通运输体系作用下，城市间的出行半径范围不断加大，区内 3 小时旅游圈、1 小时游憩带已经形成，长三角城市群旅游率先步入"同城化时代"。未来需进一步强化南京作为北部地区旅游中心城市的交通枢纽功能，增强辐射带动作用，以城际铁路等形式增强泰州、南通等城市交通通达性，扩大高旅游场能覆盖范围，构造 ε 形的一体化旅游场能格局。

2. 江淮城市群

江淮城市群的旅游场能存在两段式结构，南部呈现以中心城市蚌埠、滁州、合肥、六安为主要节点的牛轭式结构，北部则从南向北自马鞍山开始依次连接芜湖、铜陵、池州、安庆四个主要城市而呈带状结构。尽管旅游场能值最高的区域主要集中于合肥与六安、蚌埠与滁州、马鞍山与芜湖之间的对流区域，但各个中心城市的旅游场能皆已形成不同程度的向周边地区扩散趋势，旅游场能扩散的脉络较为清晰（图5—5）。

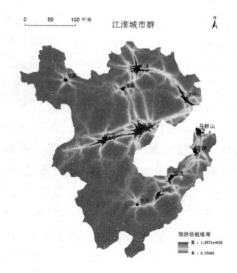

图5—5　江淮城市群旅游场能格局

上述旅游场能格局的形成原因主要是由于：一是在交通方面，高速公路中的 G3 京台高速连接蚌埠、合肥、铜陵，G40 沪陕高速、G42 沪蓉高速连接合肥、六安，G50 连接芜湖、铜陵、安庆；高速铁路中京沪客运专线中的合蚌客运专线不仅是京台高速铁路的重要组成，同时兼具合肥、淮南、滁州、蚌埠四个城市间的城际铁路功能。此外，2014 年 7 月 1 日沪汉蓉客运专线开通运营，其中的合宁铁路连接区内的合肥和长三角北部中心城市南京，另有合武铁路经合肥、六安连接武汉，加之地处长江流域中心地带，上述地区构成沪汉蓉高速铁路的中间环节。截至 2012 年底，安徽省铁路营运里程 3259.8 千米、内河航道里程 5623 千米、高速公路 3210 千米，交通条件略优于江西省。二是在旅游经济发展水平方面，江淮城市群星级酒店及经济型酒店 0.1928 家/万人、A 级景区密度 31.07 个/万平方千米、2012 年旅游总人数 20319.88 万人、旅游总收入 1858.1 亿元，酒店集团连接度均值为 34.6，在 13 个城市群中排名第六位，旅游经济发展水平明显优于交通条件相仿的环鄱阳湖城市群。

综上，江淮城市群旅游场能格局的形成，是旅游结节性与交通条件双重作用的结果，区内较为发达的综合交通运输体系和较高的旅游经济发展水平，共同决定了江淮城市群较为明朗的场能分布格局。沪汉蓉高铁作为贯通我国东部沿海与西部内陆快速通道，是我国第一条同长江"黄金水道"基本平行的铁路交通动脉，是"长江经济带"综合立体交通走廊建设的重要组成。

三　长江中游地区

在 2015 年 4 月《国务院关于长江中游城市群发展规划的批复》（国函〔2015〕62 号）中，进一步明确了长江中游城市群是以武汉城市群、环长株潭城市群、环鄱阳湖城市群为主体形成的特大型城市群，致力于"将长江中游城市群建设成为长江经济带重要支撑、全国经济新增长极和具有一定国际影响的城市群"。

1. 武汉城市群

武汉城市群旅游场能格局呈现以武汉为中心的"蛛网"形结构，黄石、鄂州、孝感、黄冈、咸宁五个城市均受经由武汉沿交通通道扩散的势能辐射，各方向的内部能值流动可在 2 小时内完成，已经形成便捷、高效的大都市旅游圈（图 5—6）。

上述旅游场能格局的形成原因为：

一是在交通方面，高速公路方面 G4 京港澳高速公路从南至北连接区内的孝感、武汉、咸宁、岳阳 4 市，G42 沪蓉高速连接武汉、孝感，G50 沪渝高速连接黄石、武汉，G56 杭瑞高速经咸宁，G70 福银高速连接黄石、武汉、孝感。高速铁路方面，京广深港客运专线中的武广客运专线连接区内的武汉和咸宁，石武客运专线，以及沪汉蓉客运专线中的合武铁路途经武汉，汉宜铁路自武汉汉口连接天门、仙桃、潜江。2012 年底，湖

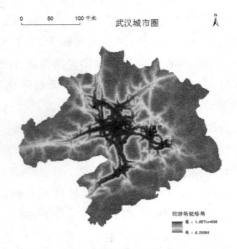

0   50   100 千米   武汉城市圈   N

图 5—6   武汉城市群旅游场能格局

北省铁路营运里程 3814.4 千米、内河航道里程 8271 千米、高速公路 4006 千米，人均道路拥有量在各城市群中居于领先地位。

二是在水路客运方面，长江干线作为连接我国东中西部的水上运输大动脉，长江航运是国家综合交通体系的重要组成部分。根据 2013 年 6 月长江干线水域各类船只客（车）运量统计（表 5—2），其中湖北段客运量最大，客渡船和汽渡船客运量分别占长江客运的 64.96% 和 46.14%，是长江经济带水路客运的交通枢纽，旅游船只则主要集中于长江上游地区。在以上海带动全流域、以武汉带动中游、以重庆带动上游地区发展的长江经济带国家级战略中，沿江城市群的发展水路客运是旅游、商贸往来的支撑条件，是承接长三角、珠三角地区的旅游产业转移和旅游流扩散的主战场。

表 5—2   2013 年 6 月长江干线水域各类船只客（车）运量（人）

管辖单位	客渡船	短途客船	长途客船	高速船	旅游船	汽渡船	汽车滚装船
重庆局	517597	91995	67633	14724	45554	7126	43284
三峡局	117937	43024	40182	24090	30284	12796	50935
宜昌局	376738	30515	480	27400	450	189127	0
荆州局	1012272	0	0	0	0	209049	0
岳阳局	59110	0	0	0	0	23892	0

续表

管辖单位	客渡船	短途客船	长途客船	高速船	旅游船	汽渡船	汽车滚装船
武汉局	651832	0	0	0	0	131200	0
黄石局	106135	0	0	0	0	28598	0
九江局	247114	0	0	0	0	9926	0
安庆局	61334	0	0	0	0	209649	0
芜湖局	246262	0	0	0	0	439852	0
合计（人）	3396331	165534	108295	66214	76288	1261215	94219

资料来源：长江海事局《长江局辖区 2013 年 6 月份客（车）运量统计表》。

三是在旅游经济发展水平方面，武汉城市群的旅游市场竞争力较弱，星级酒店及经济型酒店 0.3929 家/万人、A 级景区密度 22.00 个/万平方千米、2012 年旅游总人数 20337.18 万人、旅游总收入 1738.6 亿元，酒店集团连接度均值仅为 11.4，在 13 个城市群中排名末位。

综上，由于武汉城市群内部城市间距离短，时间可达性成本低，旅游场能的短距离扩散能力强，具有典型的都市圈旅游区的特征。然而，由于其旅游经济发展水平整体较弱，即武汉的城市旅游结节性水平未能与交通优势相匹配，并且周边地市的旅游吸引力不足，缺乏形成都市旅游体系所必需的承接功能。因此，武汉城市群的旅游场能提高，重点在于提高区内的旅游整体吸引力，构建旅游市场协作机制，大力发展县域旅游、乡村旅游，实现都市圈旅游的深度一体化。

2. 长株潭"3 + 5"城市群

从图 5—7 中可以看出，长株潭"3 + 5"城市群的核心区长沙、株洲、湘潭已经形成较为紧密的旅游一体化趋势，并以长株潭三市为中心分别向北、西、南三个方向辐射，旅游场能沿交通干线形成长沙—岳阳、长沙—益阳、湘潭—娄底、株洲—衡阳等多组城际旅游对流组合，呈现"树枝形"发散式结构。而外围城市如岳阳、常德、娄底、衡阳之间的相互关联和衔接程度较差，城际旅游环线没有形成。

上述旅游场能格局的形成原因为：一是在交通方面，高速公路中的 G4 京港澳高速公路连接岳阳、长沙、湘潭、株洲、衡阳，G56 杭瑞高速连接岳阳、常德，G55 二广高速连接常德、娄底，G60 沪昆高速途经株洲；高速铁路中京广深港客运专线中的武广客运专线连接长沙、株洲、衡

图 5—7　长株潭"3 + 5"城市群旅游场能格局

阳，沪昆客运专线中的杭长客运专线途经长沙和株洲，长昆客运专线长连接长沙、湘潭、娄底，使长沙成为贯通南北、连接东南沿海与西南地区的重要枢纽。截至 2013 年底，湖南省铁路营运里程 4083 千米，内河航道里程 11495 千米，各指标在长江流域各省份中居首位；截至 2013 年底，湖南建成通车高速公路 13 条、1116 千米，通车高速公路总里程由 2012 年的 3969 千米增加到 5084 千米，正式跃入全国高速公路"5000 千米方阵"，排名全国第四位。二是在旅游经济发展水平方面，星级酒店及经济型酒店 0.2683 家/万人、A 级景区密度 11.63 个/万平方千米、2012 年旅游总人数 20585.53 万人、旅游总收入 1481.2 亿元，酒店集团连接度均值仅为 22.4，在 13 个城市群中排名第 12 位。

综上，长株潭"3 + 5"城市群的旅游场能格局已形成核心—边缘结构，2014 年开工的长株潭城际铁路延长线，预计 2016 年建成时，长株潭三地可实现 0.5 小时可达，加速旅游同城化发展格局。因此，在高速公路日趋密布的情况下，发展城际铁路、城际公交等集约化的公共交通运输体系，将有助于提高旅游客流从东部核心区向西部欠发达地区扩散的水平。此外，该城市群的旅游结节性均值在全国排名并不具备显著竞争力，区内各城市间的旅游业发展非均衡现象突出。因此，必须提高外沿城市的旅游吸引力，增强融入核心区旅游分工体系的市场协作能力，构建紧密型的"3＋5"旅游市场体系，从发散型结构走向网状圈层结构。

3. 环鄱阳湖城市群

环鄱阳湖城市群旅游场能格局呈零星式点状分布，未能形成有效串联，旅游市场衔接能力较弱、合力不足；高场能区域高度集中于中心城市，交通条件支撑旅游流的空间扩散能力明显不足；由景德镇、九江、南昌、鹰潭、上饶五市构成的环鄱阳湖经济圈，是该城市群旅游经济发展的优势区域，已形成相对明显的弧形结构，抚州的旅游场能融入效果良好；此外，西部地区宜春与新余之间也已呈现较为密切的对流关系（图5—8）。

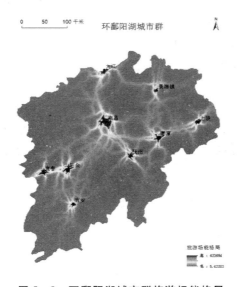

图5—8　环鄱阳湖城市群旅游场能格局

上述旅游场能格局的形成原因为：一是在交通方面，高速公路中的G56杭瑞高速连接景德镇、九江，G60沪昆高速连接上饶、南昌、宜春，G70福银高速连接南昌、九江，高速公路网络较为完善；高速铁路中的沪昆客运专线中的杭长客运专线连接南昌、上饶、鹰潭、新余、宜春等地市，区内高速铁路客运线路有限。江西省铁路网以沪昆线和京九线形成的"十"字形主骨架为主，截至2012年底，江西省铁路营运里程2834.5千米、每万人拥有铁路长度略低于全国平均水平，而单位里程铁路负荷是全国平均水平的 1.25 倍，与繁重的运输负荷相比，路网规模明显不足；内河航道里程 5638 千米，高速公路 4229 千米，综合交通客运特别是铁路客运优势不明显。二是在旅游经济发展水平方面，星级酒店及经济型酒店 0.2204 家/万人、A 级景区密度 8.65 个/万平方千米、2012 年旅游总人数 16897.48 万人、旅游总收入 1156.1 亿元，酒店集团连接度均值仅为 29.3，在 13 个城市群中排名第 10 位，旅游经济发展水平较低。

整体而言，环鄱阳湖城市群旅游吸引力较弱，旅游流的空间扩散过程未能形成有效的内部循环或对流体系，交通条件对旅游经济的拉动效应远远不足，突破交通"瓶颈"成为重点。除了重点强化中心城市旅游功能外，还应着重强化景德镇与上饶之间的对接以形成区内环线，加强西部宜春、新余、吉安三市与核心旅游圈层的衔接，从局部小环线逐步发展成为相互嵌套的区域大环线。

四　中西部地区

1. 中原城市群

中原城市群旅游场能格局呈松散分布状态，以洛阳—郑州—开封为东西轴线、以新乡—郑州—许昌—漯河为南北轴线，形成以郑州为中心的"十字形"框架，但格局并不十分明朗，中心城市对旅游场能的集聚与扩散作用未能得到有效发挥（图 5—9）。

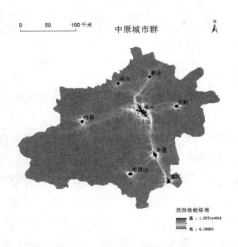

图 5—9　中原城市群旅游场能格局

上述旅游场能格局形成的原因主要是由于：一是在交通方面，高速公路中的 G4 京港澳高速连接郑州、漯河、信阳，G30 连霍高速连接开封、郑州、洛阳。高速铁路中的京广高速铁路自南向北串联起区内的新乡、郑州、许昌和漯河 4 个城市，郑州作为石武客运专线的枢纽城市承接石家庄和武汉两大城市；徐兰客运专线连接开封、郑州、洛阳等地，其中郑州作为郑徐客运专线和郑西客运专线的中转站，将西北、中原和华东地区东西贯通。截至 2012 年底，河南省铁路营运里程 4890.4 千米、内河航道里程 1267 千米、高速公路 5830 千米，高速铁路居全国第二位，高速公路营运里程已连续七年居全国首位，陆路交通网路发达，为旅游经济发展提供有力支撑。二是在旅游经济发展水平方面，中原城市群星级酒店及经济型酒店 0.2126 家/万人、A 级景区密度 20.77 个/万平方千米、2012 年旅游总人数 24802.33 万人、旅游总收入 2309.5 亿元，酒店集团连接度均值为 32.5，在 13 个城市群中排名第八位，在 13 个城市群中处于中等偏下水平。

综上，相比于郑州市贯通全国的交通通达性，由于城市群内部缺乏有效的城际交通系统，导致区外连接度高而区内通达性不足的局面；另外，洛阳、郑州、开封作为该城市群的主要旅游节点城市，三者之间既没有形成市场合力，也未能形成以各自为中心的都市旅游圈层网络，高旅游场能区域分布有限且过度集中于中心城区，交通可达性与旅游结节性的整合效应不足。发展内部循环的交通体系保障旅游流的高效流动、增强中心城市的吸引力、形成都市旅游圈层以最终形成合作网络，成为中原城市群旅游场能提高的重点内容。

2. 关中城市群

关中城市群已经形成较为明朗的以西安为核心的东西走向的带状旅游场能分布格局，西安作为旅游结节性指数排名较高的西部城市，已经形成强大的都市旅游场，西（安）咸（阳）旅游一体化的格局已经形成。宝鸡和渭南作为高场能带的延伸城市，已经具备次级旅游中心城市的功能（图 5—10）。

上述旅游场能格局形成的原因主要是由于：一是在交通方面，高速公路中的 G5 京昆高速经西安，G65 包茂高速串联铜川、西安，G30 连霍高速连接西安、宝鸡，是新丝绸之路的重要组成部分，G70 福银高速连接西安、咸阳；高速铁路中的徐兰客运专线中的西宝客运专线连接渭南、西安、咸阳、宝鸡，其中西安、宝鸡分别是郑西客运专线、西宝客运专线和

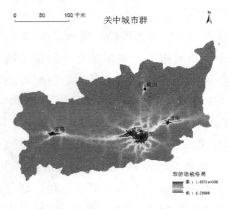

图 5—10   关中城市群旅游场能格局

宝兰客运专线三段的关键节点，进一步强化了西安作为西部旅游中心城市的地位。截至 2012 年底，陕西省铁路营运里程 4093.5 千米、内河航道里程 1066 千米、高速公路 4083 千米，铁路营业里程在西部诸省份中居于首位。二是在旅游经济发展水平方面，关中城市群星级酒店及经济型酒店 0.5825 家/万人、A 级景区密度 25.27 个/万平方千米、2012 年旅游总人数 17132.77 万人、旅游总收入 1161.1 亿元，酒店集团连接度均值为 33.4，在 13 个城市群中排名第七位。在旅游住宿设施人均拥有量、旅游资源丰度方面，居于全国前列，旅游产业基础条件优越。

综上，西安作为古丝绸之路的起点、新"丝绸之路经济带"重要节点，已经成为西部地区的旅游中心城市。关中城市群的平原地理条件使得其陆路交通条件明显优于多丘陵山地的川渝城市群，适度的城市群规模更容易形成初级的网络结构。关中城市群的例子表明，只有高旅游结节性与顺畅的交通通道高度拟合才能形成旅游高场能区域，单一的交通或旅游优势无法造就高旅游场能格局。关中城市群需增强西安的旅游场能扩散能力，提高城际关联度，特别要加快北部地区铜川市这一旅游节点的培育，形成高效的"小世界"旅游网络。

3. 川渝城市群

川渝城市群所包含的城市数量较多，整体上以成都和重庆为中心分成西部和东部两大场能区域。除重庆和成都两个中心城市已形成较为清晰的都市旅游场能脉络外，其他多数城市的旅游场能格局呈现散点状分布，东

图 5—11　川渝城市群旅游场能格局

部因缺乏城市节点而多数为低场能区域覆盖，未能形成较大范围的网络组织。遂宁作为区内重要的交通节点，正起着衔接东西两大旅游区域的作用，成都—遂宁—重庆的旅游场能轴线日益形成（图 5—11）。

上述旅游场能格局形成的原因主要有：

一是在交通方面，高速公路中的 G5 京昆高速连接广元、绵阳、成都、雅安，G42 沪蓉高速连接区内的南充、遂宁、成都，G50 沪渝高速途经重庆，G75 兰海高速连接南充、重庆，G85 渝昆高速连接重庆、内江、宜宾，G76 厦蓉高速连接内江、成都，G93 成渝环线将成都、绵阳、遂宁、重庆、泸州、宜宾、乐山、雅安等主要城市形成内部环形通道。高速铁路方面，沪汉蓉客运专线沿长江干流这一黄金水道配套而行，使得长江中下游的联系更为紧密，其中 2013 年底开通的渝利铁路将重庆与湖北利川相连，遂渝铁路连接区内的遂宁和重庆二市，达成铁路连接成都、南充、遂宁，构成 2 小时交通圈，标志着川东北地区正式跨入高铁时代。截至 2012 年底，四川省和重庆市铁路营运里程共计 4985.2 千米、内河航道里程 4674 千米、高速公路 6243 千米，各项指标在西部以及长江经济带各省份中居首位。2014 年上半年，长江三峡坝区过闸客运量 19.1 万人次，同比增长 54%[①]。

二是在旅游经济发展水平方面，川渝城市群星级酒店及经济型酒店

---

① 参见交通运输部长江航务管理局《2014 年上半年三峡坝区通航形势》。

0.3464 家/万人、A 级景区密度 18.18 个/万平方千米、2012 年旅游总人数 62799.74 万人、旅游总收入 4297.54 亿元，酒店集团连接度总值 383，远高于同样位于西部地区的关中城市群，但均值仅为 25.5，在 13 个城市群中排名第 11 位。川渝城市群的旅游经济总量高，但由于人口基数大、地域广阔，因而均值较低。

综上，川渝城市群的旅游场能扩散格局已经形成以成都、重庆为中心的局域网络，双中心城市的场能扩散与互动纽带正在形成。川渝城市群与长三角城市群数量相当，陆路交通网络营业里程甚至优于长三角，但是旅游场能高值区域范围以及分布的均衡程度却远落后于长三角，主要是由于：一是区内缺乏与长三角苏州、无锡、常州相当的次级旅游中心城市，无法形成强有力的旅游分工体系；二是区内城际交通循环体系尚未形成，通过完善路网布局、加快内部交通线路串联与等级提升，发展中短程的城市群交通体系将成为旅游场能扩散和衔接的关键突破口；三是中国西部地区经济相对落后，地理条件复杂导致修筑难度较大，铁路建设进度较慢，但是基于其较好的旅游经济发展水平，依托旅游产业驱动模式提高城市群旅游场能更具现实意义。

五　华南地区

1. 珠三角城市群

借由珠三角毗邻港澳的区位条件、发达的经济基础和水陆交通网络，珠三角城市群已经形成以广州、深圳为中心的高旅游场能集聚区，形成广州—东莞—深圳为纵线的场能辐射中轴线，中部地区的大都市旅游网络已经形成，其他城市也不同程度地呈现旅游场能向周边县（市）区扩散的趋势，而西部和东北部地区则普遍旅游场能值偏低，是未来珠三角地区的关注重点（图 5—12）。

上述旅游场能格局形成的原因主要是由于：

一是在交通方面，高速公路中的 G4 京港澳高速公路连接广州、深圳，G15 沈海高速连接汕头、深圳、广州，G55 二广高速途经广州，G78 汕昆高速途经汕头，G80 广昆高速连接广州、佛山、肇庆，G94 珠三角环线将区内珠海、江门、东莞、深圳等城市通过港珠澳大桥与香港、澳门相连。高速铁路中，京广深港客运专线以广州为中心连接武广客运专线、广深港客运专线，其中后者串联起广州、东莞和深圳三市，构成珠三角城际

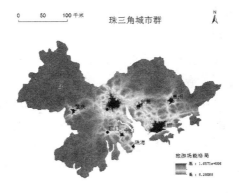

图 5—12　珠三角城市群旅游场能格局

快速轨道交通网的骨干部分；2013 年底杭福深客运专线中的厦深铁路开通，使我国高速铁路网"四纵四横"中的东南沿海客运专线这一纵彻底贯通，连接珠三角的潮州、惠州、深圳等地市，实现珠三角、长三角以及海峡西岸三大城市群的有效衔接。截至 2012 年底，广东省铁路营运里程共计 2846.1 千米、内河航道里程 12076 千米、高速公路 5524 千米，高速公路里程在全国各省份中居首位；2013 年上半年，珠江客运量 699 万人、旅客周转量 38939 万人千米，与 2012 年同期相比分别增长 10.6%、7.0%①，已经基本实现粤港水路客运的"公交化"运营。

二是在旅游经济发展水平方面，珠三角城市群星级酒店及经济型酒店 0.6597 家/万人，居全国首位；A 级景区密度 19.36 个/万平方千米，2012 年旅游总人数 18124.41 万人，其中入境旅游者人数占总量的 1/6，总量和均值在各城市群中居于首位；旅游总收入 4385.2 亿元，酒店集团连接度总值 748、均值 83.1，在 13 个城市群中排名第四位，旅游基础设施齐备，入境旅游业发达。

广州、深圳作为华南地区的经济中心城市，已经建立起较为完备的以轨道交通为骨干的公共交通体系，注重现有地下轨道交通与地面常规公交网络的有效衔接，以形成多样化的公共交通体系，能满足城郊通勤需求。除此之外，将中心城市广州、深圳市内地下轨道交通与珠三角城际交通网的对接融合，有助于强化大都市综合立体交通对环城游憩的贡献，构建都

① 参见交通部珠江航务管理局《2013 年上半年珠江水运经济运行情况》。

市 0.5—1 小时综合、立体化旅游圈层体系。

2. 海峡西岸城市群

海峡西岸城市群地处中国东南沿海，连接长三角和珠三角两个国内最发达的经济区域，旅游场能扩散格局形成以福州和厦门为中心的"双核"结构，沿东南沿海呈带状结构向内陆扩散。受城市群内部交通条件制约，高旅游场能区域高度集中于沿海一线，广大腹地多处于低旅游场能区域，对上海、广州等热点城市的客源承接能力不足。并且，因福州、厦门较低的旅游结节性水平，导致中心城市旅游场能集聚与扩散能力有限。

图 5—13　海峡西岸城市群旅游场能格局

一是在交通方面，高速公路中的 G3 京台高速途经福州，G15 沈海高速连接福州、泉州、漳州，G70 福银高速途经福州，G72 泉南高速途经泉州，G76 厦蓉高速连接厦门、漳州。高速铁路中，杭福深客运专线中的温福铁路连接区内的宁德和福州，厦深铁路连接区内的厦门和漳州，福厦铁路串联起福州、莆田、泉州、厦门四个主要城市。杭福深客运专线不仅是东南沿海铁路快速通道，而且是海峡西岸城市群的重要铁路干线，与鹰厦铁路一起分别构成穿越海峡西岸城市群沿海与内陆的交通骨架。截至 2012 年底，福建省铁路营运里程共计 2255.1 千米、内河航道里程 3245 千米、高速公路 3372 千米，交通设施条件与其他城市群相比较弱。二是在旅游经济发展水平方面，海峡西岸城市群星级酒店及经济型酒店0.5255 家/万人、A 级景区密度 13.64 个/万平方千米、2012 年旅游总人数 12117.74 万人、旅游总收入 1500.4 亿元，酒店集团连接度总值 181，均值为 30.2，在 13 个城市群中排名第九位。

综上所述，通过对 13 个城市群旅游能量的集聚与扩散的整体格局及成因进行分析，笔者认为城市群旅游能量具有沿陆路交通网络的时间成本距离递增、梯度耗散的特征，交通网络对城市群空间结构形成和重塑效应极为显著。依据各城市群旅游能量扩散格局差异，可将城市群旅游场能扩散模式分为五种类型（表 5—3）。可以看出，由于我国各城市群正处于城镇化中期阶段，旅游场能作为城镇化、交通可达性和旅游产业发展水平综合作用的结果，尚处于初中级发展水平，城镇化、交通条件对旅游业的贡献率以及三者的相互关联作用程度有待进一步提升。

表 5—3　　　　　　　　　城市群旅游场能的扩散模式

扩散模式类型	城市群名称	一级旅游场能节点	次级旅游场能节点	扩散水平
轴带式	山东半岛城市群	济南、青岛	潍坊、淄博、烟台、威海	Ⅱ级
	长三角城市群	上海、南京、杭州	苏州、无锡、宁波、常州	
	海峡西岸城市群	福州、厦门	泉州、莆田	
单核发散式	京津冀城市群	北京	天津、石家庄、唐山、保定	Ⅳ级
	关中城市群	西安	咸阳、宝鸡、渭南	
散点串珠式	环鄱阳湖城市群	南昌	芜湖、铜陵、马鞍山	Ⅴ级
	中原城市群	郑州、开封、洛阳	许昌、漯河	
	川渝城市群	重庆、成都	遂宁、南充	
蛛网扩散式	辽中南城市群	沈阳、大连	抚顺、本溪、鞍山	Ⅰ级
	武汉城市群	武汉	黄石、孝感、咸宁	
	长株潭"3+5"城市群	长沙、株洲、湘潭	岳阳、益阳、衡阳	
簇群组团式	江淮城市群	合肥	蚌埠、六安	Ⅲ级
	珠三角城市群	广州、深圳	佛山、东莞、惠州	

从旅游场能空间结构优化的视角考量，若以均衡化、网络化为旅游场能扩散格局的理想状态和终极目标，根据本研究在 GIS 中的可视化研究结果，可将各城市群的旅游场能发育水平分为五个级别。其中，以武汉城市

群、长株潭"3＋5"城市群和辽中南城市群为代表的蛛网扩散式结构在形态上与空间紧凑程度上最为接近网络化结构，特别是在武汉城市群和长株潭"3＋5"城市群的核心区，旅游能量扩散已借由发达的交通网络形成紧密的一体化格局。依据城市群旅游经济的发展基础和发展惯性特征，上述三个城市群的旅游场能最容易形成网络化空间结构，因此被划定为Ⅰ级；以长三角、山东半岛和海峡西岸三个城市群为代表的轴带式旅游场能扩散模式，主要借由区内或穿越本区的区际交通干线通道形成旅游场能扩散主轴，在上述城市群中次级旅游中心城市成长性强，旅游城镇密集区发育已初具规模，伴随城际交通网络的发展，具备沿干线通道向腹地区域渗透、拓展以形成网络化格局的潜质，因此被划定为Ⅱ级；以珠三角、江淮城市群为代表的簇群组团式旅游场能扩散模式，中心城市对周边地区带动效应明显，并且在局部空间临近地区已经形成较为明显的场能簇群，例如广州、深圳旅游能量在大都市周边地区的扩散效应明显，合肥与六安、蚌埠与滁州、马鞍山与芜湖之间已形成明显的城际旅游能量对流带，但还未能形成明显的网状或轴带式格局，因此被划定为Ⅲ级；以京津冀城市群和关中城市群为代表的旅游场能单核扩散模式，由于北京和西安在各自城市群中具有旅游场能高度极核化特征，对区内城市的带动作用和屏蔽效应并存，次级旅游中心城市与首位城市差距过大，旅游能量分布极度不均衡，因此被划定为Ⅳ级；环鄱阳湖、中原、川渝城市群，内部旅游能量扩散集中于中心城市，呈零星、散点式分布，区内城市数量较多，而首位城市作为高旅游场能区域因缺乏有力的城际交通条件支撑无法形成有效串联和扩散，处于旅游场能发育的初级阶段，因而被划定为Ⅴ级。

第二节　城市群内部旅游场能分异特征

为进一步展示各城市群内部的场能分异特征，本书以县（市）区为单位对各城市群内部旅游场能格局进行分析。首先，对各城市的中心城区、县（市）、区进行地域单元归类，同名项中选取场能值较大的数据予以统计，得到各城市群的县（市）区数量；其次，运用 Arctoolbox – Spatial Analysist 工具—区域分析—分区统计以及以表格显示分区统计两种方式进行统计，得到各城市群旅游场能呈现从高至低的分异特征；最后，按照自然断裂法分类方法，将 2013 年各城市群的旅游场能均值（Mean）划分为高旅游场能、较高旅游场能、一般旅游场能、较低旅游场能和低旅游场能五大类型。

一　环渤海地区

京津冀城市群共有 122 个有效县（市）区，其中高旅游场能区域取值范围为 $F \in (11085.50, 22402.17]$，主要包括北京、天津、保定、廊坊 4 市的城区；较高旅游场能区域取值范围为 $F \in (3891.97, 11085.50]$，主要包括唐山、秦皇岛、石家庄、张家口、沧州 5 市的城区和大兴、武清、通州 3 个县（市）区；一般旅游场能区域取值范围为 $F \in (1523.37, 3891.97]$，主要包括昌平、顺义、涿州等 15 个县（市）区；较低旅游场能区域取值范围为 $F \in (470.65, 1523.37]$，主要包括承德市城区和高碑店、望都、固安、宝坻等 15 个县（市）区；低旅游场能区域的取值范围为 $F \in (32.02, 470.65]$，主要包括定州、延庆、高阳等 55 个县（市）区（图 5—14）。整体上，京津冀城市群旅游场能格局呈现南部高、北部低的特征，一般及以上的旅游场能区域高度集中于北京—廊坊—天津一线，低旅游场能和较低旅游场能区域占多数。其中，北京市最大旅游势能值为 1225840，分别是天津（39805.5）、石家庄（16857.9）的 30 倍和 72 倍，北京不仅在京津冀城市群中旅游场能均值最高（22446.3）、呈现"一城独大"的特征，且在城市内部的 1364 个栅格中标准差达到 64960.9，城市内部同样存在旅游场能非均衡、变动性强的问题（表 5—4）。

图 5—14　以县（区）为单位的京津冀城市群旅游场能分异

表5—4　　　　　京津冀城市群各城市旅游场能（势能）值①

城市	栅格数	最小值	最大值	均值	标准差	总和
北京	1364	659.155	1225840	22446.3	64960.9	30616800
天津	157	3302.74	39805.5	10935.8	6477.88	1716930
石家庄	248	495	16857.9	4498.96	2910.02	1115740
秦皇岛	291	112.608	176389	5791.75	15184.4	1685400
唐山	754	219.777	313945	6192.23	26622.1	4668940
保定	131	966.321	148598	10005.5	18021.4	1310730
张家口	418	122.162	197500	3901.12	17730.2	1630670
承德	491	123.855	7298.59	779.903	1010.56	382933
沧州	166	521.611	8383.27	2293.55	1555.54	380729
廊坊	987	293.71	1400500	7471.16	53946.6	7374040

　　辽中南城市群共有42个有效县（市）区，其中高旅游场能区域取值范围为 $F \in (6643.24, 15975.47]$，范围极其有限，主要集中于鞍山、盘锦2市城区；较高旅游场能区域取值范围为 $F \in (2258.97, 6643.24]$，主要包括沈阳、铁岭、抚顺、辽阳4市城区；一般旅游场能区域取值范围为 $F \in (818.43, 2258.97]$，主要集中于本溪、丹东2市城区和抚顺县；较低旅游场能区域取值范围为 $F \in (192.10, 818.43]$，主要集中于大连、营口2市城区和辽阳县、盘山县等11个县（市）区；低旅游场能区域的取值范围为 $F \in (4.20, 192.10]$，主要位于黑山县、法库县、东港市等20个县（市）区（图5—15）。整体而言，辽中南城市群的场能呈现"中部高、南北低"的分异特征，旅游场能以沈阳、抚顺、鞍山形成的三角形核心区域向南北两翼扩展，辽北、辽东是旅游场能的主要弱势区域；区内旅游场能最高值是沈阳（301367），是最低值丹东（6884.3）的4倍有余；各城市内部旅游场能值变动最为剧烈的城市为鞍山，标准差达到28430.6；大连受区内交通可达性水平限制，区内平均旅游场能优势并不明显，但高值点达到25421.7，居于区内中高水平（表5—5）。

―――――――――

① 选取各城市最大旅游场能值所在的栅格区域进行统计，下同。

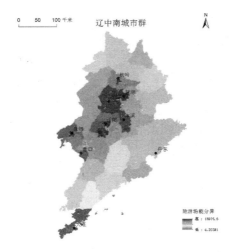

图5—15　以县（区）为单位的辽中南城市群旅游场能分异

表5—5　　　　　　　辽中南城市群各城市旅游场能（势能）值

参数	栅格数	最小值	最大值	均值	标准差	总和
沈阳	3428	81.8499	301367	2266.1	9669.96	7768180
大连	2074	37.2656	25421.7	687.474	1559.09	1425820
鞍山	624	77.2397	317581	6713.8	28430.6	4189410
抚顺	662	163.758	246507	4906.29	21185.9	3247960
本溪	1534	66.6152	103315	1284.74	4555.2	1970780
丹东	408	75.9266	6884.3	839.685	959.931	342591
营口	507	120.151	9001.07	800.855	870.857	406033
辽阳	272	322.862	86082.4	4300.26	9454.51	1169670
盘锦	164	434.055	299430	14936.7	44437	2449620
铁岭	173	183.621	106189	5886.51	13049.3	1018370

　　山东半岛城市群共有44个有效县（市）区，其中高旅游场能区域取值范围为 $F \in (7236.13, 17175.16]$，主要集中于济南、淄博、威海3市城区；较高旅游场能区域取值范围为 $F \in (3139.64, 7236.13]$，符合条件的仅有青岛市城区；一般旅游场能区域取值范围为 $F \in (722.03, 3139.64]$，主要集中于日照、烟台、潍坊3市城区和齐河、桓台2个县（市）区；较低旅游场能区域取值范围为 $F \in (319.10, 722.03]$，主要集

中于即墨、胶州、章丘等9个县（市）区；低旅游场能区域的取值范围为 $F \in (50.48, 319.10]$，主要包括东营市城区和寿光、胶南、文登等26个县（市）区（图5—16）。整体上，山东半岛城市群的高旅游场能区域沿胶济线东西分布，北部和南部属于旅游场能弱势区域。青岛、威海、烟台及日照作为区内滨海旅游主要节点，旅游结节性水平对其较高旅游场能水平的贡献大于时间可达性的贡献，需依托城际交通系统大幅提升黄河三角洲北部和胶东半岛主要县（市）区的旅游场能。

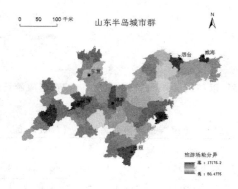

图5—16　以县（区）为单位的山东半岛城市群旅游场能分异

表5—6　　　　　　　山东半岛城市群各城市旅游场能（势能）值

城市	栅格数	最小值	最大值	均值	标准差	总和
济南	297	827.047	623193	17700.9	51185.1	5257170
青岛	758	89.088	31689.7	2614.25	3536.6	1981600
淄博	355	307.337	426429	16803.4	50319	5965220
东营	957	33.5928	6469.97	302.626	477.86	289613
烟台	766	118.159	96204.6	1325.61	4415.82	1015410
潍坊	1525	85.987	14724.1	1298.59	1756.12	1980350
威海	334	223.079	643180	7696.18	44017.7	2570530
日照	1715	37.2176	302709	1677.21	11524.6	2876410

二　长三角地区

1. 长三角城市群

长三角城市群共有86个有效县（市）区，其中高旅游场能区域取值

范围为 $F \in$（35017.71, 135038.34］，主要集中于上海、镇江 2 市城区；较高旅游场能区域取值范围为 $F \in$（13849.32, 35017.71］，主要包括杭州、绍兴、宁波、嘉兴、扬州 5 市城区；一般旅游场能区域取值范围为 $F \in$（4323.55, 13849.32］，主要集中于南京、苏州、常州、无锡 4 市城区和嘉定、闵行、锡山 3 个县（市）区；较低旅游场能区域取值范围为 $F \in$（1148.29, 4323.55］，主要集中于湖州、泰州、台州 3 市城区和松江、余杭、昆山等 31 个县（市）区；低旅游场能区域的取值范围为 $F \in$（89.87, 1148.29］，主要包括南通市城区和上虞、长兴、慈溪等 38 个县（市）区（图 5—17、表 5—7）。

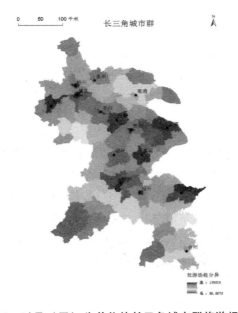

图 5—17　以县（区）为单位的长三角城市群旅游场能分异

表 5—7　　　　　　　　长三角城市群各城市旅游场能（势能）值

城市	栅格数	最小值	最大值	均值	标准差	总和
上海	177	9567.15	1622640	135038	247340	23901800
南京	1003	1101.34	664580	12701.8	45895.2	12739900
无锡	414	171.77	111461	7990.59	15878.5	3308100
常州	108	2681.71	23621.2	9973.7	4473.94	1077160

续表

城市	栅格数	最小值	最大值	均值	标准差	总和
苏州	143	1945.44	34247.3	32301.8	5964.12	1485310
南通	204	317.154	4351.53	992.273	647.427	202424
扬州	154	1361.91	229154	13936	27968	2146150
镇江	232	590.044	833580	35134.4	90616.4	8151190
泰州	129	476.829	14766.5	2527.85	2273.34	326093
杭州	441	853.096	817984	25367.9	67959	11187200
宁波	950	152.979	4565750	22518	224756	21392100
嘉兴	996	532.355	2752420	18444.5	141238	18370700
湖州	1555	194.761	216797	2918.55	11714.4	4538350
绍兴	104	1493.79	277671	24274.4	41530.9	2524540
台州	154	237.337	13595	1644.23	2019.22	253211

2. 江淮城市群

江淮城市群共有 53 个有效县（市）区，其中高旅游场能区域取值范围为 $F \in (13880.34, 20564.30]$，只包括铜陵市城区；较高旅游场能区域取值范围为 $F \in (2043.85, 13880.34]$，主要包括马鞍山、蚌埠、合肥城区；一般旅游场能区域取值范围为 $F \in (513.90, 2043.85]$，主要集中于芜湖、池州、滁州 3 市城区和铜陵 1 个县（市）区；较低旅游场能区域取值范围为 $F \in (191.81, 513.90]$，主要包括六安、安庆、淮南、阜阳 4 市城区和无为、肥西、肥东等 15 个县（市）区；低旅游场能区域的取值范围为 $F \in (30.76, 191.81]$，主要包括青阳、枞阳、南陵等 26 个县（市）区。

表5—8　　　　江淮城市群各城市旅游场能（势能）值

城市	栅格数	最小值	最大值	均值	标准差	总和
合肥	507	51.7427	16983.9	2099.76	2230.09	1064580
芜湖	146	185.701	9367.42	1982.02	1656.75	289375
蚌埠	395	147.964	374843	7986.82	28473.6	3154790
淮南	1051	29.8847	5143.04	334.893	436.052	351973
马鞍山	236	177.959	268295	11619.8	38500.5	2742270

续表

城市	栅格数	最小值	最大值	均值	标准差	总和
铜陵	79	903.582	223017	20337.7	47251.9	1606680
安庆	457	66.0073	3232.59	333.927	371.439	152604
滁州	1349	20.5747	169080	1583.32	8088.82	2135900
六安	3507	24.7457	15935.7	430.747	973.339	1510630
池州	2558	19.3652	119823	523.623	4293.17	1339430
阜阳	1666	23.2425	3433.93	199.581	274.425	332502

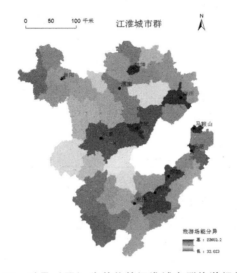

图 5—18　以县（区）为单位的江淮城市群旅游场能分异

三　长江中游地区

1. 武汉城市群

武汉城市群共有 33 个有效县（市）区，其中高旅游场能区域取值范围为 $F \in (3730.32, 10268.04]$，主要集中于黄石、武汉 2 市城区；较高旅游场能区域取值范围为 $F \in (13849.32, 35017.71]$，主要包括咸宁、黄冈 2 市城区；一般旅游场能区域取值范围为 $F \in (4323.55, 13849.32]$，主要集中于鄂州、孝感 2 市城区和赤壁、汉川等 4 个县（市）区；较低旅游场能区域取值范围为 $F \in (1148.29, 4323.55]$，主要包括仙桃、天门、潜江等 14 个县（市）区；低旅游场能区域的取值范围为 $F \in$

（89.87,1148.29］，主要包括洪湖、随州、江陵等 9 个县（市）区（图
5—19、表5—9）。

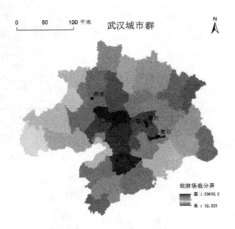

图 5—19　以县（区）为单位的武汉城市群旅游场能分异

表5—9　　　　　　　武汉城市群各城市旅游场能（势能）值

城市	栅格数	最小值	最大值	均值	标准差	总和
武汉	1413	255.212	41320.9	3760.77	4933.06	5313970
黄石	162	353.653	207697	9189.27	28106.3	1488660
鄂州	1628	49.2284	7768.94	692.625	773.419	1127590
孝感	2206	39.858	41041.2	526.066	956.476	1160500
黄冈	470	182.932	7219.68	823.525	846.689	387057
咸宁	1494	32.9028	213339	2258.01	11844.6	3373470

2. 长株潭 "3 + 5" 城市群

长株潭城市群共有48个有效县（市）区，其中高旅游场能区域取值
范围为 $F \in$（7222.14,16557.52］，主要集中于长沙、湘潭 2 市城区；较
高旅游场能区域取值范围为 $F \in$（2878.59,7222.14］，主要包括衡阳、娄
底、益阳、株洲 4 市城区；一般旅游场能区域取值范围为 $F \in$（609.58,
2878.59］，主要集中于岳阳市城区和韶山、望城等 5 个县（市）区；较
低旅游场能区域取值范围为 $F \in$（155.77,609.58］，主要包括益阳、常德
2 市城区和湘乡、汨罗、醴陵 14 个县（市）区；低旅游场能区域的取值

范围为 $F \in (26.12, 155.77]$，主要包括浏阳、汉寿、桃江等 20 个县
（市）区（图 5—20、表 5—10）。

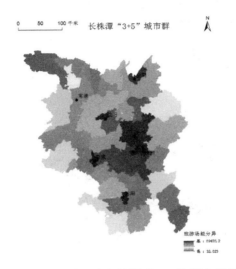

图 5—20　以县（区）为单位的长株潭"3＋5"城市群旅游场能分异

表 5—10　　　　长株潭"3＋5"城市群各城市旅游场能（势能）值

城市	栅格数	最小值	最大值	均值	标准差	总和
长沙	34	1426.17	327370	16457.3	36736.7	5743590
株洲	409	160.82	13215.5	2885.81	2477.26	1180290
湘潭	271	556.705	128581	7313.58	14247.3	1981980
衡阳	394	244.745	168620	7181.59	16818.8	2829550
岳阳	800	79.2492	10630.7	1087.69	1447.02	870152
常德	2735	24.4056	7317.9	253.711	429.804	693898
益阳	1442	36.3141	6667.01	438.321	571.312	632059
娄底	417	84.9454	160708	4341.04	15931.8	1810210

3. 环鄱阳湖城市群

环鄱阳湖城市群共有 58 个有效县（市）区，其中高旅游场能区域取
值范围为 $F \in (1828.11, 24267.63]$，只包括南昌市城区；较高旅游场能
区域取值范围为 $F \in (682.26, 1828.11]$，主要包括鹰潭、上饶、新余、
九江 4 市城区；一般旅游场能区域取值范围为 $F \in (395.80, 682.26]$，主

要集中于宜春、抚州 2 市城区和新建 1 个县（市）区；较低旅游场能区域取值范围为 $F \in （109.34, 395.80]$，主要包括余江、上饶、乐平等 11 个县（市）区；低旅游场能区域的取值范围为 $F \in （13.85, 109.34]$，主要包括永修、安义、东乡等 39 个县（市）区（图 5—21、表 5—11）。

图 5—21　以县（区）为单位的环鄱阳湖城市群旅游场能分异

表 5—11　　　　　　　　环鄱阳湖城市群各城市旅游场能（势能）值

城市	栅格数	最小值	最大值	均值	标准差	总和
南昌	196	282.106	423654	24445.9	66230.3	4791400
九江	683	61.6283	17718	711.401	1293.46	485887
景德镇	2860	8.36226	1271.98	90.0628	103.881	257580
鹰潭	123	121.884	173875	11786.8	28977.4	1449780
上饶	61	133.89	7247.05	1929.68	1811.68	117711
新余	1811	44.5536	225984	1218.66	8992.6	2207000
吉安	132	81.1711	5923.96	1248.67	1122.19	164824
宜春	2492	17.0226	177797	614.326	5799.35	1530900
抚州	2114	20.0659	58110.8	482.587	2344.37	1020190

四 中西部地区

1. 中原城市群

中原城市群共有 57 个有效县（市）区，其中高旅游场能区域取值范围为 $F \in (5342.08, 104199.66]$，只包括漯河市城区；较高旅游场能区域取值范围为 $F \in (4116.57, 5342.08]$，主要包括郑州、许昌、开封、洛阳 4 市城区；一般旅游场能区域取值范围为 $F \in (1665.56, 4116.57]$，主要集中于平顶山、新乡 2 市城区；较低旅游场能区域取值范围为 $F \in (440.05, 1665.56]$，主要包括焦作市城区和新郑、鄢城、长葛等 16 个县（市）区；低旅游场能区域的取值范围为 $F \in (31.55, 440.05]$，主要包括原阳、修武、卫辉等 33 个县（市）区（图 5—22、表 5—12）。

图 5—22 以县（区）为单位的中原城市群旅游场能分异

表 5—12   中原城市群各城市旅游场能（势能）值

城市	栅格数	最小值	最大值	均值	标准差	总和
郑州	1059	274.204	4584270	34557.8	271295	36596700
开封	383	99.2639	215358	5769.91	22265.3	2209880
洛阳	459	177.988	145880	4199.04	13340.9	1927360
平顶山	468	114.45	206877	3828.59	15137.3	1791780
新乡	187	268.461	6739.77	1778.63	1200.61	332604
焦作	375	131.438	8406	1310.53	1305.45	491448
许昌	104	1748.49	392621	25648.9	52064.3	2667480
漯河	57	995.591	1027180	102103	233407	5819850

2. 关中城市群

关中城市群共有 44 个有效县（市）区，其中高旅游场能区域取值范围为 $F \in (1837.94, 8572.10]$，只包括咸阳、西安、宝鸡 3 市城区；较高旅游场能区域取值范围为 $F \in (1234.88, 1837.94]$，主要包括渭南城区和兴平 1 个县（市）区；一般旅游场能区域取值范围为 $F \in (430.80, 1234.88]$，主要集中于长安、临潼等 4 个县（市）区；较低旅游场能区域取值范围为 $F \in (129.27, 430.80]$，主要包括铜川市城区和三原、华阴、潼关等 15 个县（市）区；低旅游场能区域的取值范围为 $F \in (28.76, 129.27]$，主要包括凤翔、周至、淳化等 19 个县（市）区（图 5—23、表 5—13）。

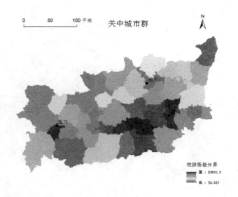

图 5—23　以县（区）为单位的关中城市群旅游场能分异

表 5—13　　　　　　关中城市群各城市旅游场能（势能）值

城市	栅格数	最小值	最大值	均值	标准差	总和
西安	869	103.371	325765	8460.81	20147.8	7352440
铜川	790	33.1069	3808.96	267.739	345.527	211514
宝鸡	531	21.1327	1279370	6703.51	60574.4	3559570
咸阳	530	108.689	440967	8603.67	29363.4	4559940
渭南	1262	31.8979	183677	1835.1	10774.1	2315900

3. 川渝城市群

川渝城市群共有 128 个有效县（市）区，其中高旅游场能区域取值

范围为 $F \in (12759.26, 25013.91]$，主要包括重庆沙坝坪、江北 2 区；较
高旅游场能区域取值范围为 $F \in (3347.68, 12759.26]$，主要包括泸州、
成都 2 市城区和南岸、大渡口、九龙坡 3 个县（市）区；一般旅游场能
区域取值范围为 $F \in (994.78, 3347.68]$，主要集中于资阳、德阳、绵阳、
宜宾 4 市城区和渝北 1 个县（市）区；较低旅游场能区域取值范围为
$F \in (308.52, 994.78]$，主要包括雅安、自贡、南充、遂宁、内江 5 市城
区和新都、北培、巴南等 14 个县（市）区；低旅游场能区域的取值范围
为 $F \in (14.41, 308.52]$，主要包括乐山 1 市城区和潼南、简阳、江陵等
96 个县（市）区（图 5—24、表 5—14）。

图 5—24　以县（区）为单位的川渝城市群旅游场能分异

表 5—14　　　　　　　川渝城市群各城市旅游场能（势能）值

城市	栅格数	最小值	最大值	均值	标准差	总和
重庆	226	462.079	936838	15070.2	71846	3405860
成都	415	741.933	16762	3349.67	2334.78	1390120
自贡	268	76.6332	5630.43	768.773	821.237	206031
泸州	161	202.553	146351	8390.26	22477.5	1350830
德阳	1099	65.1664	99484.2	1423.98	5886.83	1564950
绵阳	1547	35.3103	85021.7	1003.13	5214.96	1551840
遂宁	1859	61.2334	5419.93	428.724	475.71	796998

续表

城市	栅格数	最小值	最大值	均值	标准差	总和
内江	1396	26.6691	11030.2	313.548	638.782	437713
乐山	934	43.551	2126.35	196.546	206.088	183574
南充	2446	65.6551	161837	550.937	3879.02	1347590
眉山	1350	70.5057	53866.1	582.36	2557.49	786186
宜宾	1106	60.656	109326	1336.53	6289.3	1478210
广安	1493	43.9191	4746.93	210.642	305.3	314489
雅安	1065	23.5888	122473	980.614	6538.23	1044350
资阳	1594	34.1982	168216	1505.5	9717.03	2399770

五 华南地区

1. 珠三角城市群

珠三角城市群共有 33 个有效县（市）区，其中高旅游场能区域取值范围为 $F \in (17212.91, 69475.22]$，只包括深圳市城区；较高旅游场能区域取值范围为 $F \in (2514.13, 17212.91]$，主要包括肇庆、惠州、广州 3 市城区和宝安、南海 2 个县（市）区；一般旅游场能区域取值范围为 $F \in (1153.14, 2514.13]$，主要集中于江门、中山、东莞、珠海 4 市城区和番禺、顺德、花都 3 个县（市）区；较低旅游场能区域取值范围为 $F \in (336.54, 1153.14]$，主要包括增城、惠阳、三水等 11 个县（市）区；低旅游场能区域的取值范围为 $F \in (64.34, 336.54]$，主要包括惠东、开平、台山等 9 个县（市）区（图 5—25、表 5—15）。

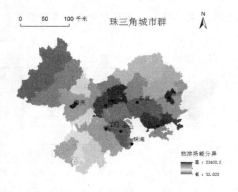

图 5—25 以县（区）为单位的珠三角城市群旅游场能分异

表5—15　　　　　　珠三角城市群各城市旅游场能（势能）值

城市	栅格数	最小值	最大值	均值	标准差	总和
广州	1343	390.967	61895.3	5118.97	5453.19	6874770
深圳	293	1098.62	1677760	72896.7	229840	21358700
珠海	253	358.138	10818.4	1876.57	1544.38	474773
佛山	97	1681.54	7704.76	3970.57	1309.53	385146
江门	130	611.33	9967.51	2156.63	1226.34	280362
肇庆	131	368.421	271446	15960.9	49930	2090880
惠州	408	353.885	139538	5787.1	13963.4	2361140
东莞	2366	345.884	26644.7	2091.56	1841.29	4948620
中山	1563	330.825	139361	2105.43	6819.4	3290790

2. 海峡西岸城市群

海峡西岸城市群共有39个有效县（市）区，其中高旅游场能区域取值范围为 $F \in (1360.73, 10049.07]$，只包括厦门市城区；较高旅游场能区域取值范围为 $F \in (888.96, 1360.73]$，主要包括莆田、福州、泉州、漳州4市城区；一般旅游场能区域取值范围为 $F \in (456.51, 888.96]$，主要集中于宁德1市城区和龙海、晋江4个县（市）区；较低旅游场能区域取值范围为 $F \in (181.32, 456.51]$，主要包括南安、福清、漳浦9个县（市）区；低旅游场能区域的取值范围为 $F \in (24.06, 181.32]$，主要包括云霄、福安、仙游等20个县（市）区。

图5—26　以县（区）为单位的海峡西岸城市群旅游场能分异

表 5—16　　　　海峡西岸城市群各城市旅游场能（势能）值

城市	栅格数	最小值	最大值	均值	标准差	总和
福州	961	20.9643	17189	1182.55	1883.43	1136430
厦门	470	71.4374	844803	8062.41	45177.5	3789330
莆田	139	305.483	7623.05	1363.18	1199.88	189482
泉州	521	50.9626	12038.2	1077.33	1788.08	561291
漳州	259	246.77	7846.56	910.006	840.612	235691
宁德	1287	15.753	64552.7	482.218	2841.21	620615

第三节　旅游结节性与时间可达性协调发展程度验证

由前文旅游场能测度过程可知，城市群的旅游场能是旅游结节性与时间可达性共同作用的结果，为进一步验证各城市的旅游结节性与时间可达性在城市群旅游场能生成过程中的协调发展程度，本书引入物理学中容量耦合系数和协调度分析方法，用于识别影响各城市群旅游场能分异的主要影响要素。耦合度表达式如下：

$$C = \sqrt{(u_1 \times u_2) / (u_1 + u_2)^2} \qquad (5—1)$$

其中，u_1 和 u_2 分别表示旅游结节性和时间可达性。根据各城市群 3 小时全域可达的发展目标，在这里 u_2 取城市群内部各城市 3 小时以内的可达面积。C 表示旅游结节性与时间可达性的耦合程度，取值为 $[0,1]$。C 值越接近于 0，表明旅游结节性与时间可达性越不协调；C 值越接近于 1，二者间的协调状态越高。

但是，耦合度只能反映出旅游结节性与时间可达性的协调状态而无法反映二者协调水平，如协调度高既有可能是低水平高度协调所致，也有可能是高水平高度协调的结果。因此，在耦合度基础上进一步构建协调度模型：

$$D = \sqrt{C \times T}, \ T = \alpha u_1 + \beta u_2 \qquad (5—2)$$

其中，D 表示旅游结节性与时间可达性的耦合协调水平，取值为 $[0,1]$；T 为旅游结节性和时间可达性的综合发展系数，反映二者的协调效益或贡献；α、β 为待定系数，表示旅游结节性与时间可达性对旅游场能生长的相辅相成关系，在这里系数皆取值 0.5。若 $u_1 > u_2$，表示该城市的旅游结节性优于时间可达性；若 $u_1 < u_2$，则表示该城市的时间可达性优于旅游结节性。对 u_1 和 u_2 进行标准化后代入公式计算，得到各城市的

旅游结节性与时间可达性的耦合度与协调度测度结果（附录）。

从表中可以看出，各城市的时间可达性普遍优于旅游结节性，即交通条件在旅游场能水平的贡献率明显大于旅游结节性，成为影响旅游场能高低的决定性要素。在各城市中，北京的旅游结节性与时间可达性协调状态最优，而大连、铜川分别位于时间可达性和旅游结节性水平的末位；样本城市中只有威海、上海、西安、广州、深圳、东莞、厦门 7 个城市的旅游结节性高于时间可达性，表明上述 7 个城市在对旅游场能高低的贡献中，旅游业发展水平的贡献高于交通条件的贡献；烟台、南京、杭州、武汉、珠海、佛山、惠州、福州 8 个城市旅游结节性与时间可达性水平接近，差距非常小，旅游与交通的协调发展潜质非常大；在各城市群中，天津、石家庄、沈阳、济南、青岛、南昌、合肥、郑州、重庆、成都等中心城市的旅游结节性与时间可达性存在较大差距，即相比于交通条件，上述中心城市在城市群内部的旅游功能尚未能得到进一步发挥，应进一步借助交通优势提升其区域旅游业带动能力。

为进一步反映旅游结节性与时间可达性的协调发展的程度，本书采用均匀分布函数法确定二者的协调度等级标准（表 5—17）。经分类后发现，各城市的旅游结节性与时间可达性协调发展水平普遍较差，绝大多数处于失调状态，其中 D 为 0.2—0.29 的中度失调水平的数量最多，共计 69 个，而 $D > 0.5$ 即处于协调发展水平的仅有北京、上海、重庆、南京、苏州、杭州、武汉、长沙、成都共 9 个城市，并且即便这 9 个城市也无一位于优质协调、良好协调级别。由此可以看出，我国城市旅游与交通的失衡状态较为突出，未能形成旅游结节性和时间可达性的协调发展促进旅游场能生成的局面，并且直接影响到旅游场能在各城市群内部的均匀扩散程度。

表 5—17　　　　　　旅游结节性与时间可达性的协调度等级

等级	标准	城市名称
优质协调	0.9—1.0	—
良好协调	0.8—0.89	—
中级协调	0.7—0.79	北京
初级协调	0.6—0.69	—
勉强协调	0.5—0.59	上海、重庆

等级	标准	城市名称
濒临失调	0.4—0.49	南京、苏州、杭州、武汉、长沙、成都
轻度失调	0.3—0.39	石家庄、唐山、保定、廊坊、济南、青岛、无锡、常州、南通、镇江、宁波、嘉兴、湖州、绍兴、广州、深圳、南昌、合肥、西安
中度失调	0.2—0.29	秦皇岛、张家口、承德、沧州、淄博、东营、烟台、潍坊、威海、日照、泰州、台州、珠海、佛山、江门、肇庆、惠州、东莞、中山、鞍山、抚顺、本溪、丹东、营口、辽阳、盘锦、铁岭、黄石、鄂州、孝感、咸宁、株洲、湘潭、衡阳、岳阳、常德、益阳、娄底、景德镇、九江、新余、鹰潭、抚州、上饶、芜湖、蚌埠、淮南、马鞍山、铜陵、安庆、滁州、六安、池州、自贡、德阳、绵阳、遂宁、内江、乐山、南充、宜宾、广安、资阳、郑州、洛阳、焦作、福州、厦门、泉州
严重失调	0.1—0.19	黄冈、阜阳、雅安、新乡、许昌、漯河、漳州、宁德、咸阳、渭南
极度失调	0—0.09	大连、铜川

第四节　小结

一　旅游场能与交通、旅游结节性的相互关系

虽然各城市群的旅游场能分布格局、能值高低和分异成因各异，但存在的共同特征是旅游场能格局与陆路交通网络的发达程度密切相关，旅游场能高低与交通网络的发达程度具有高度拟合性。其中又以高速铁路和高速公路贡献最大，各城市群内部均已经基本形成 3 小时旅游圈层结构，部分高场能城市已经实现 1 小时可达。一些旅游结节性水平较好的城市，由于路网系统缺乏与旅游中心城市衔接而导致时间可达成本高、旅游场能无法有效扩散，严重影响了其作为旅游中心城市辐射与带动作用的发挥，亟须发展快速、高效的城市群内部交通以加强城际旅游联系。

二　区际与区内城市群旅游产业协同与一体化程度待提高

按地域划分的城市群之间的旅游竞争大于合作，城市群内部旅游市场因缺乏内部流动性而导致竞争性强。除了区际旅游市场缺乏协作外，各城市群内部旅游经济合作形式初级且松散，未能形成以产业分工为导向的协同和共生机制。各城市群中普遍存在的旅游场能高度集中于中心城市城区

及邻近县（市）区、以低场能区域为主体的旅游格局表明，城市群旅游依旧沿袭以少数中心城市为依托的都市/城市旅游模式，以"全域旅游"为导向的次级旅游中心城市培育、区域旅游网络构建尚未实现，以"旅游一体化"为导向打破"行政区经济"的壁垒，积极构建跨区域的旅游产业整合和市场协作机制，将成为城市群旅游发展的重点。

三　集约化公共客运是城市群内部交通建设重点

城市群内部高速公路、高速铁路等道路等级体系已基本完善，部分连接大城市的高速公路已呈现饱和态势，并且"十二五"末期中国的快速铁路也将基本成网，综合交通运输通道和区际干线交通架构已经完成。东部沿海地区城市群人口密度高、社会经济活跃，城市群内部人口流动需求高，在城市群内部发展高效的轨道交通非常有必要。城际铁路、市郊铁路以及城际公交具有站点间距小、覆盖多个县（市）区的特征，通过与城市轨道（地铁）系统衔接，将有利于大都市圈的同城化和城市群内部中小城市与大城市交通对接，实现旅游场能从中心城区向周边低场能县（市）区的扩散。

第六章　城市群旅游能级提升策略

第一节　发展城际交通促进旅游市场同城化

全球交通空间范围不断扩大，交通条件正成为全球化背景下城市对生产要素争夺的重要依托，交通出行时间正在取代空间距离成为旅客出行的主要价值取向。在以"城市群"为主体的新型城镇化背景下，相邻城市间经济往来更加密切，这要求有更加快捷、便利的交通方式将城市连接在一起，构建城市圈内部快速交通网络以支撑旅游、商贸活动。相比于大尺度的全国运输通道和小尺度的市内交通而言，中等尺度的城市群内部交通更加注重通过城际客运系统的公交化、通勤化和高效对接，构建城市群内部同城化交通网络。

此外，城际交通是城市间同城化发展的前提和保障。阎泽（2010）提出，两个或多个城市的同城化，必须以 30—60 分钟的高密度内城际公交化高速铁路、发达的多通道高速公路网线、城市间功能互补、文化同脉、双向大规模交流①等八个必备要素为支撑。城市间距离越近，越能降低运输费用和促进生产要素与商品、服务的交易，加强城市间联系，交通等基础设施将空间邻近的城市联系在一起，打破空间维度的距离分隔，增加时间维度对同城化程度的衡量。国内外同城化的实践案例表明，同城化多数发生在时空距离在 0.5—1 小时、30 千米左右的地域范围内。在我国各城市群发展实践中，长三角城市群的上海和杭州、珠三角城市群的广州和佛山、长株潭"3＋5"城市群中的长沙—株洲—湘潭三个核心城市以及关中城市群的西安和咸阳等空间邻近、交通可达性

　　① 参见阎泽《同城化环境和语境下的天津城市文化建设》，《天津职业院校联合学报》2010 年第 1 期。

高的城市之间、城镇密集区之间，已经形成基于生产要素流动和产业结构互补的同城化态势。

目前，中国城市群内部的交通运输网密度、运输强度不断提高，但是普遍存在现有高速公路运输能力饱和，各城市组团之间、中小城市与重要城镇的中短途连接尚不健全等问题，已成为制约城市群内部旅游场能格局优化的"瓶颈"要素，通过提升城市群内部通勤速度、加快旅游产业要素流通与整合，已经成为实现旅游业"时空压缩"效应、变革城市群特别是中小城市旅游空间格局的必然要求。

一　城际铁路

1. 城际铁路的特征与作用

公路客运具有方便、快捷、周转速度快等运输特点，多年来一直居于陆路客运的主体地位，截至 2013 年底，我国公路里程 435.62 万千米，其中等级公路里程 375.56 万千米，公路建设已经走过大规模建设阶段，面临投资效益逐步下降、从规模扩张向效益提升转变的局面。而 2013 年底铁路营业里程仅为 10.31 万千米，其中铁路电气化里程 3.6 万千米，并且铁路客运量仅为公路客运量的 1/10（图 6—1），市场份额偏低，不能满足持续增长的国民出行需求。铁路运输多年来存在路网规模大，但密度小、复线率低、设施老化等问题，虽然自 2008 年以来铁路大规模提速，大幅

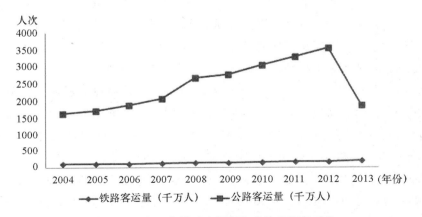

图 6—1　近 10 年铁路客运量和公路客运量对比

资料来源：《中国统计年鉴 2014》。

提升了铁路运力，但铁路客运缺口仍较为突出。相比于公路客运的安全性、舒适性不足等缺陷，应提高铁路运输特别是高速铁路客运潜力（表6—1），引导形成合理的城市群客运结构。

表6—1　　　　2008—2013年高速铁路在铁路运输中的比例

年份	营业里程（千米）	占铁路营运里程比重（%）	客运量（万人）	占铁路客运量比重（%）	旅客周转量（万人千米）	占铁路客运周转量比重（%）
2008	672	0.8	734	0.5	15.6	0.2
2009	2699	3.2	4651	3.1	162.2	2.1
2010	5133	5.6	13323	8	463.2	5.3
2011	6601	7.1	28552	15.8	1058.4	11
2012	9356	9.6	38815	20.5	1446.1	14.7
2013	11028	10.7	—	—	—	—

资料来源：《中国统计年鉴2014》。

城际铁路，是指在人口稠密、经济发达的都市圈或者城市带规划和修建的客运轨道交通系统，运输组织模式具有大运量、高速度、高密度、公交化的特征。其中，客运、公交化和特定区域内运行，是城际铁路与一般铁路的特征性区别。城际铁路注重城市组团之间、城镇群内小城市及重要城镇的中短途连接，通过构建都市圈之间和内部城际客运系统，实现中心城市与周边城镇群的良好对接。城际铁路以其高效的运营速度促进城镇群内部通勤速度和资源流通性的提升①，并通过增强城际联系和产业组织模式变革，对纳入其中的城镇体系进行生产和消费空间变革。

（1）增强城际空间联系与客流互动。城际铁路便捷、舒适、安全等特征为大规模、高频次出行提供保障，通过人流、物流和信息流动，加深城市间相互作用的广度和深度，带来生活方式和出行方式的变革，使"双城生活""旅游同城化"成为现实，加速沿线站点的一体化进程。京津城际铁路作为中国第一条城际铁路，2008年通车后时速达350千米，将京津两地时间距离缩短至30分钟；京津城铁延伸线（天）津滨（海新

---

① 参见崔鹏鹏《城际铁路对城镇空间格局的影响——以昆山市巴城镇为例》，载《2013中国城市规划年会论文集》。

区）城铁开通后，北京至滨海新区时间距离缩短至 45 分钟。自 2009 年起，京津城铁旅客发送量和周转量保持稳定增长（图 6—2），已成为京津冀城市群乃至环渤海地区城际轨道交通网的城市联系主轴。

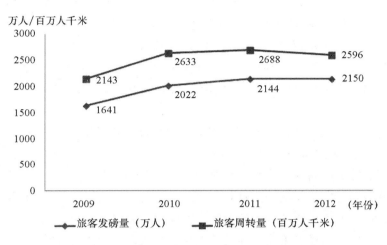

图 6—2　京津城际铁路开通后的旅客发送量和周转量

资料来源：《中国交通年鉴》（2009—2012）。

（2）增强城际旅游职能分工和产业关联。城际铁路的"时空压缩效应"体现在两方面：一是对传统产业而言，可以依托交通条件将原料地、加工地和消费地进行紧密连接，将工业空间由集中布局于某一点到沿交通线形成产业带，增强沿线中小城市、卫星城承接中心城市的产业转移和扩散能力[①]。二是对旅游产业而言，旅游业互补性大于竞争性，依存度高于排斥性，是城际合作最易实现共赢的领域。旅游同城化是区域旅游经济一体化和旅游城镇体系演进过程中的必经阶段，旅游同城化是借助旅游客流、物流、信息流的城际流动，将城市之间旅游协作形式从景点互荐、线路串联深化至全面合作的状态和过程。

城际铁路已成为引发城镇循环开发的重要诱导剂和强大触发力，通过大运量、高频次交通运输使设站城镇成为各经济要素转移的优选地，进而推动沿线城镇群内部产业、就业、居住和基础设施在空间上的结构

---

① 参见李恒鑫《城际铁路对城市圈同城化的促进作用》，《综合运输》2010 年第 4 期。

调整，实现产业结构、空间结构由"摊大饼"同心圆式低效蔓延到沿城际站点"轴线扩展"；此外，通过前文研究可知，我国各城市群中的大城市普遍具有极核化特征，集政治、经济、文化、交通、旅游中心为一体，对旅游业发展而言，则表现为次级旅游中心城市的匮乏和弱小，未能形成网络化的旅游业空间协作格局，城际铁路通过增强站点与周边地区、中心城镇的联系，加快了旅游客流的板块化、网络化集聚与扩散，并且极大地改善了旅游资源禀赋较高的中小城镇的可进入性，成为旅游空间外向型拓展、城市群旅游空间结构优化和城市间旅游产业有机协调发展的有力支撑。

2. 依据城市群规模和阶段差异化发展城际铁路系统

（1）各城市群城际铁路发展现状

原铁道部在编制《中长期铁路网规划（2004—2020）》中，专门列入了"区域城际轨道交通布局规划"内容，制定了"十一五"及 2020 年期间区域城际轨道交通网络布局、建设里程和投资规划。第一批以中国京津冀、长三角地、珠三角三个客运需求旺盛的城市群为依托所做的区域城际轨道交通布局，共规划线路 15 条，路网长度总计 1659 千米，投资规模约1373 亿元；2007 年起，又结合各地区对铁路（包括城际轨道交通）建设的积极性和增加规模的要求，新增城际轨道网络规划线路 18 条，新增加建设里程 3887 千米，新增加投资规模 2357.2 亿元。

除纳入中长期铁路网规划的城际铁路项目外，各省份纷纷编制都市圈、城市群城际铁路规划，通过与原铁道部签订"部省合作协议"方式组建合资公司、兴建城际铁路，从 2008 年以后国家发改委批复的城际铁路规划有《武汉城市群城际铁路网规划（2008—2030）》、《成渝经济区城际铁路网规划（2008—2020）》、《中原城市群城际轨道交通线网规划（2009—2020）》、《长株潭城市群城际轨道交通网规划（2009—2020）》、《江苏省沿江城市群城际轨道交通网规划（2012—2020）》、《关中城市群城际铁路规划（2014—2020）》、《环渤海地区山东城际轨道交通网规划（2014—2020）》、《环渤海地区山东城际轨道交通网规划（2014—2020）》、《浙江省都市圈城际铁路规划（2014—2020）》等。截至 2014 年底各城市群城际铁路的建设与开通情况见表 6—2。

表 6—2　　截至 2014 年底各城市群城际铁路的建设与开通情况

线路名称	线路长度（千米）	建设期间	状态	所在城市群
北京—天津	120	2005.7—2008.8	通车	京津冀城市群
北京—唐山——秦皇岛	299	2009.10—2012	通车	
北京—石家庄	281	2008.10—2012.12	通车	
天津—塘沽—于家堡	45	2009.9—2014	在建	
京津城际机场引入线	8.5	2014.8—2015	在建	
上海—南京	301	2008.7—2010.7	通车	长三角城市群
上海—杭州	160	2008.2—2010.10	通车	
广州—东莞—深圳		2005.8—2007.4	通车	珠三角城市群
广州—珠海	189	2008—2012.12	通车	
佛山—肇庆	83	2009.9—2013.6	通车	
东莞—惠州	97	2009.5—2015	在建	
广州—佛山	37	2013.9—2017	在建	
武汉—鄂州—黄石	97	2009.3—2014.6	通车	武汉城市群
武汉—咸宁	92	2009.10—2013.12	通车	
武汉—黄冈	66	2009.5—2013.12	通车	
武汉—孝感	62	2009.9—2015	在建	
长沙—株洲（湘潭）	96	2010.6—2015	在建	长株潭 "3+5" 城市群
长沙—益阳—常德	170	2011—2015	在建	
长沙西环线	—	2010.6—	在建	
长沙—浏阳	—	2011—2015	在建	
成都—都江堰	65	2008.11—2010.5	通车	川渝城市群
绵阳—成都—峨眉—乐山	276	2007—2012	通车	
重庆—涪陵	100	2009.9—2011.12	通车	
重庆—万州	246	2010.12—2015	在建	
成都—重庆	308	2010.11—2015	在建	
乐山—宜宾		2010.12—2015	在建	
郑州—洛阳	125	2005.9—2010.2	通车	中原城市群
郑州—开封	50	2010.9—2014.12	通车	
郑州—许昌—平顶山	116	2009.12—	在建	
郑州—焦作—云台山	68	2010.8—	在建	

线路名称	线路长度 （千米）	建设期间	状态	所在城市群
宝鸡—咸阳—西安—华西	138	2009.12—	在建	关中城市群
福州—厦门—漳州—龙岩		2012—	在建	海峡西岸城市群
青岛—烟台—威海—荣成	299	2014.12	通车	山东半岛城市群
南昌—九江	135	2007.6—2010.9	通车	环鄱阳湖城市群

资料来源：根据中国产业信息网 2013 年 10 月 17 日数据以及各城市群城际铁路发展规划整理。

城际铁路作为公共产品，投资大，短期内盈利能力差，具有资金密集型的特征，对城市产业转移和经济拉动效应需有较长的缓冲期，一些中西部地区城市群的城际铁路建设面临融资难、债务重等问题而放缓建设步伐，甚至在一些地方正经历"高铁新城""城铁新城"的盲目建设后的萧条，以需求为导向科学、合理地发展城际铁路项目成为必然要求。2013年国务院发布《关于改革铁路投融资体制加快推进铁路建设的意见》，明确提出向地方政府和社会资本放开城际铁路、市域（郊）铁路、资源开发性铁路和支线铁路的所有权、经营权，鼓励社会资本投资建设铁路。伴随铁路投资权的下放，区域性地方城际铁路由省政府主导其融资、建设及商业运营将成为主流，因此，各城市群的城际铁路规划与建设除将城际铁路与全国干线接轨来争取国家资金支持、深入推进"以地养路"融资模式、广泛吸纳多元资金进入外，还必须充分考虑城际铁路以满足商务、旅游需求为主的运输特征，科学规划、设计站点，弱化高速度运输通道给落后地区的"虹吸效应"，强化空间整合和产业衔接功能，以需求为导向适度超前，避免重复投资、过度投资。

（2）城际铁路的差异化发展措施

按照城市群发展需求以及现有城际铁路线路规划实施情况，应对各城市群采取差异化发展措施。第一，在京津冀、长三角和珠三角城市群中经济发达、人口集中的大型城市均有开通或在建的城际铁路，并且呈现区域范围内网络化布局态势。其中，长三角城市群的江苏和浙江两省均有最新的区内城际铁路、城际轨道建设规划，城际铁路建设由南京、杭州向周边二、三线城市拓展，注重次级都市圈的培育，构建区域经济多点多极支撑发展模式。例如，浙江规划在杭州都市圈、宁波都市圈、温台城市群、浙中城市群建设 23 条城际铁路作为区域城际旅客运输骨干，至 2020 年城际铁路网络将覆盖区域内 70% 以上 20 万人口以上城镇，形成区域中心城市与重要城镇、组团之间 1 小时交通圈，为都市圈内部游客出行提供便利。长三角城市群城际铁路建设进程，快于我国《中长期铁路网规划》中设计的"2020 年快速客运网络连接所有省会和城市人口 50 万及以上的大城市"的发展目标。第二，在中原城市群、武汉城市群、川渝城市群均有开通和在建的城际铁路项目，这些地区除了受人口、面积等要素影响外，现有的铁路交通基础条件较好，新建或即将建成大量客运专线和高速铁路，在营运初期有一定的富余能力，可利用这些线路开行城际列车，充分发挥既有资源。第三，在环鄱阳湖、山东半岛、海峡西岸、关中四个城市群，目前已经有连接核心城市的城际铁路开通或在建，处于城际铁路发展的起步阶段。第四，在辽中南、江淮等城市群，城际铁路网建设仍处于萌芽阶段，除优先考虑在主要城市间规划设计城际铁路线路外，还可以利用既有干线铁路来承担城际功能，满足区内客运需求。

二 市郊铁路

按服务范围与对象的差异，铁路（轨道交通）可以划分为三个层次：国家铁路、区域性的城际铁路和市域铁路（包含市郊铁路和城市轨道交通），三者的主要区别见表 6—3。

表 6—3　国家铁路、城际铁路、市郊铁路的主要区别

类型	服务范围与对象	站点间距	客运行车速度
国家铁路	全国范围内跨区域的长中途客货运	依线路等级而定	普通列车 120 千米/小时 高速铁路 200—350 千米/小时
城际铁路	没有行政隶属关系城市间的中短途客货运	依城市间距离而定	300 千米/小时左右
市郊铁路	中心城区至管辖内的新城、卫星城客运	5—10 千米	100—160 千米/小时

资料来源：根据秦永平（2014）成果以及个人收集数据整理。

1. 市郊铁路的作用

（1）满足都市居民的通勤需求

全球范围内，通勤人数和通勤时间不断增长：2013 年，英国上班族每天平均通勤时间 41 分钟，其中通勤时间 3 小时以上的人群有 187 万，占工作总人口的 9%；美国人口中有近 60 万人每天花 90 分钟以上时间到50 英里以外地区上班；北京居民平均单程通勤时间已达 45 分钟，远高于美国单程通勤时间最长的城市费城的 38.3 分钟。此外，基于公路、驾乘小汽车这一低承载的出行方式已经成为全球范围大城市交通拥堵、尾气污染严重的主要原因之一，快速、便捷、高承载率的轨道交通在西方国家缓解交通拥堵、满足城郊通勤需求方面起到重要作用。

市郊铁路（Suburban Railway），在国外也被称为通勤铁路（Commuter Line），是开行于中心城区至管辖下的次级城镇、卫星城镇、市郊村镇的铁路，主要为满足通勤、通学、旅游等城市与城郊间的高频次日常出行活动。市郊铁路具有高密度、大容量的公交化运输特征，在国际范围内，伦敦、巴黎、东京等城市借助发达的市郊铁路系统，通过与市内地铁、轻轨等有机衔接，为都市圈一体化必不可缺的轨道交通系统。相比于欧美国家正经历的"逆城市化"阶段，我国在工业化、城镇化进程中城市规划和"土地竞租"等因素导致就业机会高度集中于城区，市中心房价畸高，当前大都市"职住分离"（Home – Work Seperation）的情况非常严重。由于大城市单中心极核化结构在短时间内仍旧保持较大惯性，职住分离情况在一定时间内持续存在，在北京、上海等人口数量多、密度大，通勤需求旺盛的地区借助市郊铁路有机疏散城市功能，调整产业布局，构建大都市圈多中心、多圈层的组合型城市已经十分迫切。

随着大量客运专线、城际铁路的开通，一些旧有的铁路线路闲置，不仅浪费运输资源而且需投入大量的维护成本，借由原有铁路干线改造、升级为市郊铁路成为释放铁路资源行之有效的措施；此外，随着大城市辐射范围的拓展，都市通勤圈范围不断扩大，在大都市区仅靠地铁已经不能满足日常出行需求①。相比于东京、柏林等特大城市市郊铁路的网络化发展，中国市郊铁路发展还处于起步阶段，仅北京、上海、成都有开通运营的市郊线路：北京至延庆，上海至金山，成都至都江堰，里程总计

---

① 参见甄小燕《市郊铁路：促进铁路与城市融合》，《运输经理世界》2013 年第 10 期。

227.36 千米，温州市郊铁路处于在建阶段。伴随铁路网建设呈现从以服务城市外部连接为主向服务内部出行转向的趋势，市郊铁路将成为新时期铁路发展与城市发展相结合、增强大都市与外围腹地地区高频互动的有益补充。

（2）满足城乡居民的交互式游憩需求

中国大都市旅游活动的空间指向正处于由"城市化"（Urbanization）向"逆城市化"（Counter‐Urbanization）的转型阶段，即由早期的过度依托中心城市发展都市旅游，向满足居民休闲、游憩需求的城郊游乃至周边城市旅游拓展。2013 年，成都接待国内外游客 1.55 亿人次，其中乡村旅游接待游客超过 8900 万人次，乡村旅游游客占国内游客的 57.42%；2013 年湖南省乡村旅游区（点）全年接待游客 1.2 亿人次，占当年湖南全省国内游客接待量的 1/3；山东等省市纷纷制定《乡村旅游业振兴规划（2011—2015）》等类似规划，大力扶持工农业旅游示范点、旅游强乡（镇）和特色村、"好客人家"农家乐建设，乡村旅游在国内旅游中的份额日益增长，已成为城市群旅游发展新的增长点。

根据旅游产业具有资源依托和生产、消费过程的同步性特征，市郊铁路串联中心城市和沿线城镇，乡村的中短程交通设施已成为拓展旅游发展空间，实现以旅游产业为引导的扶贫效应和乡村居民就地城镇化不可或缺的支撑条件。例如，北京 S2 线市郊铁路旅客中 70% 以上以旅游为出行目的[①]，通勤功能被弱化，目前是一条以运输旅游客流为主的连接市区与郊区旅游景点的观光线路。

2. 市郊铁路规划与旅游产业发展

伴随中国休假制度的调整，以"黄金周"为代表的模仿型、排浪式集中出游模式，已经逐步向趋于休闲化、"懒散化"的高频次出游模式转变，以居住地为中心进行周边游、中短途休闲度假游逐渐成为中国特别是都市居民的生活常态；同时，以旅游大巴在高速公路的穿梭于各景点之间团队游模式，正逐步为自助游、散客游取代，特别是在大都市旅游圈范围内，无论是自驾还是搭乘轨道交通工具，旅游者对便捷化道路的依赖程度不断增强，市郊铁路作为高速公路和高速铁路的有益补充，在规划发展过

---

① 参见钟绍林、李静、钱丙益《北京市郊铁路 S2 线旅客出行特征调查分析》，《高速铁路技术》2014 年第 5 期。

程中考虑出游需求成为必然趋势。

受铁路线路通行能力侧重于发展城市外部交通限制和城市旅游结节性水平高低影响，部分城市群中的大都市已具备大规模发展市郊铁路的条件。截至 2013 年底，全国已有 37 个城市获批建设城市轨道交通，其中北京、天津、上海、重庆、广州、深圳、成都、武汉、长春、大连、沈阳、西安、苏州和南京等 19 个城市已开通城市轨道交通运营里程 2746 千米，其中，地铁 2073 千米，占 75.5%；轻轨 233 千米，占 8.5%。上述 37 个包含直辖市、多数省会城市、计划单列城市以及苏州、东莞、无锡、常州、徐州、南通等经济人口规模较大的城市，具备发展市郊铁路的基础条件。

以北京 S2 市郊铁路为例，八达岭长城是去北京的游客的必游地之一，但以往从城区至八达岭长城的公共交通至少需 2 个半小时，2008 年 S2 市郊铁路开通后，定位于公共交通，将北京城区至延庆八达岭长城的通达时间缩短至 80 分钟，大大提高了北京作为旅游中心城市的辐射带动效应，将北京城区自助游旅游者以便捷、快速的运输方式疏散至延庆以及张家口怀来县，带动周边地区旅游发展。此外，S1 线市郊于 2015 年底开通，并根据《北京市城市轨道交通近期建设规划（2013—2020 年）》，北京市将新建 1000 千米市郊铁路网，规划 9 条线路连接周边 11 座新城，通过市郊铁路与城区地铁线网衔接，使中心城与新城的通行时间圈层结构更为紧凑，旅游影响范围进一步扩大。

综上，市郊铁路不仅仅是缓解职住分离的通勤工具，在中国经济发展规划、城乡建设规划、土地利用规划"三规合一"的背景下，市郊铁路将成为都市空间由无序蔓延、低效扩张向紧凑型、内涵式发展必不可缺的支撑。伴随环城游憩、自助游旅游者比例日增，在超大型、特大型城市发展市郊铁路，有利于加速都市旅游空间重塑和产业一体化发展进程，将成为各城市群继城际铁路之后新的发展重点。

三　城际公交

1. 发展的必要性

公路客运具有不可替代的优越性。公路的建造成本相对较低，回收期短，机动、灵活，可以抵达许多轨道交通设施不能抵达的地点，公路客运在综合交通运输体系中具有基础性地位，但也存在运量小、运距短等缺点，适宜于中短途客运，这与城市群直径范围 400 千米以内的距离特征相一致，特别是与以团队游为主要特征的大众化旅游模式相适应，城市之间、景区之间的旅游活动开展以及食宿之间的周转往返必须以快速公路为依托才能得以组织和实施。

适应城市群一体化进程。城市群作为地域经济综合体，伴随城市间物质和能量的溢出与交换，城市群内部交通往来具有高频率、周期性特征。在城市群内部城市间的密切互动和一体化背景下，原有的"点对点"城际公路客运模式因中途缺乏有效停靠而导致的服务盲区日益显现，城镇密集区缺乏以短距离运输为特征的公交化运营线路，特别是在节假日的旅游旺季，因城际公共交通不足而导致的高速公路拥堵现象极为普遍。

不同于前文论及的城际轨道交通和城际公路客运，本研究所指的城际公交是以大、中巴士为交通工具连接城市之间的公交化客运体系，包括公路客运"公交化"和城市公交"公路化"两种运营模式。城际公交作为深入两个或多城市内部的客运班线，具有营运距离相对较短、循环发车、票价优惠等特征，路况组成通常为城市公路 + 高速公路（或高架桥、国道、省道等） + 城市公路[①]。

2. 发展现状

中国自 2013 年起实施《国务院关于城市优先发展公共交通的指导意见》（国发〔2012〕64 号），通过发展城市公共交通缓解交通拥堵、转变"以车为本"的城市交通发展方式。但由于政策实施时间较短以及各城市发展水平不一，目前一线城市公交优先的政策主要体现在大容量轨道交通（如地铁、轻轨）的建设以及地面道路公交专用路权的保障两方面，中心城与卫星城、城市与城市之间的城际公交尚处于起步阶段。目前我国城际公交的运营模式主要可以分为三类：一是以郑州至开封线为代表的"公路客运公交化"模式，对原有道路客运班线改造，两地共同成立城际公交公司运营；二是以北京至廊坊线为代表的"城市公交公路化"，由市内公交企业运营；三是以长沙—株洲—湘潭线为代表的"混合模式"，道路客运企业经营快线，公交企业经营慢线。目前已开通城际公交的京津冀、中原、珠三角、长三角、长株潭等城市群中，有代表性的城际公交线路见表6—4。

---

① 参见毛慧玲《对城际公交发展的一些思考》，《交通科技》2009 年第 11 期。

表6—4　　　　　　　　　　有代表性的城际公交线路

线路名称	开通时间	运营里程	票价
广州—佛山	2005 年	22 千米	6 元
郑州—开封	2006 年	60 千米	7 元
长沙—株洲—湘潭	2007 年	60 千米	4 元
杭州—湖州	2008 年	50 千米	10 元
北京—廊坊	2010 年	57.6 千米	2 元起
杭州—海宁	2011 年	70 千米	12 元
沈阳—抚顺	2013 年	48 千米	市内 5 元，单程 9 元

资料来源：根据网络数据整理。

为构建高效综合交通运输体系，利用国道、省道发展集约化公共客运在发展较为成熟的城市群、都市圈中已成为缓解高速公路运载量饱和、拥堵的有效手段。各城市群不断加大大城际公交的规划与建设，城际公交已从在主要城市之间开通发展为在区内二、三线城市以及部分县级市之间开通，例如长三角城市群除杭州至湖州德清、杭州至海宁、南京至镇江等城际公交线路外，绍兴至诸暨、上虞、嵊州的城际公交也自 2007 年起相继开通。

同时，城际公交当前还面临上座率不高、运行时间较长、部分城际公交行驶道路的路况因不能达到交通安全管理条件而被列入长途客运监管行列等困境。城际公交发展除了争取公交补贴、减免费用等政策扶持措施外，还应以保障道路优先权、通过设立城际公交专用通道等方式保证通行速度和服务水平，例如，北京在中心城区和通州、门头沟之间的京通、阜石快速路上均设置了公交专用道。此外，还应处理好与快客、普通客运的关系，通过错峰发车、差异化票价等方式形成互补而非替代化竞争，促进同城化和城乡一体化进程。

3. 城际公交与旅游产业发展

对旅游业而言，发展城际公交除了实现旅游客流双城互动外，还有利于发展环城游憩和乡村旅游，进一步拓展都市圈旅游腹地。中国自然风光型景区景点主要集中于城郊、县域和乡村，旅游业起步多数是基于自然旅游资源的比较优势，旅游资源呈散点状零星分布，缺乏有效的环线或回路串联，在一些旅游资源禀赋较高的乡村受交通可达性限制而无法迎来规模化的旅游者。

　　相比于城际铁路和市郊铁路，轨道交通受线路规划约束缺乏灵活性，无法全面地将旅游能量携带至城市广袤的腹地范围，旅游场能的扩散呈现以中心城市为依托的"点对点"（Point to Point）对流，腹地承接中心城区旅游流的能力有限。而城际公交的发展满足了当前旅游客流运输"域对域"（Zone to Zone）的发展趋势，通过中途多站点停靠、循环发车、低廉票价等方式，大大增加了交通运输通道中旅游节点的数量和客运市场竞争力，为旅游能量更好地覆盖沿线中小城镇以及县、乡、村提供便利，是形成具有环线和回路特征的城市群旅游区域的必要组成。例如，淳安县千岛湖开通至杭州、承德丰宁开通至北京的城际公交后，不仅增强了承接中心城游客中转的能力，而且增加了周边景点的散客到访量，带动了周边地区乡村旅游、民俗旅游的发展。因此，发展城际公交不仅可以形成对轨道交通、公路客运和自驾的有益补充，有利于形成高效衔接的综合客运体系，而且满足了中低收入群体以及自助游旅游者的需求，是大幅提高城乡旅游互动频率和都市旅游圈影响范围、加粗和延伸旅游场能力线脉络的有效手段之一。

第二节　培育纵向嵌套的旅游场能生长体系

　　县域是促进城乡要素流动、扭转城乡二元结构的纽带，面对中心城市旅游承载力饱和、旅游资源潜力有限、政策和制度红利基本得以释放等发展形势，以产业要素转移为导引的游客空间分流与产业功能转移，已经成为城市发展"大旅游"的必然趋势。中心城市旅游能量的溢出，既有城市与城市之间的能量互济互补，也有在市辖区范围内县域、特色小镇、乡村对旅游能量的吸附和承接。纵向嵌套的旅游场能生长体系，是致力于旅游场能腹地化扩散发展的模式设计，通过城市内部纵向、垂直化的中心城区—县（市）区—乡镇—村落层级构建旅游有机体，培育中心城市对周边地市的多节点、立体化辐射格局，形成多尺度的城市群旅游发展格局。

一　以县域作为旅游"产业下沉"的主体承接单元

1. "产业下沉"背景下的县域旅游

"产业下沉"最早用于表述城市化、工业化进程中工业制造企业从中心城区外迁至县、乡镇等下级行政单位的过程，通过生产要素的沉降式流动实现城市的产业转型与升级，盘活带动县域和乡镇经济。按照本研究的测度结果，各城市群高旅游场能区域高度集中于中心城区和交通动脉轴线城市，广袤的县域范围内旅游场能普遍偏低，如何将县域这一我国经济发展的区域基础和基本支柱，培育成为承接城市旅游产业转移、促进城乡旅游一体化的载体，已成为城市旅游场能全面提升的关键。

2. 县域经济发展的相关政策背景

以县域作为旅游产业发展突破口受中国地方行政体制改革、新型城镇化发展进程以及区域产业承接与转移的分工规律影响。我国从 2002 年开始在浙江、广东等省份开展以"扩权强县"为主要内容的"省管县"改革试点，将地级市的经济管理权下放给经济发展较快的县市，并于 2008 年党的十七届三中全会、2009 年中央一号文件中明确对"省管县"改革的态度从许可转变为鼓励，山东等一些省市纷纷出台县域经济科学发展试点方案，为活跃县域经济提供政策保障，从中央到地方对县域经济重视不断增强，县域已经成为增强城市经济活力、就近吸纳农村剩余劳动力、实现区域经济统筹发展的强心剂和助推器。

2014 年 12 月，《福布斯》中文网发布"2014 中国大陆最佳县级城市 30 强"，从人才指数、城市规模指数、消费力指数、客运指数、货运指数、私营经济活力指数、经营成本指数、创新指数八个方面进行测度。入选的县级城市全部分布于经济发达的长三角、珠三角、环渤海地区，以江苏（10 个）、浙江（7 个）和山东（7 个）三省数量最多，占入围总数的 80%。昆山、江阴、常熟等一些排名靠前的县级市，消费能力和创新能力强，民营经济活跃，经济总量超越部分中西部地区省会城市和地级市；截至 2013 年底，山东 137 个县（市）区实现财政收入 3467.1 亿元，占全省总量的 76%，其中财政收入突破 100 亿元的有 1 个、突破 50 亿元的有 17 个，为县域旅游发展提供强大经济支撑。

2015 年 1 月，国家发改委等 11 个部委在系统内部联合印发《国家新型城镇化综合试点方案》，确定江苏、安徽 2 省，宁波、大连、青岛 3 个计划单列城市，石家庄、武汉、长沙等 7 个省会城市，北京通州、浙江嘉兴、福建莆田、山东威海等 25 个地级市，以及河北张北、辽宁海城、福建晋江等 25 个县级市共 62 个试点地区，这些试点地区以完成农业转移人口市民化等五项工作任务。中小城市和小城镇已成为我国推进新型城镇化的发展重点。

3. 县域旅游的界定与发展特征

县是中国地方二级行政单位，下辖乡、镇，是连接城市和乡村的纽带，具有承接中心城区旅游能量分流以及组织、实施县级、乡镇旅游活动过程的双重功能。在我国的旅游强县中，旅游业已经占据扶贫致富、加快县域经济转型升级的支柱性或战略性产业地位。目前国内县域旅游的研究主要是旅游规划视角下的个案开发研究，对于县域旅游属性、特征、动力机制和发展模式的研究数量较少，以定性的归纳总结为主，量化评价研究较少。本研究通过空间分析方法，对各城市群内部的县域旅游场能高低进行划分，并依据测度结果、旅游发展实际以及国家旅游局 2007 年 6 月发布的《中国旅游强县标准》提出提升县域旅游场能的对策。

（1）概念界定

本书将县域旅游界定为"以县域为空间地域单元，依托旅游吸引物、旅游服务设施和综合交通运输体系构建旅游吸引系统，实施旅游活动组织过程的旅游方式，是关联城市旅游、乡镇旅游、基于微观尺度的旅游事象"。该定义侧重于系统论角度的县域旅游思考，认为县域旅游不仅具有相对独立和完善的旅游体系，而且强调县域旅游的承接和转移功能，适宜于具有嵌套、共生、协同特征的城市"大旅游"系统的构建。

（2）发展特征

第一，县域旅游发展水平非均衡。作为中国优秀旅游城市创建工作的延伸和拓展，2008 年 7 月，国家旅游局（旅发〔2007〕70 号）公布首批17 个"中国旅游强县"名单，以引导旅游产业格局向广阔的腹地区域发展。经测度、筛选，在这 17 个国家级旅游强县中，共有 7 个位于本书的研究范围内，从总量上看，长沙宁乡县、杭州淳安县、宝鸡扶风县旅游能值较高，三者又以淳安县的栅格数最多，标准差变动性最小，旅游场能分布相对均衡，是县域旅游中发展水平最好的地区。

中国旅游强县的旅游场能指标见表6—5。

表6—5　　　　　　　　　中国旅游强县的旅游场能指标

名称	所属地区	栅格数	最小值	最大值	均值	标准差	总和
桓仁满族自治县	辽中南，本溪	104	20.73	48.50	32.53	8.15	3383
淳安县	长三角，杭州	4440	30.15	315.99	89	51.68	399013

名称	所属地区	栅格数	最小值	最大值	均值	标准差	总和
婺源县	环鄱阳湖，上饶	2860	7.20	133.36	35.71	21.49	102118
栾川县	中原，洛阳	2465	16.919	55.30	31.45	8.56	77535
宁乡县	长株潭，长沙	2902	22.53	1281.24	203.85	192.53	591584
巫山县	川渝，重庆	2633	9.32	56.07	21.02	6.48	55341
扶风县	关中，宝鸡	741	19.42	985.06	266.84	236.37	197726

注：不在本研究范围内的旅游强县未进行统计。

除了用旅游场能测度来衡量旅游能量高低和扩散均匀程度外，旅游总收入占地区生产总值的比例可以用于表述旅游产业在区域经济发展进程中的地位和贡献。通过将淳安与婺源两县2004—2013年的旅游收入以及在GDP中的占比情况进行对比发现（图6—3、图6—4），二者的旅游收入皆实现稳步、快速增长，旅游产业对经济发展的贡献率连年递增，但在旅游经济总量方面，淳安高于婺源数倍，前者有强大的社会经济、交通基础设施为旅游产业快速发展提供支撑和保障；在旅游收入占GDP的比例方面，婺源县旅游业对县域经济的贡献率增速高于淳安，十年间从2004年的14.2%跃升至2013年的70%，增长近5倍。这表明婺源作为农业大县，良好的旅游资源禀赋和关联产业发展，使得县域旅游扶贫效应显著，对县域产业结构调整和升级贡献更高。

第二，尚未形成可推而广之的发展模式。县域旅游的开发研究始于规划专家们对县域旅游进行规划、设计过程中的实证性探索和总结，因此大量的研究成果主要以案例分析的形式存在，对某一县域旅游的发展实际进行设想与思考，形成浙江淳安、桐庐、临安，福建泰宁，安徽庐江、灵璧等不同县域的旅游开发模式，但尚未形成明确的、具有广泛适用性的县域旅游开发模式。而事实上，由于资源禀赋、历史成因以及社会经济、交通等条件的差异，广袤的县域旅游开发具有鲜明的个性化特征，如何与中心城区乃至周边地区形成纵向嵌套、横向联合的旅游开发体系以推进旅游场能扩散的深度和广度，才是未来县域旅游研究应予以重视的实际问题。

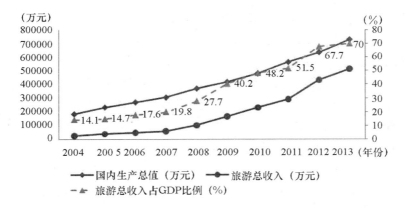

图6—3　2004—2013年婺源县国内生产总值与旅游收入

资料来源:《2004—2013年婺源县国民经济和社会发展统计公报》。

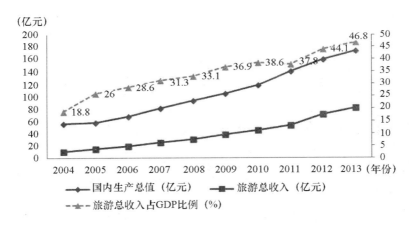

图6—4　2004—2013年淳安县国内生产总值与旅游收入

资料来源:《2004—2013年淳安县国民经济和社会发展统计公报》。

第三,以资源导向为主,处于初级发展阶段。首先,受建设资金、规划水平等要素限制,县域旅游低水平、盲目性、重复性开发情况仍旧普遍存在,客源以城市周边一日游的观光型客源为主,缺乏对中远程客源的吸引和接待能力。其次,偏远地区交通等基础设施不足,严重限制了县域旅游的可达性和通达性,意味着无法实现由旅游资源向旅游产品的转换。通过对我国17个国家级旅游强县的发展情况进行对比发现,县域范围内高速公路、省道、县道等通车里程数较高的地区,旅游业收入水平、游客接待量等指标水平明显高于交通条件较弱的地区，县域对外交通、县域内部的旅游交通和乡镇交通是县域旅游深度发展的重点。再次，市场观念、营销意识不足，资源比较优势是县域旅游开发的起点，但并不是唯一的决定要素，淳安、婺源等国家级旅游强县的发展过程证明，依托产业链各要素进行"全产业链"式旅游开发才是实现旅游收入占 GDP 高数值、稳定化增长的关键。例如，截至 2013 年，与淳安县签订组团协议的合作旅行社超过 1200 家，游客招徕网络已基本覆盖长三角地区主要城市及皖赣闽等中线主客源市场。最后，县域旅游受制于中心城市区内外品牌辐射能力，旅游产品线单一。县域旅游空间辐射范围相对较小，尚未形成显著的旅游经济集聚和扩散效应，由于缺乏独立的旅游产品体系，不能与中心城区旅游形成对外营销良性互补组合，因而在城市大旅游体系中，县域旅游处于依托中心城区的牵引与带动的附属地位，缺乏独立的对中远程游客的吸附和接待能力，市场独立性、主动性不足。

4. 县域旅游的发展对策

（1）打造独立的旅游品牌和完善的产品体系

区域发展过程中形成的产业梯度差是引发产业转移的主导性因素，"区域黏性"最早用于研究中国东部与中西部欠发达地区之间产业、劳动力在较大尺度范围内的跨区域转移问题，但受初始投资地人缘地缘关系、沉没成本、现有协作生产网络以及落后地区基础设施薄弱、市场容量小、市场化程度低和政府效率低下等多重因素影响，产业区域转移过程中的滞缓现象被称为产业的区域粘性①。

同理，在中小尺度范围内，中国旅游业发展过程中的层级化管理体制、中心城区强势的旅游客源集聚能力，使县域旅游长期以来对中心城区旅游经济、社会经济发展水平保持较高的路径依赖和区域黏性，并且这种黏性特征在短期内不会消除，前文的旅游场能测度结果也充分表明旅游能量在中心城区的高度集聚而向广袤县域腹地扩散程度有限的现实。因此，县域旅游的依附地位使之容易受中心城市旅游发展的支配和屏蔽，进而在大都市旅游产业分工体系中处于弱势地位。因此，通过依托特色资源塑造县域旅游品牌和旅游模式以改变配套或承接地位，已成为县域旅游突破发展惯性的重要途径。唯有建立与核心城区的优势互补关系，形成多业态并

---

① 参见罗浩《中国劳动力无限供给与产业区域粘性》,《中国工业经济》2003 年第 4 期。

存、多组团协调发展的格局，才能打破县域旅游黏性约束，解除消极锁定，提高县域旅游结节性和县域旅游场能能级。

（2）加强旅游综合服务配套，延长停留时间

县域与中心城区的快速交通通道建设日益完善，带来大规模中心城市客源的同时，也引致相应的"虹吸效应"：县域旅游者以一日游为主，停留时间短，旅游乘数效应和产业关联带动性不强，部分县域旅游业发展仍以门票经济为主要驱动力。而在淳安、长岛等旅游强县，在县域旅游综合收入连年递增的同时，旅游门票收入比例连年下降，表明淳安县旅游产业链条体系日益完善，综合配套能力不断增强，旅游产业收入综合性强，已经成为地方经济发展的支柱型产业，是我国县域旅游发展的示范性区域。2008—2013 年淳安县旅游门票收入占旅游总收入比例如图 6—5 所示。

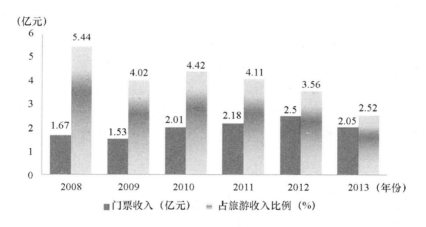

图 6—5　2008—2013 年淳安县旅游门票收入占旅游总收入比例

在县域旅游产业升级过程中，基于产业链塑造和品质提升视角的旅游开发模式受到普遍认可。可采用的方法有：一是适应旅游产业下沉化发展趋势，根据旅游结节性构建时筛选的 21 项影响城市旅游能级高低的因子，结合县域旅游产业发展阶段和县域经济发展实际，从县域旅游资源、旅游产业、旅游市场、旅游环境四大方面入手，构建县域旅游产业规划和旅游经济系统化、深度发展的框架体系。二是从旅游产业拓展和深化视角，拓展旅游产品谱系，深度挖掘文化内涵和环境价值，发展民俗体验、休闲观光、生态农业等体验性旅游产品，形成基于资源规划与开发、旅游产品生

产、旅游产品消费、旅游产品营销等于一体的旅游产品开发体系。三是通过政府示范性引导和投入，构建多元化、多渠道、多层次的旅游投融资机制。通过完善基础设施建设、制定产业扶持政策、设立产业投资基金、加强行业管理等措施，吸引多渠道资金进入县域旅游开发。

（3）基于产业融合视角的相关产业联动发展

旅游产业本身存在边界不确定性特征使其极易与其他产业融合，同时，旅游产业的高度关联性、渗透性和综合性特征使产业融合（Industry Convergence）与产业共生（Industrial Symbiosis）成为旅游产业发展的内在要求和根本发展趋势。程锦等（2011）将旅游产业融合定义为"旅游产业与其他产业或者旅游产业内部不同行业之间发生相互渗透、相互关联，最后形成新的产业"①，并对旅游产业融合的机制、模式、路径、效应进行归纳总结。

中国城乡对立的二元经济体制使得县域城镇化水平普遍低于中心城区，县域经济主要以第一或第二产业为县域支柱产业，即使是在我国旅游强县，农业收入、工业收入仍占据地区生产总值的主要贡献来源，只有少数县实现以旅游等第三产业为主导（表6—6）。淳安、婺源、扶风等旅游强县，在县域范围内与农业、工业的融合成为县域旅游产业融合发展的典型路径。其中，婺源旅游业与茶叶产业的相互融合在现实中取得显著效果。

表6—6　　　　2013 年度我国部分国家级旅游强县的三次产业比重　　　　　（%）

	第一产业	第二产业	第三产业
本溪桓仁县	15	50	35
烟台长岛县	57.8	8.9	33.3
杭州淳安县	16.5	41.0	42.5
上饶婺源县	15.07	39.38	45.54
长沙宁乡县	10.9	69.2	19.9
重庆巫山县	22.6	32.7	44.7
宝鸡扶风县	20	51.2	28.8

注：受数据来源限制，桓仁县为 2012 年数据、婺源县为 2011 年数据。

---

① 参见程锦、陆林、朱付彪《旅游产业融合研究进展及启示》，《旅游学刊》2011 年第 4 期。

资料来源：各旅游强县 2013 年度国民经济和社会发展统计公报。

　　婺源是国家有机产品认证示范创建县（区），2012 年婺源县茶园面积达 16.4 万亩，其中经过有机认证的有机茶园面积 5.2 万亩，出口额占欧盟有机绿茶市场份额的 60%。婺源县作为国家级文化与生态旅游示范县，2013 年旅游收入占国民生产总值的比例高达 70%，旅游业已经成为地方支柱性产业之一，在生态旅游、"中国最美乡村"旅游品牌塑造方面具有全国性的市场影响力。

　　由于茶叶从种植、采摘到消费各产业链条均具有较强的体验性特征，旅游业与这一传统优势产业具有高度契合性，通过深度挖掘婺源茶文化内涵和茶叶产品开发附加值，形成了基于旅游产业与茶产业融合的茶文化旅游产品：茶文化表演、茶膳与茶叶食品、茶叶茶具等茶旅游商品，并且将茶园观光、采摘体验与周边景点、景区串联形成具有茶主题特色的旅游线路推向市场，既拓展了茶叶产业的发展领域，又增加了旅游产品的多样性和体验性，形成产业间的联动发展效应。

二　以特色小城镇作为产城融合发展的试点

1. 旅游产业引导的小城镇发展现状

　　国内外对于小城镇的界定标准不一，国内多从社会学和行政管理视角依据小城镇的职能、形态等进行类型划分，形成多样化的分类体系。为便于研究，本书遵循城市、县域、乡镇和乡村的层级化、嵌套式研究思路，将小城镇界定为"城镇体系中介于县域和乡村之间的，经省、自治区、直辖市人民政府批准成立的建制镇"。

　　2014 年 7 月，住房和城乡建设部等部委联合公布最新全国重点镇名单（建村〔2014〕107 号），共有 3675 个镇列为全国重点镇。国家将"全国重点镇"作为我国小城镇建设发展的龙头，承担加快城镇化进程和带动周围农村地区发展的任务，着力于将其打造为带动能力更强的小城市。2010 年和 2011 年，住建部和国家旅游局联合公布了全国特色景观旅游名镇（村）示范名单，两批共计 216 个镇（其中村寨 48 个），通过旅游产业发展保护村镇自然环境和历史，并增加农民收入，改善人居环境，实现城乡统筹发展，实现旅游产业与新型城镇化进程的融合、协同发展。

　　根据第一批（建村〔2010〕36 号）105 个和第二批（建村〔2011〕

104 号）111 个全国特色景观旅游名镇（村）示范名单与全国重点镇名单进行交叉对比，共筛选出位于本研究范围的旅游小城镇 29 个（表6—7）。从总量上看，旅游名镇（村）仅占全国重点镇的 4.5%，比例偏小，依托旅游带动小城镇经济发展还有非常大的提升空间。

表6—7　　　　　　　　　我国重点旅游小城镇基本情况

所在城市	旅游名镇	旅游特色	旅游经济发展
北京	门头沟区斋堂镇	明清古村落、峡谷自然风光、影视拍摄	支柱产业从煤炭业向旅游产业转变
	延庆县八达岭镇	八达岭长城的名胜古迹	2013 年接待游客 70.58 万人次，旅游收入 4259 万元
	大兴区庞各庄镇	农业观光、采摘	2012 年接待游客 60 万人次，旅游收入 7100 万元
	平谷区金海湖镇	水上乐园、民俗旅游、万亩采摘	2013 年接待游客 266.5 万人次，旅游收入 1.2 亿元
天津	西青区杨柳青镇	民俗旅游、生态休闲	2008 年接待游客 157 万人次，旅游收入 5000 万元
	蓟县渔阳镇	历史文化、生态观光	—
石家庄	平山县西柏坡镇	红色旅游	2010 年接待游客 300 多万人次，旅游收入 16 亿元
	怀安县左卫镇	明清遗迹、林湖生态旅游	煤炭、蔬菜种植、旅游并驾齐驱
上海	青浦区朱家角镇	水乡古镇	2012 年接待人数 90 多万人次，旅游收入约 7500 万元
苏州	常熟市沙家浜镇	红色旅游	2011 年接待游客 160 万人次，实现自营收入 7000 万元
	吴中区甪直镇	历史悠久的水乡古镇	2011 年接待游客 158.6 万人次，直接门票收入 1596.9 万元
泰州	姜堰区溱潼镇	水乡古镇、湿地	2012 年游客接待 450 万人次，旅游直接收入 9.6 亿元
	泰兴市黄桥镇	红色旅游	2011 年接待旅游人数 100 万人次，旅游业产值 2 亿元

续表

所在城市	旅游名镇	旅游特色	旅游经济发展
合肥	肥西县三河镇	水乡古镇	2013 年接待游客 234.8 万人次，旅游综合收入 3.8 亿元
上饶	婺源县江湾镇	徽文化古村落	2012 年接待游客 200 余万人次，旅游综合收入超过 5 亿元
	横峰县葛源镇	红色旅游、生态旅游	旅游、葛、矿产
潍坊	临朐县冶源镇	鲁中水乡，北国江南	工业、现代农业、文化旅游统筹发展
洛阳	嵩县车村镇	生态旅游	矿产、林果、中药材、旅游四大产业
	栾川县三川镇	红色旅游，商贸集市	游客接待量、旅游收入分别由 2000 年的 20 万人次、5000 万元增至 2012 年的 790.6 万人次、30.7 亿元 2012 年旅游业总收入相当于全县 GDP 的 18.9%
许昌	禹州市神垕镇	钧瓷、文化旅游、影视旅游	—
娄底	双峰县荷叶镇	曾国藩故里，生态旅游	2009 年接待游客 52 万人次，旅游收入 3000 万元
珠海	金湾区平沙镇	温泉、海岛、高尔夫	经济强镇、农业大镇和旅游名镇
东莞	虎门镇	销烟古镇、服装城	2012 年游客接待量 1800 万人次，其中外地游客 1000 万人次，过夜游客约 150 万人次
重庆	奉节县兴隆镇	自然奇观、古镇、山水诗城	以旅游产业为支柱产业
	涪陵区蔺市镇	历史古镇	2012 年接待游客 19 万人次，旅游综合收入 8000 万元
成都	仪陇县马鞍镇	红色旅游、客家文化	—
	双流县黄龙溪镇	水码头、历史古镇、民间艺术	至 2014 年 11 月底接待游客 537.4 万人次，实现旅游收入 53216.9 万元
西安	蓝田县汤峪镇	温泉旅游	2013 年接待游客 400 万人次，旅游综合收入 2 亿元
铜川	耀州区照金镇	红色旅游	—

新型城镇化的理念强调大中小城市、小城镇、新型农村社区协调发展、互促共进，重视"人"的城镇化大于土地的城镇化。由表6—7可以看出，以旅游产业为主导实施城镇化进程的国家级重点城镇中，旅游接待人数和旅游收入非均衡发展特征突出，自然或历史资源禀赋条件在旅游小城镇起步阶段至关重要，其中受小城镇统筹城乡发展的功能影响，生态农业、乡村休闲是各旅游型重点城镇普遍赖以依托的主要旅游活动。旅游产业发展带动了农业生产过程、生产方式的升级，并且对历史遗迹、非物质文化遗产进行活化和复兴，加速了小城镇的新型城镇化进程。此外，一些古镇本身也是4A级旅游景区（角直、溧潼），社区即景区，旅游产业与小城镇发展紧密结合、融为一体，实现农村人口逐步转向从事旅游及商贸服务业，旅游产业与城市发展相互融合以推进新型城镇化进程。

2. 旅游小城镇发展措施

（1）全域旅游视角下的旅游空间生产

以列斐伏尔（H. Lefebvre）和福柯（M. Foucault）为代表的新马克思主义（Neo – Marxism）空间生产理论，为后现代地理学研究的"空间转向"提供了哲学基础。列斐伏尔认为空间生产不是空间内部的物质生产（Production in Space），而是以空间作为整体进行空间本身的生产（Production of Space），并将空间生产过程分为空间实践（Spatial Practice）、空间的表征（Representation of Space）和表征的空间（Representational Space）三个阶段。全域旅游是基于"大旅游、大市场、大产业、大政策"视角下对旅游空间泛化、空间全景化的表述，汤少忠（2014）将全域旅游归纳为由"全景、全时、全业、全民"[①]四个方面构成的旅游目的地发展模式。

笔者在上述理论基础上，进一步提出小城镇旅游空间生产的层次、秩序和过程，其中旅游空间生产的层次是指从旅游"空间的生产"到旅游"空间的消费"的转变过程，即通过新的生产方式和生产工具介入，对空间的生产过程和生产秩序进行重构，进而生成新的生产关系和可用于市场消费空间秩序，空间由原先的功能分离向复合型、整体化的空间转变；旅游空间生产的秩序是指旅游小城镇开发过程中公权与私权、旅游开发与居

---

① 参见汤少忠《"全域旅游"驱动因素与发展模式》，《中国旅游报》2014年6月4日第14版。

民生活、商业化与原真性保护等博弈后而生成的新的生产关系，公权的缺位、越位以及长期以来对私权的贬低和漠视，是目前小城镇旅游空间生产秩序混乱的主要原因；旅游空间的生产过程是指从"空间"到"场所"进行转化的过程，即将"空间意象"转换为"场所物象"而唤醒空间的场所精神，通过赋予空间历史文化内涵实现对空间这一产品的消费①。

旅游小城镇既是微观的空间地域单元，又是功能齐全的生产、生活和消费空间，全域旅游视角下的空间生产，应通过风貌规划、历史保护与历史文化保护提炼场所精神，形成个性鲜明的"全景化"的旅游场域；丰富小城镇内部的旅游产业链条体系，打造独立的旅游生态系统，形成"全业化"、多业态的旅游开发格局；小镇空间具有相对独立性和封闭性，通过特殊的视觉吸引可以形成独特的、完全异于都市空间的心理感应，然而纯粹的物象表征不能形成具有持久吸引力的旅游空间，活化的体验式参与是关键。因此，应当使小镇居民的生产、生活常态进行旅游体验的"全时化"体验、"全民化"参与特征，增强游客的空间融入感，提高旅游空间生产力。

（2）依托旅游产业发展推进小城镇居民的就地城镇化

旅游小城镇兼具小城镇和旅游的双重职能，伴随旅游产业链条的延伸和拓展，已经呈现社区居民所在生产、生活和生态空间与游客所使用的旅游活动空间重叠的特征。国内外大量的研究成果表明，外来游客的大量涌入会带来旅游活动对当地公共基础设施的占用、环境污染与生态恶化、物价上涨、犯罪率提高等社会问题。因此，旅游开发如何考虑社区居民生产、生活需要并保证社区居民的经济、社会、环境收益成为小城镇旅游开发面临的首要问题，"景区的社区化管理，社区的景区化经营"、景区社区一体化、景区社区职能分工等社区参与旅游开发、兼顾本地居民长期福利与旅游收益的发展模式已经成为小城镇旅游发展过程中行之有效的措施。因此，如果说前文基于规划维度的全域旅游理念更多考虑了小城镇作为独立空间的旅游生产过程需要，那么，依托旅游产业发展推进小城镇农村居民的就地城镇化，则是从社区和人的发展维度思考旅游小城镇的产业发展问题。

---

① 参见王娟、张广海、张凌云《艺术介入空间生产：城市闲置工业空间的旅游开发》，《东岳论丛》2013 年第 8 期。

在旅游开发之前，一些小城镇年轻人，高素质、高收入群体受城市的就业、居住和发展环境吸引而脱离原生活社区，通过异地转移的方式实现人的城市化过程。这种"异地城市化"的方式进一步加剧了小城镇的人口空心化、老龄化以及基础设施老化、配套设施不足等问题，社区呈现衰退、败落迹象。我国的新型城镇化从旧式的依托工业化驱动逐步转为第三产业驱动，注重以人为本，强调"人"的城镇化，实现生产、生活和思维方式的"市民化"。其中，从第一产业向第二、三产业过渡和转移的"本地就业"方式是实现就地城镇化的最根本、最有效的途径。

旅游产业具有强大的就业拉动效应，一是主产业链条中的餐饮、住宿、游乐、购物、会议、养生等环节皆需要大量的本地人口以保证企业的长期、常态化运作。在西塘、乌镇和南浔三个小城镇中，分别有51.9%、44.18%和43.7%的居民通过经营商店、开设家庭旅馆、开发古镇特色产品、房屋出租等形式参与到本地旅游业[①]，旅游收入分别占家庭收入来源的25.9%、24.8%和33.9%[②]。二是延伸产业中的农业、工业中需要提供专门化的旅游服务功能，从事本地土特产品、农副产品、历史民俗民族文化工艺品等设计、加工、销售的人口大幅增加。北京平谷区金海湖镇农村居民以从事都市型现代农业、生态旅游业为主，2014年上半年，金海湖地区农村居民人均现金收入7627元，其中工资性收入5847元，占比76.7%[③]，表明依托旅游业引导的现代农业观光、生态休闲不仅成为农民增收的主体来源，而且是在大规模、集群式的企业化运作模式下以工资形式发放，成功实现了农村劳动力向以旅游业为代表的第三产业转移。三是旅游物业租赁，旅游业的巨大商机吸引了大量外地商户进驻，本地居民通过将房屋出租给外地人经营商业、旅游服务业获取收益，例如，西塘外来业主比例已达到49.7%，与当地业主基本持平。除了本地就业外，旅游业发展同时涉及小城镇内部建筑风貌、外部交通条件和生态环境治理效率等关系社区民生的问题，依托旅游产业实现本地居民的市民化进程在旅游小城镇已经取得示范性效应，未来需关注的重点在于如何减少旅游经济开

---

① 参见王云才、李飞、陈田《江南水乡古镇城市化倾向及其可持续发展对策——以乌镇、西塘、南浔三镇为例》，《长江流域资源与环境》2007年第6期。

② 参见王云才、陈田、郭焕成《江南水乡区域景观体系特征与整体保护机制》，《长江流域资源与环境》2006年第6期。

③ 参见《2014年上半年金海湖地区经济形势分析》，2014年7月30日，平谷统计信息网。

发的负面影响，维护旅游小城镇的原真性和本土特色，实现旅游产业和城镇发展的融合与交互式发展。

（3）提高镇域内外交通通达性与可达性

作为城市、县域与乡村连接的纽带，小城镇是城乡过渡的基础承接单元。公路是小城镇外部连接的主要手段，但由于长期作为区域经济发展的非关键性节点存在，小城镇镇域交通存在以下缺陷：一是在交通基础设施方面，以过境交通为主，在人口 2 万以下的小城镇过境交通线路长度占比达 60%，并且镇域内外道路以县道、乡道为主，等级普遍较低、路况差，通行手段缺乏多样性和独立性；二是在交通流组织和道路管理方面，存在通行车辆混杂、停车场等静态交通设施匮乏、红绿灯等交通附属设施不足等交通组织和道路管理问题，交通已经成为限制小城镇旅游业发展的"瓶颈"要素。

通过前文对中国 29 个重点旅游小城镇的区位、交通情况进行分析不难发现，旅游小城镇绝大多数与中心城镇邻近并且保持顺畅、发达的交通联系，以便于承接中心城镇旅游能量辐射和扩散。例如上海青浦区朱家角镇。根据小城镇旅游资源基础与交通条件差异，本书将旅游小城镇的交通发展方式分为以下类型：

一是对于旅游资源条件好，但地处偏远、交通不便的中西部山区小镇，应实施外部交通主导型策略，加快通达公路的改造和小城镇内部的站场建设，保证旅游交通的对外衔接与串联需求，使游客"进得来、出得去"。

二是对于旅游资源条件好，但区外交通等级较低的发达地区小城镇，则应强化与区外高等级道路的衔接，提高区内外交通通达性和便利性。以古镇周庄为例，周庄位于江阴市东郊，与昆山、上海交界，从上海、杭州、苏州、昆山等主要客源地抵达周庄的时间成本较高，依托现有交通状况通过百度地图数据查询，截至 2015 年 1 月，上海至周庄直线距离 76.5 千米，需途经沪渝高速、318 国道、224 省道、商周公路，历时 1 小时 35 分可达；杭州至周庄直线距离 153.5 千米，需途经苏嘉杭高速、沪渝高速、318 国道、224 省道、商周公路，历时 2 小时 30 分可达；苏州至周庄直线距离 46.6 千米，需途经苏嘉杭高速、松周公路、周同公路，历时 58 分可达。主要是由于现有的周同公路西段仅为三级公路，等级偏低，与苏州联系不便，与周边主要高速公路距离较远，并且存在旅游高峰期交通混乱、停车不便等交通管理问题①，严重影响了自驾车游客抵达，镇域交通体系尚不完善。因此，与上海、苏州、杭州等长三角城市群主要客源地建立高等级公路及快速轨道交通的直接联系成为周庄优化外部交通条件的首要任务；还应加强镇域周边交通组织、停车管理，对旅游交通进行有序分流和疏导；在内部打造富有水乡旅游特色的环形水上交通、特色公交和慢行系统，并与周边古镇串联，形成镇域内外高效衔接、良性互动的网状交通格局。

三是对于旅游资源条件和交通条件皆相对优越的旅游小城镇，应重点加强镇域公共交通和内部路网建设，形成镇域内部环线，此外还应加强交通引导与管理，减少车辆通行安全隐患。北京平谷区金海湖镇镇域内现有公路总长98.4千米，其中镇级公路18条，长65.5千米；村级公路48条，长32.8千米，28个行政村全部实现了"村村通"工程；镇中心区公交车通车线路8条，形成较为完善的镇域路网格局，为承接和疏散城区观光客源提供交通便利。

四是对于旅游资源条件欠缺，但交通条件相对优越的小城镇，则本着"宜农则农""宜商则商""宜旅则旅"的原则，留作小城镇旅游开发的储备区域，待旅游经济基础和市场条件成熟后，可通过兴建人造景点、主题乐园等方式，纳入大都市旅游圈层体系。例如上海市浦东区川沙新镇本身并不具备任何具有比较优势的自然或人文旅游资源条件，但因为迪斯尼乐园的选址、建设而带动地产迅速升温。

三 以乡村为旅游场能腹地化拓展的增长点

乡村（农村）是中国城镇化进程中地域广袤、速度缓慢的主体区域，长期以来城乡分离、"城市偏向"的二元体制造成城市与乡村在经济收入、建筑风貌和生活方式存在巨大差异，农村已经成为我国新型城镇化的突破的重点和难点区域。乡村旅游将自然环境、田园风光、生产形态、民俗风情、农耕文化、乡村聚落融入传统旅游文化中，丰富了旅游业的内涵，形成迥异于都市风光的乡村旅游体系。伴随物质文明、都市文明的日渐成熟，乡村以其清新的自然环境和醇厚的传统文化氛围，日益受到城市

---

① 参见赵金《历史镇区及周边地区交通组织策略研究——以周庄为例》，载《2013中国城市规划年会论文集》。

旅游者的青睐。

城市化进程并非单一的线性、无止境的发展，城市化发展到一定阶段就会出现资源回流的逆城市化过程，因此，相比于基于制度安排和战略规划而开展的"以城带乡"、由城市至县域、乡镇这一"自上而下"的城镇化过程，乡村旅游是一种基于旅游产业引导的、主动的"自下而上"的"城镇化"，已经成为推动中国新农村建设、农业产业升级和转型的重要驱动力。2014 年，乡村旅游的游客数量达 12 亿人次，占全部游客数量的30%，全年乡村旅游收入 3200 亿元，带动了 3300 万农民致富。目前全国有 200 万家农家乐、10 万个以上旅游特色村镇，为乡村旅游发展提供了广阔的市场基础。

1. 乡村旅游的发展现状

（1）乡村旅游的扶贫和富民效应突显

为解决农村、农民和农业"三农"问题，推动小康社会建设，我国从 2003 年起中央一号文件连续 12 年聚焦"三农"问题。2015 年 2 月 1日，中共中央、国务院印发了《关于加大改革创新力度加快农业现代化建设的若干意见》，提出"建设现代农业，加快转变农业发展方式""促进农民增收，加大惠农政策力度""城乡发展一体化，深入推进新农村建设"等五大方面的全局性指导意见，以促进农业、农村工作开展。2015年 1 月 21 日，国务院办公厅发布的《〈国务院关于促进旅游业改革发展的若干意见〉任务分解表》（国办函〔2014〕121 号）中，第 11、12、13条特别指出要大力发展乡村旅游，"开发一批形式多样、特色鲜明的乡村旅游产品"，"加强乡村旅游从业人员培训"，从而"推动乡村旅游与新型城镇化有机结合"，通过旅游发展保护传统文化和乡村景观。

在国家持续性政策导引下，中国农业、旅游部门出台大量国家和地方政策扶持乡村旅游发展，通过旅游业在农村发展中调整农业产业结构、富民增收，促进社会主义新农村建设，实现农业现代化，乡村旅游已经成为农民增收致富、发展农村经济的有效途径和持续驱动力。例如，北京斋堂镇爨底下村距京城 90 千米，村域面积 5.33 平方千米，村民 55 户，自2009 年起年均接待国内外游客 10 万人次，人均纯收入近万元，旅游收入占全村总收入的 95% 以上；2013 年四川农民在旅游发展中人均纯收入621.9 元，占农民纯收入比重达到 7.9%，比上年人均增加 80.6 元，高于全省农民人均纯收入平均增速。

（2）发展乡村旅游有助于促进传统文化建设和新型城镇化进程

乡村为中国传统农耕文化演变构建了宏大的地理背景，中国从 2003 年起由国务院住房和城乡建设部、国家文物局共同组织评选中国历史文化名村，截至 2014 年 3 月已经公布六批，其中 2003 年第一批 12 个，2005 年第二批 24 个，2007 年第三批 36 个，2008 年第四批 36 个，2010 年第五批共 99 个，2014 年第六批 178 个，六批共计村落 385 个，以实现对传统乡村风貌和地方民族特色的保护。通过将 385 个"历史文化名村"和 48 个"全国特色景观旅游名村示范名单"进行交叉对比发现，48 个旅游名村全部属于历史文化名村范畴，历史文化名村为发展乡村旅游、提升乡村旅游能级提供了后续开发的储备资源。

此外，伴随城镇化进程的深入，2013 年 12 月，中央城镇化工作会议明确提出城镇建设要让居民"望得见山、看得见水、记得住乡愁"，"要传承文化，发展有历史记忆、地域特色、民族特点的美丽城镇"，通过发展乡村旅游"记住乡愁"，留住"美丽乡愁"已成为乡村旅游发展的标尺。通过发展乡村旅游，农村水电道路等基础设施、建筑外观和居住条件、生态环境得以修缮和提升，习俗文化、非物质文化遗产等得以活化和再现，村落生态得以保护，具有文化传承价值意义。

（3）乡村旅游存在的突出问题

第一，形式单一、产品同质。为发展乡村经济，乡村旅游开发在一些地区迅速泛化，数量增长快于质量提升，并且由于缺乏有效规划和产品设计，乡村旅游产品以"农家乐""渔家乐"等形式为主，产品同质，缺乏创新设计和深度加工，文化元素含量不高，缺乏精品和特色，处于低水平开发阶段。

第二，停留时间短，时间冷热不均。乡村旅游客源以中心城市及周边地区客源为主体，以一日游、周末环城游憩为主，呈假日井喷态势，并且受农业、渔业和牧场资源条件限制，具有明显的季节性，不利于旅游要素配置和资源利用。

第三，收入总量小、占比低。由于缺乏统筹和整合，接待方式以农户零散接待为主，无法形成乡村旅游产品的规模化、品牌化和多样化，关联带动效应较弱，存在乡村旅游人数多、但收入偏低的情况，即便是在乡村旅游发达的浙江淳安县，截至 2014 年底，全县拥有乡村旅游景点 15 个，农家乐特色村 16 个，农家乐经营户 400 户、床位 6500 个、餐位 28000

个，乡村旅游已经与湖区观光、旅游综合体共同成为淳安旅游的三驾马车。乡村旅游游客接待量约占县域游客接待量的 1/3，已成为县域旅游的主要活动空间，但乡村旅游收入仅占县域旅游总收入的 3% 左右（图 6—6），与旅游人数增速不相符，乡村旅游处于产品导向而非品牌导向的起步阶段，旅游产业附加值低、综合效益不高。

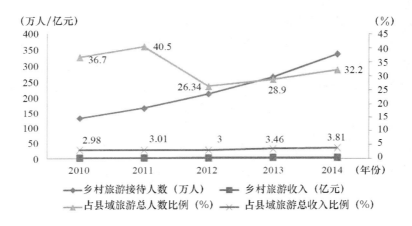

图 6—6　淳安县 2010—2014 年乡村旅游人数和收入情况

资料来源：淳安县旅游局历年统计公报。

　　第四，乡村旅游交通、住宿、厕所等基础设施、接待设施水平有待完善和标准化，城市自驾游旅游者是乡村旅游客源的主要构成，目前一些村寨普遍存在内外交通设施、通达性不足的制约因素，存在城市的旅游能量无法抵达的现象；在原始风貌保存较好、民风淳朴的乡村，同时存在住宿、厨房、厕所等条件"档次低、卫生差"的特点，不能满足国际乃至城市旅游者的住宿需求，建立乡村旅游标准体系成为必然要求。

　　第五，乡村旅游管理体系不健全。一是受短期经济利益驱动，乡村旅游经营业户高收费、乱收费现象层出不穷，宰客、随意涨价等情况仍旧存在，旅游投诉、执法效力和效率在乡村缺乏常态化监管，乡村旅游法制化经营与管理的环境尚未形成。二是乡村旅游经营者从乡村居民向旅游接待服务提供者的角色转化过程中存在自由、散漫的惯性，服务意识和服务质量不高，不能满足现代旅游者的高品质旅游需求。三是缺乏营销理念，尚未意识到营销推广的重要性，营销手段单一、投入不足，乡村旅游经营者因零散、弱小而缺乏开拓远距离市场的组织保障和技术能力。

　　2. 新型城镇化背景下的乡村旅游能级提升策略

　　鉴于乡村旅游的强大生机和广阔市场前景，各地纷纷制定乡村旅游发展扶持政策促进乡村旅游发展。例如，四川省制定实施《关于加快建设旅游经济强省的意见》（川府发〔2013〕42号），截至2012年，四川省共有农家乐/乡村酒店2014家，其中五星级农家乐/乡村酒店27家，四星级农家乐/乡村酒店227家；共有全国休闲农业与乡村旅游示范县6个、示范点12个，省级乡村旅游示范县28个，走在全国乡村旅游前列。伴随《山东省乡村旅游业振兴规划（2011—2015）》的实施，截至2012年底，乡村旅游收入已占山东省旅游总收入的20.3%，在烟台、淄博、青岛等一些乡村旅游资源禀赋较高的地区，大量的工农业旅游示范点、旅游强乡（镇）与特色村、"好客人家"农家乐不断涌现。在山东半岛城市群，乡村旅游发展条件最为优越，已经成为旅游场能提升最具潜力的生长点（表6—8）。

表6—8　　　　　　　　2013年山东半岛城市群乡村旅游基本指标

名称	工农业旅游示范点（家）	旅游强乡镇与特色村（个）	"好客人家"农家乐（家）
山东省	650	701	1295
济南	42	35	108
青岛	75	58	64
淄博	63	54	135
东营	28	39	2
烟台	46	81	344
潍坊	60	52	46
威海	57	49	14
日照	16	21	102
合计占比（%）	59.54	55.49	62.93

　　资料来源：根据山东省旅游局《2013年山东旅游发展概况》整理。

　　（1）重视乡村旅游规划，引导乡村旅游科学、有序发展

　　一是将乡村旅游管理纳入政府行政管理职能，对乡村旅游的规划审批、经营管理、安全管理、环境卫生等进行规范监督，引导其逐步走向行

业自律管理；二是引入社区参与机制，使乡村居民成为旅游开发的主体受益者，使乡村居民获得参与社区旅游发展决策的权利和公平获得旅游收益的机会，实现农民、社区和乡村旅游的共同发展；三是秉持生产、生活、生态"三生一体"的开发理念，坚持科学统筹、生态为本、文化引领，塑造"形神兼备"的乡村旅游意象，避免粗放式低水平开发和过度商业化对乡村原有风貌和生态环境的破坏，促进生态文明、文化传承与乡村旅游协同发展。

（2）与农业进步、新农村建设相结合

乡村旅游已经成为社区发展与变革的重要动力，应充分发挥"三农"资源优势和政策优势。一是将城镇建设、社区建设与旅游观光园区建设有机结合，创意化改造农业设施，打造一批科技示范、生产加工、经济技术合作、旅游观光服务园区，促进农业与旅游的深度融合，加快农业产业化和旅游规模化步伐。二是依托乡村"大农业"资源优势，发展现代农业示范区和农业休闲观光项目，打造休闲农业与乡村旅游示范点，将农产品生产与休闲观光农业有机结合，以"一村一品""一家一艺"为发展目标，以城郊休闲度假、生态农业观光、民俗风情体验产品为主体，不断丰富乡村旅游的业态和产品类型。三是抓住国家大力推进农村扶贫开发、实施乡村旅游扶贫的政策机遇，重点扶持建设一批具有历史、地域、民族特点的特色景观旅游村镇，打造形式多样、特色鲜明的乡村旅游产品。

（3）完善乡村旅游商品生产和销售体系

伴随旅游产业的日渐成熟，旅游业已经从过去单一的"线性组合"发展到现在的"旅游目的地综合集成"和"产业化聚合"，全产业链化的融合拓展已成必然。在乡村旅游发展过程中仅单一地发展观光、体验是不行的，必须通过附加产品、衍生产品的设计、开发、销售，形成复合化的经济收益。在开发内容上，大力开发旅游农副产品，以绿色、乡土气息为卖点，辅以系列化开发和特色化包装，依据旅游购物规律进行布局和品类规划；在开发模式上，推行"公司＋社区＋农户"的一体化经营模式，将绿色生产与乡村旅游紧密结合，加强农业自主品牌深加工，带动农户从事旅游特色农产品和纪念品、工艺品的开发与生产，形成旅游商品的产业化发展态势。特别应具备对地理标志农产品进行旅游化开发的能力，依托优势农产品的品牌影响力和市场占有率，延伸至旅游消费的各环节，实现农业产业升级与旅游产业的联动开发。

（4）加大乡村旅游开发扶持力度

一是设立乡村旅游发展专项资金，对重点旅游镇（街道）每个镇（街道）给予编制旅游规划设计费补贴，对于规模达到一定人次的乡村旅游节会活动给予扶持奖励。二是对乡村旅游发展给予税费优惠，包括免征乡村旅游集散中心建设城镇土地使用税；经批准利用开山填海整治的土地、改造的废弃土地发展乡村旅游项目的，自项目营业之日起免缴一定年份的城镇土地使用税；月营业额不超过 2 万元的小微乡村旅游企业，免征收营业税，减免新开办行政事业性收费，免征直接用于采摘、观光的种植、养殖、饲养用地城镇土地使用税；等等，扶持其发展。三是给予为旅游配套的公益性城镇基础设施建设用地政策扶持，在土地规划中重点安排乡村旅游发展用地，并给予指标倾斜；支持利用新农村改造挂钩置换出来的土地、自有住宅、旧厂房、森林看护用房等发展乡村旅游；鼓励承包、租赁林地、水面、山头发展旅游，支持农村土地有偿流转，壮大乡村旅游经营规模①。四是鼓励大型旅游企业集团从事乡村旅游，提高乡村旅游的经营管理水平；鼓励金融机构、保险公司开发面向乡村旅游的信贷、保险产品，提高乡村旅游抗风险能力；鼓励社会资金、民营资本等多渠道资金从事乡村旅游开发，建立多元化、多层次的乡村旅游融资体系。

（5）提高接待管理与服务水平

一是制定并实施乡村旅游接待服务标准，从接待设施、接待条件、卫生状况、接待能力等方面进行规范、评审。例如，全面落实厨房卫生和食品卫生安全标准，配备冲水厕所、热水淋浴、与接待能力相适应的消毒间和储藏间等基本设施；二是加强乡村旅游人才队伍建设，加强市场营销、旅游开发等经营管理人才储备，通过培训等形式增强村民的文明意识和开放意识，加快乡村旅游服务人员队伍建设。

第三节　构建横向紧密衔接的旅游场能簇群

一　以次级旅游中心城市为支点构建多簇群结构

1. 次级旅游中心城市培育的必要性

目前中国对城镇体系的研究呈现哑铃式结构，主要集中于中心城市和

---

① 参见傅军《放大"乡愁"旅游资源》，《青岛日报》2014 年 1 月 10 日。

小城镇两大部分，而对起承接、支撑作用的次级中心城市研究较少，对于次级旅游中心城市的研究则更少。李锦章（2003）将次级中心城市定义为"在生产总值和综合竞争力等方面都接近于主中心并明显超过区内其他城市的较大城市"，在生产、科技、旅游、文化等功能上仅次于主中心，同样对其他城市和乡村具有吸附和扩散能力。在本研究中，次级旅游中心城市可以表述为"旅游城镇体系中旅游场能低于首位城市、高于其他城市，具有良好的社会经济基础、旅游产业规模和交通条件，能够承接和传递主城市旅游能量的大中型城市"。

（1）市管理政策推动

1984 年国务院发布《城市规划条例》，按照市区和郊区的非农人口总数将城市划分为大城市、中等城市和小城市三级；2014 年，国务院印发《关于调整城市规模划分标准的通知》，以城区常住人口数为标准对城市规模进行重新划分。截至 2013 年底，按照新的城市规模划分标准，我国（大陆地区）城区常住人口超过 1000 万的有 6 个，为超大城市，分别是北京、上海、天津、重庆、广州、深圳；城区人口达到 500 万—1000 万的有 10 个城市，分别是武汉、成都、南京、佛山、东莞、西安、沈阳、杭州、苏州、哈尔滨，为特大城市。30 年间，城市化初期和深化期的城市规模呈现显著差异（表6—9），对城市进行分类管理已经成为新型城镇化背景下优化城镇体系结构和功能的必然要求。

表6—9　　　　　　　1984 年和 2014 年城市规模划分标准

	1984 年	2014 年	
小城市	人口 < 20 万	人口 < 50 万	
		Ⅰ型小城市：20 万 < 人口 < 50 万	Ⅱ型小城市：人口 < 20 万
中等城市	20 万 < 人口 < 50 万	50 万 < 人口 < 100 万	
大城市	人口 > 50 万	100 万 < 人口 < 500 万	
		Ⅰ型大城市：300 万 < 人口 < 500 万	Ⅱ型大城市：100 万 < 人口 < 300 万
特大城市	—	500 万 < 人口 < 1000 万	
超大城市	—	人口 > 1000 万	

注：以上包括本数，以下不包括本数。

（2）优化城市群旅游场能空间结构的需要

伴随中国城镇化进程的快速发展，我国城镇体系已呈现大城市过度集聚、小城镇无序发展、地区发展失衡、城际关系不协调等"大城市病"显化特征，究其原因，中小城市发育不足、产业和人口集聚能力有限，未能形成空间层次分明、结构优化、产业关联、功能互补的城镇协作体系是关键。

根据旅游场能测算结果可以发现，中国巨大的旅游能量高度集中于中心城市以及城际主要交通通道沿线，城际旅游发展水平和扩散能力严重失衡。在以"城市群体的城镇化"为突出特征的"十三五"期间，伴随中小城市不断地崛起，由单中心向多中心、网络化城市群演进已成为旅游场能均衡化发展必不可缺的支撑条件。

（3）建立城市群旅游协作体系的需要

在区域经济发展过程中，跨国公司将总部设立于经济、信息、交通便利的中心城市以承担设计、研发、销售等核心职能，而将生产、加工、仓储等职能外迁至成本较低地区，这种因职能部门空间分离而对所在城市带来的经济影响被称为总部经济，即中心城市因占据高端价值链而获得参与国际竞争机会，次级中心城市则通过对中心城市发展模式的路径依赖实现经济增长，是一种基于价值链和资源优势空间耦合的经济形态。

城市群旅游协作体系的建立，与上述职能分工模式既相似又存在明显差异，相似点在于中国旅游业依托城市旅游起步，中心城市凭借政策、经济和综合旅游优势先行发展，而次级旅游中心城市则起步晚、知名度不高，需借助一级中心城市的带动而形成区域旅游竞争力，具有典型的总部与分公司合作特征；不同点在于，旅游业发展具有天然的资源依托特征，旅游产品的生产和消费具有同步性特征，基于一级旅游中心城市承载力饱和、旅游体验满意度下降以及次级旅游中心城市崛起的现实，培育次级旅游中心城市以实现区域旅游从初级的点、轴辐射走向高级化的多中心、组团式的网络化发展格局，符合建立基于分工与协作的旅游中心城市体系这一城市群旅游的本质要求。

根据前文表中次级旅游场能城市的筛选结果，各城市群的次级旅游中心城市分别为：京津冀城市群的次级旅游中心城市为天津、石家庄、唐山；辽中南城市群的次级旅游中心城市为抚顺、本溪、鞍山；山东半岛城市群的次级旅游中心城市为淄博、潍坊、烟台、威海；长三角城市群的次级旅游中心城市为苏州、无锡、宁波、常州；武汉城市群的次级旅游中心城市为黄石、孝感、咸宁；长株潭"3＋5"城市群的次级旅游中心城市为岳阳、益阳、衡阳；环鄱阳湖城市群的次级旅游中心城市为芜湖、铜陵、马鞍山；江淮城市群的次级旅游中心城市为蚌埠、六安；中原城市群的次级旅游中心城市为洛阳、开封；关中城市群的次级旅游中心城市为宝鸡、咸阳；川渝城市群的次级旅游中心城市为遂宁、眉山、南充；珠三角城市群的次级旅游中心城市为佛山、东莞、惠州；海峡西岸城市群的次级旅游中心城市为莆田、泉州。

2. 横向旅游场能簇群体系培育措施

（1）以次级旅游中心城市为支点，培育旅游城镇密集区

相比于以"城市集合体"为核心特征的城市群，城镇密集区更加侧重城市与县级市、乡村之间基于经济、社会、文化历史等因素而发生的强烈相互作用和紧密联系，从概念的层次上来说，后者略低于前者①，是对城市群内部城市节点以及腹地区域的综合表述。相比于县域旅游承担的纵向承上启下功能，城镇密集区是通过节点、网络、基质的横向连接形成为一体化的有机网络，通过培育多个簇群式的旅游场域而逐步向高旅游场能区多向辐射的网络化发展，以"旅游城镇密集区"的组团式发展和多元增长更具现实意义。

以山东半岛城市群为例，该城市群的高旅游场能区域呈典型的轴带状分布，且高度依赖济南、青岛两个中心城市，单个城市的关联带动能力不足，但旅游场能发育已经呈现依托次级旅游中心城市呈现簇群化发展格局，为网络化的场能格局奠定基础。2014 年颁布的《山东省新型城镇化规划（2014—2020）》中公布济（南）淄（博）泰（安）莱（芜）德（州）聊（城）、青（岛）潍（坊）、烟（台）威（海）、东（营）滨（洲）、济（南）枣（庄）菏（泽）、临（沂）日（照）6 个城镇密集区，全部皆以山东半岛城市群的城市为中心节点延伸构建，各城镇密集区之间因空间距离临近、交通便利而旅游对流活动频繁。其中，济淄泰莱城镇密集区以济南为中心地域邻接，各城市距济南的时间距离皆在 1 小时以内，属于济南 1 小时都市旅游圈辐射范围，其中济南—淄博目前已构成高旅游

① 参见刘荣增《城镇密集区及其相关概念研究的回顾与再思考》，《人文地理》2013 年第 3 期。

场能的主要节点；济南—泰安之间通过旅游资源互补、市场共享成为山东省"山水圣人"黄金旅游线路的主体城市；济南—莱芜借助济莱协作区的政策和城际交通的快速发展大力促进旅游同城化，已成为推进山东省黄河以南地区旅游一体化的先行区域。

（2）承接旅游产业转移，培育旅游产业簇群

经前文比较发现，次级旅游中心城市普遍与首位城市存在较高的旅游经济联系度，相比于由政府推动形成的旅游联合体，密切的旅游经济联系在推动区域旅游一体化方面更具实际效用。基于比较优势理论和产业梯度转移规律，转移方借助旅游业发展过程中的总部经济优势，在旅游开发、规划、经营管理与市场营销方面具有资金、信息、智力和技术优势，承接方则拥有市场、特色旅游资源和劳动力优势，通过一级中心城市的"涓滴效应"和次级中心城市的"回流效应"相互促进、协同演进。次级旅游中心城市可以采取的旅游产业承接措施有：

一是通过土地、税收等吸引已经入驻的中心城市大型旅游企业集团在次级旅游中心城市投资、兴建或管理大型旅游项目，不仅可以增加次级旅游中心城市旅游吸引力，提高服务接待能力，而且可以自然地融入大型旅游企业的全国化分销体系，形成市场上紧密联结；二是通过经济、商贸、文化等多领域的往来增强次级旅游中心城市与首位城市的联系，发展次级旅游中心城市的工业旅游、商务旅游、会展旅游等业态；三是通过差异化产品定位、优化旅游产业配套设施，承接首位城市旅游消费升级和拓展需求，包括创新旅游产品、改善交通条件、增开旅游专线等形式，形成二者的市场对接，以一体化的旅游产品共同拓展客源市场。

二　促进路域经济与旅游经济协同发展

路域经济是指依托道路辐射带形成的生产力布局及区域经济发展体系，属于区域经济范畴，以依托交通通道形成的产业带支撑区域经济发展①。上述概念主要依托高速公路发展提出，在更为严谨的交通经济带（Traffic Economic Belt，TEB）概念表述中，交通经济带是以运输通道或交通干线为发展主轴，逐步形成的产业和城市高度发达的聚集地带。它是

---

① 参见喻新安、宋春雷《路域经济——高速公路引领区域经济发展》，经济管理出版社2013年版。

一种经济活动沿着交通基础设施束集聚分布的现象，随着近代工业的兴起而出现，是交通干线与沿线经济相互作用、协同发展的产物①。通过改善交通条件来调节区域投资大小和人口流动方向、引导产业带建设，是世界范围内区域经济簇群式发展的成功经验。各城市的旅游能量沿交通通道扩散而形成城市群的多种空间形态和空间结构，如何借助交通综合运输通道实现提高旅游能量的生成和扩散能力成为关注热点。

1. 交通通道沿线城市旅游地产、旅游综合体开发

经过 30 多年的发展，旅游业已经由以小企业为主体、以传统型的旅游资源为主要吸引物，进入"大企业、大资本、大项目"驱动阶段，大批非旅游类大型企业、资本进入旅游业，产业化、集团化趋势不断增强。以房地产企业为例，目前我国的上万家房地产企业大部分都已涉足旅游房地产的开发，恒大、万达、雅居乐、万科、保利、碧桂园等企业已在旅游综合体开发方面走在前列并取得良好业绩。

面对中国日益收紧的土地政策以及中心城市旅游空间饱和、传统旅游资源老化的现实，由高速公路形成的路域经济，以及高速铁路为出行带来的时空压缩效应，促使交通设施沿线二、三线旅游城市成为旅游综合体项目的重点选址区域。通过对比上述房地产企业的主要旅游综合体项目发现，便捷的交通与地理位置、高品位的旅游资源条件，是旅游房地产开发、旅游综合体选址的前提。以天津恒大世纪旅游城为例，该项目位于京平高速盘山景区出口处、依托 5A 级盘山旅游区兴建，周边有高尔夫球场、滑雪场、独乐寺、八仙山等 17 处景点，距离天津 110 千米、北京 90 千米、首都国际机场 60 千米，位于京津 1 小时交通圈内，有助于推动北京、天津城际间的旅游互动，形成旅游开发的集群效应。

（1）依托旅游地产开发推动沿线城市城镇化进程

林峰（2013）从旅游地产的土地开发、旅游公共设施建设、旅游休闲项目建设、旅游房地产产品开发四个层面②对旅游地产开发对城镇化的推动作用进行系统阐述。大型旅游地产项目，通过旅游开发实现土地价值升级、通过度假地产项目和配套设施开发形成具有独特景观价值的第二居

---

① 参见张文尝、金凤君、樊杰《交通经济带》，科学出版社 2002 年版。

② 参见林峰《旅游引导的新型城镇化——旅游运营与地产开发专刊》，北京绿维创景规划设计院有限公司，2013 年 1 月。

所，直观又深刻地展示了旅游在城镇化最基本形式中的地位。在本研究中需注意以下两点：一是旅游地产开发必须与新型农村社区建设相结合，不能仅考虑城市居民、外来游客的度假型购房需求，应通过为农村社区就地安置、提供就业机会、生活设施配套等方式，集聚人气，实现农村居民的就地城镇化；二是结合我国城市化进程中卫星城、新城的发展过程，除在选址初期考虑区位因素外，还必须依托公路系统、城际公交、城际铁路等方式衔接两个乃至多个中心城市的轨道交通、公共交通以及空港交通系统，将旅游新城纳入大都市圈层体系是旅游地产项目可持续发展的关键保障。

（2）地方政府政策支持和科学调控并举

随着中国房产调控政策和土地政策的收紧，旅游业作为国民经济战略性支柱产业，具有蓬勃的发展前景并在发展过程中享有土地政策优惠，房地产企业纷纷为规避政策，寻找新的利润增长点，大力开发旅游地产项目。旅游地产项目通过旅游业发展汇聚的人气、财气最终将"生地"升值为"熟地"，是旅游地产项目发展的常规模式，其本质与利润的终极来源还在于城镇化建设过程中土地的增值收益。

旅游度假项目收益来源主要有旅游项目收益、酒店收益、商业地产租金收益和部分住宅销售收益，旅游、酒店、商业地产租赁所涉及的资金回笼一般较慢①，地产销售成为旅游地产项目资金回笼的主要来源。此外，由于现阶段中国旅游地产、旅游综合体的开发尚未形成成熟的、可复制的商业模式，跨界的运营又使得信息与调控相对滞后，因此，一些地方出现开发商以旅游名义征地、行地产开发之实的情况，或者单纯地追求地产的快速销售，而忽视了旅游业的经营管理问题，对地方旅游业的拉动有限。从可持续发展的角度看，旅游地产的发展必须与旅游产业的发展紧密结合，以旅游产业的价值决定土地价值，这些问题需在地方积极引入旅游地产项目的同时严格规划和调控、保证旅游综合体开发对旅游业的健康发展的促进作用，吸取单纯房地产占用资源建设、破坏景观生态环境的教训。

2. 交通通道与旅游通道建设并举

自驾游是有组织、有计划、以自驾车为主要交通手段的旅游形式，具有较强的自主性、灵活性和随机性，适宜于旅游目的地由初级的团队观光

---

① 参见高山《旅游地产，挡不住的诱惑》，《金融经济》2013 年第 12 期。

游向高层次的深度游、主题游方向发展。随着高等级公路的建设、私人汽车保有量的增加以及多样化休闲需求的发展，根据中国社会科学院旅游研究中心发布的《2014—2015 年中国旅游发展分析与预测》显示，2012 年全国共有 13.6 亿人次选择自驾方式参与旅游，2013 年增至 17.3 亿人次，增幅 27.2%，占年度出游人数的 53%，已成为我国散客出游的主要形式；自驾游以中短途为主，距景区驾行距离在 500 千米以内的城镇是自驾游的主要客源地；单次自驾游人均花费 969.01 元，略高于同年度城镇旅游人均花费 946.6 元。目前我国公路交通通达性好、资源丰富、设施齐备的旅游城市已经充分受益于自驾游的发展，2012 年厦门自驾游游客达 1440 万人次，占旅游市场客源的 55%。

（1）注重自驾游科学规划与指导

2009 年《国务院关于加快旅游发展的意见》中多处涉及自驾车旅游发展，明确提出"公路服务区要拓展旅游服务功能，进一步完善自驾车旅游服务体系，规范引导自发性旅游活动"；2013 年出台的《国民旅游休闲纲要》提出了"支持汽车旅馆、自驾车房车营地、邮轮游艇码头等旅游休闲基础设施建设"。在消费需求和利好政策的双重推动下，各地开始完善自驾游服务设施和体系，通过建设房车和自驾车露营地等方式，规划和引导自驾游发展，以建立等级分明、类型多样、空间分布合理的自驾车营地空间布局。2010 年山东省《山东省自驾车旅游总体规划》规划在山东省 17 地市建设 180 余处国际标准的汽车营地，其中 80% 的营地依托现有景区、旅游度假区建设，海南、四川、福建、湖南、河南、广东等地也纷纷有自驾游发展规划和指导意见出台。

（2）完善道路交通服务，满足自驾游、自助游游客需要

一是在交通通道出口、导向标志设计考虑旅游者出行需要，并将景区通道与高速公路、国道等道路衔接，形成内外有序衔接的景区交通体系；二是构建便捷的自驾保障体系及服务体系。例如，厦门以丰富的旅游资源、便捷的交通网络、舒适的旅游环境、优质的旅游服务成为"中国最佳自驾游目的地城市"，汽车租赁点、代驾服务、加油站、维修厂、停车场、紧急救援站遍布厦门岛内外。

（3）与相关产业合作，形成自驾游产业体系

与保险、救援企业合作，推出包括车辆救援、人身紧急救助、财产保险等更贴合自驾车游客的救援服务和综合保险产品；成立自驾游协会，鼓

励成立自驾游俱乐部、网站车友会、汽车品牌车友会等多种形式的自驾游组织团体；发展、建设汽车旅馆、露营地，与美食中心、景区等形成了"一条龙"的服务体系，满足自驾游旅游者全方位需求。

（4）重点客源城市间开辟旅游专列

一是铁路企业提供自驾游车辆异地运输服务，2015 年春节期间，北京铁路局分别开行海南海口、广东广州、云南昆明、福建福州、浙江温州、黑龙江哈尔滨 6 个方向的自驾游汽车运输专列，依据车型、距离等进行统一收费，通过铁路与公路合作，保障异地自驾游的便捷性；二是铁路部门于旅游旺季在重点城市之间增开旅游专列，满足团队旅游者大规模出行需要，并制定专门的《旅游专列运输管理办法》提高铁路运输服务质量，目前我国开通的旅游专列有"夕阳红""红色旅游""冰雪旅游""丝绸之路"等旅游专列。在国务院发布的《〈国务院关于促进旅游业改革发展的若干意见〉任务分解表》中第 25 条明确指出，"增开旅游目的地与主要客源地之间的列车和旅游专列，完善火车站、高速列车、旅游专列的旅游服务功能，鼓励对旅游团队火车票价实行优惠政策"。

第四节　基于产业分工的旅游一体化发展

一　城市群旅游一体化发展的必要性

1. 产业分工与协作发展的要求

旅游产业具有开放性、综合性、关联性、互补性等特质，旅游一体化成为推动区域跨界、跨行、跨越式发展的重要动能和趋势。区域旅游协同发展是区域旅游合作的高级形式，旅游者的跨区域空间流动、旅游产业的高度关联等特征使得旅游业对区域一体化发展要求更为迫切。亚当·斯密认为，发展取决于效率的提高，效率的提高取决于分工的深化，而分工的深化取决于市场规模的扩大、市场制度的建立和完善[1]。因此，以市场作为区域旅游一体化的根本导向，而非决策者的主观意志，成为休闲新常态视角旅游产业体系完善和升级的必然要求。

目前中国已经形成以地理区划、标志性文化遗产以及交通线路为依托

---

① 参见李佐军《中国处于区域经济一体化快速发展阶段》，《中国经济时报》2014 年 5 月 20 日第 5 版。

的跨区域整合联盟，基本上形成了产品与线路整合、区域形象整合、营销联合、信息联合的"两整两联"模式，主要包括旅游联合营销、区域旅游标准一体化、从业资格相互认定等。受利益竞争等因素影响，城市群内部旅游经济合作多数形式大于内容，未能形成以产业分工为导向的协同发展和共生的良性发展机制。因此，实现由基于政府主导的政策和空间规划的"他组织"向基于产业分工和协作的"自组织"过程过渡，成为构建旅游经济共同体、提高区域旅游竞争力的关键。

2. 产业科学规划与管理的需要

行政区经济是因行政区划分割而形成的行政壁垒对区域经济形成的一种刚性约束，从而与区域经济一体化相悖的现象。在"行政区经济"意识的惯性作用下，城市群内部各城市的旅游开发以行政区划分立山头，以点状区片式开发为主，缺少统一规划和有机整合。2014 年 8 月，国务院发布《关于促进旅游业改革发展的若干意见》（国发〔2014〕31 号），重点强调要"打破行业、地区壁垒，推动旅游市场向社会资本全面开放"，"推动优势旅游企业实施跨地区、跨行业、跨所有制兼并重组，打造跨界融合的产业集团和产业联盟"，"推动区域旅游一体化"以增强旅游发展动力、构建"大旅游区"。区域一体化、管理规范化、形象品牌化和市场国际化已成为城市群旅游深度发展的必然趋势。

3. 旅游品牌联合塑造

改革开放至今，旅游业经历了追求规模和速度的粗放式成长，旅游产品的品质和服务有待进一步提升。

一是丰富多元的旅游体验，绝不是旅游产品杂乱无章的堆砌，而是对区域内资源、品牌、项目和服务的优化组合，形成清晰的区域文化脉络。依靠先天性资源优势而建立市场影响力的单体观光型景区，已不能满足游客多元个性的旅游体验需求，打破行政和行业壁垒、构建区域一体化的大旅游景区才能实现资源的优化配置和品牌价值的聚合。

二是中心城市先行发展优势具有强大的惯性，其产生的"屏蔽效应"让邻近的二、三线城市缺乏独立的品牌参与市场竞争的能力，仅为大都市旅游圈的中转地、过境地而无法成为终极旅游目的地，进而带给当地的也只是门票经济而无法形成体验式消费经济，最终导致并加剧了多重定位、多重规划、多重开发的旅游管理碎片化，以及区域文化的完整性遭受严重割裂、肢解乃至毁灭。

因此，从保持区域文化与区域旅游完整性角度而言，缺乏整合化的旅游品牌、各自为政的条块化旅游开发模式，不仅导致区域文化谱系不完整、游客往返奔波并重复消费，而且不利于区域旅游核心形象和竞争力的形成。以城市群为单位构建区域旅游品牌，是形成区域旅游竞争合力，促进城市群内部旅游能量合理流动，构建务实高效、互惠互利的区域旅游合作体的必然要求。

二　城市群旅游一体化发展措施

1. 交通一体化先行

在区域经济一体化的发展背景下，交通在时空压缩、缩小城乡距离、加速同城化进程中的重要性得到普遍重视。在"长江经济带"上升至国家战略后，《长江经济带综合立体交通走廊规划（2014—2020年）》早已整体规划颁布、实施；在2014年度李克强总理的政府工作报告中，明确提出要在交通一体化等方面率先实现京津冀协同发展的实质性突破，在"京津冀"一体化制定过程中，《京津冀协同发展交通一体化规划》已于2014年底上报国务院，包括加强城际铁路建设、完善高速公路网络、推动港口和机场协同发展等措施，运输一体、交通先行成为京津冀城市群协同发展的前提。

一是从战略规划层面，围绕提高城市综合承载能力和内涵发展水平，把交通一体化作为先行领域，加快构建快速、便捷、高效、安全、大容量、低成本的互联互通综合交通网络。统筹考虑基础设施、运输服务、交通管理等要素，突破行政区域限制，激发区域的综合运输整体效能，推动省际交通"规划同图、建设同步、运输一体、管理协同"。二是从城际合作实践层面，以交通一体化作为中心城市旅游功能疏解、产业转移和优化的基础支撑，推出自驾、乘坐高铁周末休闲等城际旅游线路，增强城市间、城乡间的旅游互动和能量对流。

2. 构建多层次、全方位、紧密型的旅游协作体系

一是因地制宜地选择有效合作方式。对于已经具备良好的旅游业合作基础、协作机制的区域，应当注重从产业发展角度深化一体化进程，主要应通过构建大型旅游集团、旅游资源重组等具有实质性的旅游功能整合，实现旅游合作从局部的、零星的和松散型合作向高层次的、全方位的和紧密型合作转变，由产业发展带动旅游资源品牌共享，实现旅游管理体制从

条块管理、属地管理转向综合管理；对于合作基础较为薄弱、处于初级合作阶段的城市群，则应发挥政府在协作机制构建中的重要作用，改变当前城市群旅游合作片面追求跨区域、长线、大尺度的浅层次合作形式，从小尺度范围以集约化的形式启动整合，即通过建立旅游合作示范区、开辟城际旅游直通车、联合设计并推广旅游线路等形式，增进旅游交流频度、实现城市群旅游的融合发展、错位发展和一体化发展。

　　二是旅游同城化与城际协同发展相互促进。一方面，借由城市间的交通、能源、环保、金融等产业的同城化推动旅游业的同城化、市民化进程，对两两合作城市间的市民出游给予同城化待遇，特别适宜于大都市旅游圈内部城市之间、城乡之间的互惠合作，并以此为基础，逐步扩大旅游同城化、一体化范围。另一方面，发挥旅游业在产业融合、资源整合方面的"黏合剂"功能，通过旅游业的先行先试，通过地区间的旅游经济交流和业务协作，加快城市间的紧密联系程度，实现全方位、多领域的合作。

　　三是旅游营销与行业管理同城化。加速顶层设计，建立协同发展机制，实现跨行政区域的旅游规划对接；完善旅游同城化形象识别系统，城市间联合在多种形式、多种辐射层次的媒体平台进行整体旅游宣传，弥补单体城市点状旅游的缺陷和不足，并逐步强化对旅游强县、乡镇、村的广告投放力度，形成基于历史文化、自然资源共享的多点化旅游影响力；伴随一体化进程加快，对于旅游质监管理同城化提出更高要求，应规范合作城市间的旅游执法，制定联合执法的长效机制，通过信息互通、执法联动等形式，落实跨区域旅游投诉受理、做到旅游合同签约地和旅游纠纷发生地两地无障碍投诉处理。

第七章　结语

第一节　主要结论

1. 旅游场能高低受旅游结节性和时间可达性的双重影响

通过分别对旅游结节性、时间可达性以及二者的耦合、协调发展水平进行测度发现，只有实现旅游结节性与时间可达性的协调发展，才能保证旅游能量的生成和有效扩散，旅游场能值高、扩散区域广、空间分布较为均匀的城市，往往旅游结节性和时间可达性协调发展程度高，反之，单一的旅游结节性高或单位时间内可达范围广，并不能保证该城市成为高旅游场能分布地区。但同时存在以下特征：一是各城市的旅游结节性和时间可达性的耦合、协调程度并不高，在 126 个样本城市中处于协调发展水平的仅有北京、上海、重庆、南京、苏州、杭州、武汉、长沙、成都共 9 个城市，绝大多数处于不同程度的失调状态；二是交通条件特别是高等级道路对旅游场能高低影响较大，即高等级交通设施（含公路、铁路）是城市群内部旅游场能高值区域形成的充分而非必要条件。

2. 旅游场能扩散具有高度的交通通道依赖特征

城市群旅游场能高低与交通网络的发达程度具有高度拟合性，旅游能量具有沿陆路交通网络的时间成本递增、梯度耗散的特征，交通网络对城市群旅游空间结构形成和重塑效应极为显著。若以均衡化、网络化为旅游场能扩散格局为理想状态和终极目标，将各城市群的旅游场能扩散水平分为五个级别：将旅游场能呈蛛网扩散的辽中南城市群、武汉城市群、长株潭"3＋5"城市群划分为Ⅰ级；将旅游场能呈轴带式扩散的山东半岛城市群、长三角城市群和海峡西岸城市群划分为Ⅱ级；将旅游场能呈簇群组团式扩散的江淮城市群、珠三角城市群划分为Ⅲ级；将旅游场能呈单核发散式扩散的京津冀城市群、关中城市群划分为Ⅳ级；将旅游场能呈散点串珠式扩散的中原城市群、环鄱阳湖城市群、川渝城市群划分为Ⅴ级。

3. 发展城际交通是城市群旅游场能格局优化的有力支撑

中国城市群内部交通运输网密度、运输强度不断提高，但是普遍存在路网密度偏低、等级结构不合理等问题，突出地表现为现有高速公路运输能力饱和，各城市组团之间、中小城市与重要城镇间的中短途连接缺乏，已成为制约城市群旅游场能格局优化的"瓶颈"。城际铁路、市郊铁路、城际公交等城际交通形式，是介于大尺度的全国运输通道和小尺度的市内交通之间的中等尺度的城市群内部交通形式，适应当前城市群提升内部通勤速度、加快旅游产业要素流通与整合的趋势。根据各城市群经济发展实际，分批次、有步骤地制定和实施城际交通发展规划，将有助于实现旅游业"时空压缩"效应、变革城市群特别是中小城市旅游空间格局，实现旅游场能的均衡化扩散。

4. 旅游场能的腹地化扩散、簇群化发展是城市群旅游能级提升的关键

中国长期以来形成的"城乡分离"的"二元经济"体制，使得中心城市依托良好的经济基础、交通优势和资源禀赋，成为旅游经济发展的中心，具有强大的旅游能量集聚和扩散能力，在带动区域旅游的非均衡化动态演进的同时，也加剧了对城镇体系中的中小城市以及县域、乡镇旅游的屏蔽效应。以大都市为核心的城市/都市旅游仍旧是当前城市群旅游的主体形式，并具有强大的区域黏性，短期内难以克服中心城市对城市群旅游的惯性主导作用。

基于当前中国城市群高旅游场能区域高度集中于中心城市和交通干线通道的现实，构建纵向嵌套旅游场能生长体系和横向衔接的旅游场能簇群/集群成为城市群旅游能级提升的关键。一是从纵向角度寻找旅游场能生长的新节点，开发场能扩散的广袤腹地，应将县域培育为具有承上启下功能的旅游场能生成支撑点，加速旅游城乡一体化进程；将旅游小城镇作为旅游产业与城镇化进程中"产城融合"的示范点和集生产、生活和生态于一体的旅游生产空间；将乡村作为旅游场能腹地化、网络化拓展的节点，大力发展乡村旅游，实现基于旅游产业引导的、主动的"自下而上"的"城镇化"，挖掘城市群旅游的潜力和活力。二是从横向视角培育旅游场能簇群，应借由城镇密集区、路域经济的发展重点培育次级旅游中心，依托交通干线的多节点形成新的场能簇群，与旅游首位城市为主导的旅游

簇群相互依存，逐步形成旅游场能的网络化发展格局。

第二节　创新之处

1. 对旅游场、旅游场能和旅游能级的概念与特征进行阐述

通过对物理场理论以及计算几何中的 Voronoi 图原理，进行类比、借鉴与改造，对旅游场、旅游场能和旅游能级的概念、特征进行阐述。第一，旅游场。将城市点视为"场源"，依据旅游资源禀赋、产业基础和市场水平差异形成不同的旅游量级，场源与其有紧密社会经济联系的地区形成不同的旅游场，用于表示旅游经济活动影响的最大地域范围。第二，旅游场能。将"力线"用于表述城市间旅游能量相互作用程度，其中交通线路的疏密、长短决定力线脉络的清晰度和延展性，旅游量级的高低决定力线脉络的宽窄，即力线是具有能量扩散方向和强度表征意义的矢量值，旅游场能是各城市多条力线相互叠加作用的结果，既相互独立又相互依存，并根据城市间旅游集聚和扩散能力差异形成具有不同规模、等级和结构的城市群旅游场域。第三，旅游能级指某一城市的旅游功能对其他城市和地区的辐射影响程度。

2. 运用空间分析手段对城市群的旅游场能进行大样本分析

通过旅游结节性和时间可达性的拟合，构建旅游场能测度测度模型，用于刻画中心城市对外旅游吸引能力的大小，其中用旅游结节性来表述场源/城市的旅游能量值，用时间可达性来表征旅游能量向外围扩散的难易程度和旅游生产要素流动的便捷程度，通过一定时间范围内旅游能量的距离衰减、梯度耗散程度判断场源/城市的最大旅游吸引范围，在对多个城市旅游场能叠加后得到城市群的旅游场能扩散格局。

本书首次完成对全国范围内 13 个城市群共 126 个城市的资源、产业、市场条件评价以及旅游结节性、时间可达性和旅游场能测度、对比和分析。具体的工作包括：一是系统化构建旅游结节性的评价指标体系并进行主成分分析，计算出各城市及所在城市群的旅游能量值；二是运用 Arcgis 10.0 空间分析工具，在栅格成本距离（Cost Distance）、栅格计算器（Raster Calculator）、掩膜提取（Extract by Mask）、分区统计（Zonal Statistics）等模块中较为完整、全面地刻画了各城市及所在城市群旅游场能的扩散格局，并依据分异规律提炼各城市群的旅游场能的扩散模式和扩散水

平；三是为进一步探求限制旅游场能腹地化拓展的原因，首次以县域为研究对象，对城市群中县域旅游场能的扩散情况进行分析、评价，为县域旅游发展提供理论支撑和实证研究基础。

第三节 不足之处

1. 将城市群作为封闭体进行内部旅游场能的测度和分析

为突出研究城市群内部旅游场能的扩散格局和空间分异规律，本书仅考虑了旅游能量在城市群内部的流动特征，因此仅选取了位于城市群行政边界范围内的栅格进行时间可达性和旅游场能测算。而在现实中，除了位于城市群内部两个或多个城市间的城际铁路、高速公路外，多数高等级公路、铁路是跨省、市的全国尺度交通，因高等级栅格位于城市群边界外部，而导致部分节点城市的全国性交通枢纽地位未能充分发挥；此外，在本研究中将城市群视为整体，重点研究了城市群旅游客源的本地市场效应，未将邻近省份、城市客流对本城市群内部旅游能量的贡献纳入其中。因此，在后续的研究中，依空间研究范围的不同，旅游场能的研究尺度还可以进一步放大乃至缩小，以形成不同层次和等级的旅游场能扩散格局。

2. 未将航空运输纳入时间可达性的测度指标体系

受选用的空间分析方法的限定，本书的时间成本距离方法是将陆路、水路交通线路矢量转栅格后，设定其在行驶过程中克服陆域或水域阻力而形成的时间距离，目前的空间分析工具尚不能完成对空中航行线路的数据处理，因此，未能将航空运输这一旅游交通方式纳入参数体系。此外，与航空运输相比，陆路快速交通运输通道特别是高速铁路在800千米以下的城际通行中更具时间、价格和换乘优势，更适宜于城市群这一中等尺度交通的旅游客运运输特点，能够适应本文研究对象的特点，未来需将现有的基于GIS和社会网络分析（SNA）方法的城市交通联系分析方法整合，深入分析综合交通运输体系在城市群内部衔接中的贡献。

附　　录

各城市的旅游结节性与时间可达性耦合协调测度结果

城市群	城市名称	u_1（旅游结节性）	u_2（时间可达性）	C（耦合度）	D（协调度）
京津冀	北京	1	1	0.5	0.70710678
	天津	0.322727257	0.867635644	0.444536	0.51437311
	石家庄	0.103819202	0.650370544	0.344539	0.36044968
	秦皇岛	0.075223514	0.247057448	0.423001	0.26107957
	唐山	0.063319067	0.709008942	0.274341	0.32548543
	保定	0.047295943	0.822968389	0.2267	0.31407745
	张家口	0.027743408	0.660301326	0.196714	0.26014201
	承德	0.033542859	0.595868199	0.224616	0.26587198
	沧州	0.031004008	0.712103008	0.199953	0.27256819
	廊坊	0.035697341	0.932302687	0.188461	0.30201826
辽中南	沈阳	0.221115784	0.404344451	0.478064	0.38665872
	大连	0.202272359	0	0	0
	鞍山	0.064333188	0.455274266	0.329366	0.29252437
	抚顺	0.042639635	0.381707797	0.300643	0.25256381
	本溪	0.038246604	0.440686436	0.271073	0.25478018
	丹东	0.048542142	0.336859789	0.331795	0.25285819
	营口	0.04889897	0.32732241	0.336275	0.25150919
	辽阳	0.03920893	0.464567097	0.267904	0.25977261
	盘锦	0.058921521	0.353350842	0.34999	0.26859939
	铁岭	0.024677554	0.32009229	0.257786	0.21080424
山东半岛	济南	0.16949849	0.287142082	0.483122	0.33212432
	青岛	0.227976855	0.354573582	0.488051	0.37703727
	淄博	0.095022403	0.268311873	0.439467	0.28255401

城市群	城市名称	u_1（旅游结节性）	u_2（时间可达性）	C（耦合度）	D（协调度）
山东半岛	东营	0.084615993	0.266802054	0.42756	0.2740914
	烟台	0.129351373	0.144740619	0.499211	0.26156243
	潍坊	0.084843037	0.256360911	0.432235	0.27155137
	威海	0.10288449	0.073470776	0.492996	0.20849764
	日照	0.059944411	0.315222592	0.366402	0.26216609
长三角	上海	0.844604157	0.504747424	0.483881	0.57136921
	南京	0.32643263	0.370065177	0.499018	0.41687221
	无锡	0.216840728	0.399804361	0.477484	0.38369143
	常州	0.12904855	0.387906561	0.4328	0.33446838
	苏州	0.280232774	0.448235532	0.486521	0.42096046
	南通	0.087123971	0.382760417	0.388634	0.30216988
	扬州	0.090451056	0.354424727	0.402467	0.29920539
	镇江	0.091902078	0.36196319	0.401854	0.30198296
	泰州	0.051531652	0.348247228	0.33509	0.25880665
	杭州	0.409126452	0.429426588	0.499853	0.45779561
	宁波	0.190789766	0.431893334	0.460998	0.37885053
	嘉兴	0.101963545	0.458708573	0.385729	0.32883683
	湖州	0.083959544	0.514731369	0.347234	0.32240196
	绍兴	0.11652135	0.448341857	0.404636	0.33805604
	台州	0.09002756	0.264441633	0.435285	0.27775464
武汉城市群	武汉	0.306269505	0.353871835	0.498698	0.40571629
	黄石	0.021998951	0.349214788	0.236115	0.2093431
	鄂州	0.023375509	0.353031866	0.24134	0.21312223
	孝感	0.020481911	0.343164879	0.230546	0.2047403
	黄冈	0.01127726	0.349725149	0.173962	0.17720159
	咸宁	0.022212573	0.351500781	0.236442	0.21019205
长株潭"3+5"	长沙	0.242598065	0.44376987	0.478041	0.40503848
	株洲	0.062524289	0.430032642	0.332904	0.28633376
	湘潭	0.035927355	0.432159148	0.2662	0.2496044
	衡阳	0.05860254	0.370618069	0.343353	0.2714537
	岳阳	0.052500299	0.461409235	0.302857	0.27896326

续表

城市群	城市名称	u_1（旅游结节性）	u_2（时间可达性）	C（耦合度）	D（协调度）
长株潭"3+5"	常德	0.042437508	0.386843308	0.29847	0.25310822
	益阳	0.02647436	0.538835313	0.211278	0.24437422
	娄底	0.016431071	0.434243123	0.187429	0.20551083
环鄱阳湖	南昌	0.096945943	0.586096905	0.348981	0.34523099
	景德镇	0.034724843	0.279401601	0.313567	0.22192299
	九江	0.047447655	0.349002137	0.324589	0.25365633
	新余	0.036477383	0.421250173	0.270816	0.24895792
	鹰潭	0.020542904	0.466736133	0.20095	0.22126785
	吉安	0.021726568	0.255191332	0.268892	0.19295199
	宜春	0.021741344	0.272575518	0.26156	0.19619065
	抚州	0.01628772	0.504917545	0.173993	0.21293899
	上饶	0.033991438	0.22772751	0.336169	0.20974
江淮	合肥	0.140909443	0.444216436	0.427581	0.35368666
	芜湖	0.062272041	0.316626086	0.370593	0.26496893
	蚌埠	0.023538267	0.27805127	0.268246	0.20112212
	淮南	0.018984591	0.34544024	0.222218	0.20122343
	马鞍山	0.049372416	0.339358433	0.332983	0.25440214
	铜陵	0.035551251	0.31529702	0.301764	0.23007991
	安庆	0.03202444	0.280603077	0.303221	0.21771006
	滁州	0.022158983	0.35649807	0.234724	0.21080784
	六安	0.057496617	0.452605501	0.316245	0.2840047
	池州	0.032137932	0.237722087	0.323896	0.20905322
	阜阳	0.016813091	0.190194682	0.273172	0.16814985
中原	郑州	0.191709614	0.27285409	0.446703	0.24308573
	开封	0.03317652	0.174820044	0.366146	0.1951374
	洛阳	0.090126527	0.214617601	0.456377	0.26370265
	平顶山	0.030595174	0.208961096	0.333773	0.19994686
	新乡	0.029077705	0.166888178	0.355478	0.18662999
	焦作	0.042014986	0.206675102	0.374703	0.215853
	许昌	0.026088366	0.117340592	0.385754	0.16632548
	漯河	0.017626615	0.170269322	0.291565	0.16550508

续表

城市群	城市名称	u_1（旅游结节性）	u_2（时间可达性）	C（耦合度）	D（协调度）
关中	西安	0.241098184	0.137829475	0.481074	0.3019041
	铜川	0	0.161380528	0	0
	宝鸡	0.02998849	0.193522663	0.340835	0.1951671
	咸阳	0.032971498	0.134894897	0.397286	0.18260748
	渭南	0.014270186	0.142986252	0.287246	0.15028512
川渝	重庆	0.474204209	0.764648967	0.486065	0.54870874
	成都	0.311622907	0.724883308	0.45854	0.48748288
	自贡	0.022639125	0.625851931	0.183553	0.24395954
	泸州	0.012108423	0.513657484	0.149999	0.19857533
	德阳	0.020997513	0.558069558	0.186939	0.23264785
	绵阳	0.038882732	0.369788732	0.293414	0.24485705
	遂宁	0.013792417	0.842106942	0.125916	0.23213301
	内江	0.00951962	0.771400623	0.109734	0.20699502
	乐山	0.028221585	0.301187654	0.279881	0.21470376
	南充	0.016828984	0.659727169	0.155743	0.22953059
	眉山	0.012557668	0.487714113	0.156434	0.19781243
	宜宾	0.02647045	0.320304941	0.26553	0.21456864
	广安	0.014704363	0.542779981	0.160252	0.21135012
	雅安	0.004811662	0.297242985	0.125204	0.13751076
	资阳	0.018750282	0.796546555	0.149897	0.24719503
珠三角	广州	0.601253576	0.128770561	0.381153	0.37299548
	深圳	0.480387158	0.107750051	0.386835	0.33727738
	珠海	0.117094461	0.146250439	0.496926	0.25579579
	佛山	0.12956794	0.148259987	0.498867	0.26324818
	江门	0.061519338	0.125261826	0.469983	0.20950414
	肇庆	0.050273454	0.185686489	0.409469	0.21979346
	惠州	0.084355732	0.081732252	0.499938	0.20375676
	东莞	0.231963924	0.105953153	0.463935	0.27997457
	中山	0.084034133	0.119126857	0.492484	0.22366671
海峡西岸	福州	0.124310128	0.177573869	0.492156	0.27255641
	厦门	0.225684745	0.12502791	0.478964	0.28980929
	莆田	0.033652998	0.179221912	0.364824	0.19705557
	泉州	0.086927375	0.153459293	0.480468	0.24031033
	漳州	0.04632261	0.105464057	0.460485	0.18694307
	宁德	0.021580468	0.163921702	0.320627	0.17244846

后　　记

随着我国新型城镇化进程的加快，以"城市群"为地域单元的国家政策和规划不断颁布实施，标志着我国新型城镇化逐步由"单个城市的城镇化"向"城市群体的城镇化"阶段演进。城市群旅游作为城市群研究的重要组成部分，正在成为国内学术界研究的热点，并呈现出多学科交叉和深入化、精细化研究态势。希望本书的出版能够为我国各级政府部门以城市群为对象的空间治理以及旅游规划提供决策参考，为从事区域经济与旅游发展战略相关专业的研究人员、高校师生提供有益的借鉴，以期进一步揭示城市群旅游的发展规律和特征。

本书以我的博士论文为主体，经多次精心修改、增补内容后成文。本书在撰写过程中，得到了教育部人文社会科学研究青年基金项目"我国城市群旅游场能测度与能级提升策略研究"、山东省软科学项目"山东省四大经济区域旅游空间联系能力研究"、中国海洋大学管理学院"510 学术计划支持工程"项目的经费支持。本书思路的形成和最终成文，离不开我的导师张广海教授的辛勤指导，并得到中国海洋大学管理学院权锡鉴教授、王淼教授、高强教授、韩立民教授、罗福凯教授、崔迅教授、柴寿升教授、姜忠辉教授等诸位专家的多次指点和帮助，在此一并表示诚挚的谢意！

中国海洋大学文科出版基金为青年学者成长提供了广阔的科研平台，本书的出版正是得益于该项目的资助，在此特别感谢龙颖老师的辛勤付出、关心和鼓励，感谢北京钟书堂文化传播有限公司曹庆丰老师的热心帮助，感谢中国社会科学出版社的大力支持。正是由于学界众多朋友的关心和帮助，本书才得以及时出版。

　　在成书出版之际，特别感谢我的家人给予的无私帮助和鼓励，三年多艰苦的博士学习生涯，是家人在背后的默默付出才有了我今天的收获，谨以此书献给你们！

王娟

2015 年 5 月 8 日